Albrecht Schöne
Götterzeichen, Liebeszauber, Satanskult

Albrecht Schöne

Götterzeichen
Liebeszauber
Satanskult

Neue Einblicke
in alte Goethetexte

Verlag C. H. Beck München

Mit 6 Abbildungen im Text

CIP-Kurztitelaufnahme der Deutschen Bibliothek

Schöne, Albrecht:
Götterzeichen, Liebeszauber, Satanskult :
neue Einblicke in alte Goethetexte / Albrecht
Schöne. – München : Beck, 1982.
  ISBN 3 406 08557 1

ISBN 3 406 08557 1
2., unveränderte Auflage 1982
© C. H. Beck'sche Verlagsbuchhandlung (Oscar Beck), München 1982
Satz und Druck: Georg Appl, Wemding
Printed in Germany

Inhalt

Vorbemerkung

Weshalb es sich überhaupt lohne, Altes von neuem zu lesen? Es sei nicht mehr derselbe Fluß, in den wir ein zweites Mal steigen, sagt die Gleichnisrede Heraklits. Denn andere und wieder andere Wasser strömten uns in ihm zu. (B 12.49 a) Die gleichen Bücher lesend, lesen wir sie deshalb anders zu verschiedenen Zeiten unseres Lebens. Und anders auch verstehen wir Kinder unserer Zeit aus diesem Grunde alte Schriften als deren frühere Leser. Es „ist die Zeit ein wunderlich Ding", bemerkte Goethe im Gespräch mit Eckermann, „ein Tyrann, der seine Launen hat, und der zu dem, was einer sagt und tut, in jedem Jahrhundert ein ander Gesicht macht." (25. 2. 1824)

Drei alten Dichtungen gelten die in diesem Buch enthaltenen neuen Leseversuche: Goethes im Dezember 1777 verfaßter Hymne ,Harzreise im Winter', seiner im Mai/Juni 1796 entstandenen Elegie ,Alexis und Dora' und der 1808 veröffentlichten Szene ,Walpurgisnacht'. Das sind keine abgelegenen und vernachlässigten Teile des Goetheschen Œuvre, sondern wohlbekannte und vielerörterte. Hochgerühmte überdies. Als das „Phantastischste, was er je geschaffen hat", bezeichnete Baumgart die ,Walpurgisnacht'. „Eines der vollkommensten Werke, die ich in irgendeiner Sprache kenne", nannte Wieland ,Alexis und Dora'. Die ,Harzreise im Winter', diese „pure Herrlichkeit", hat Rilke geschrieben, „zählt mir fortab zum Stärksten und Reinsten, sie ist eines der gültigsten Gedichte: was könnte irgendeine Zeit ihr schaden?"

Der winterliche Ritt in den Harz aber war in Goethes Selbstverständnis von so ungewöhnlicher Bedeutung für seinen (mit der endgültigen Bindung an Weimar verknüpften) Lebensplan, daß er ihn lebenslang als ein Geheimnis behandelte – und als poetisches Protokoll dieser merkwürdigen Wallfahrt zum Brocken blieb auch seine ,Harzreise'-Hymne ein geheimnisvoller Text. Mit der ,Alexis und Dora'-Dichtung dann (einem Gleichnis für den universalen Widerspruch, welcher das Handeln der Menschen in ihrer und an ihrer Welt von dem doch trennt, was der Mensch und seine Welt sein sollten) hat Goethe seinen Lesern ausdrücklich ein Rätsel vorgelegt – und da die Zeitgenossen das nicht wahrgenommen haben, die Späteren nicht willens waren, es zu enthüllen, stellt diese Elegie noch immer als rätselhaft sich dar. Die ,Walpurgisnacht' schließlich hat Goethe in einer sehr anderen Fassung als anfänglich geplant in sein dichterisches Hauptwerk eingebracht – und was ihre (auf die gnostische Theologie der großen Ketzerbewegung und die Geschichte der Hexenverfolgung bezogenen) apokryphen Texte besagen, auf welche Weise sie im Faust-Spiel die metaphysische Position des Menschen bestimmten, ist kaum beachtet worden. All das erklärt sich nicht aus bloßem Zufall. Anders als Rilke meinte, hat die Zeit da sehr wohl geschadet. Goethe so zu lesen, daß seine Schriften neuer Einsicht zugänglich werden, setzt heute in der Tat voraus, die Befangenheiten und Verkennungen, Vorurteile, Mißverständnisse abzuräumen, die zwei Jahrhunderte über sie gehäuft und auf uns gebracht haben: sie wieder freizulegen unter den Ablagerungen der Rezeptionsgeschichte.

In den drei hier vorliegenden Versuchen macht eine solche Ausgrabung nicht schon bei den gängigen Druckfassungen halt. Für die ,*Harzreise*' greife ich vielmehr auf den handschriftlich überlieferten Wortlaut der Hymne zurück, die erst zwölf Jahre nach ihrer Entstehung in überarbeiteter Form veröffentlicht wurde. Für ,*Alexis und Dora*' beziehe ich mich auf eine frühe Almanachs-Fassung, die erheblich abweicht von der Form, welche diese Elegie später in den Ausgaben Goethescher Gedichte annahm. Für die ,*Walpurgisnacht*' ziehe ich Bruchstücke einer ursprünglichen Konzeption heran, die überhaupt erst aus dem Nachlaß bekannt gemacht worden sind. Diese Operationen wollen keineswegs die romantische Vorstellung beleben, daß auf der Skala literarischer Werturteile frühe, also ursprungsnähere Fassungen grundsätzlich höher rangierten als die endgültigen Werke. Vielmehr ist der kanonisierte Wortlaut der Spätfassungen hier offensichtlich dem zeitgenössischen Publikum zuzuschreiben – vor dem Goethe nämlich die unmittelbar persönlichen Bezüge seiner ,*Harzreise*'-Hymne glaubte verdecken zu sollen; dessen Ansprüchen an eine korrekte poetische Form er mit der Überarbeitung der ,*Alexis und Dora*'-Elegie genügen wollte; für das er die ursprünglich geplante ,*Walpurgisnacht*'-Szene als schlechterdings unzumutbar ansehen mußte. In solchen Fällen können frühe Fassungen oder ursprüngliche Pläne wohl aufschlußreicher sein, neuen Einblicken zugänglicher als der am Ende gebilligte Wortlaut.

Nur ist es allein nicht getan mit diesem ,Zurück zu den Quellen'; „wer bloß mit dem Vergangenen sich beschäftigt," gab Goethe zu bedenken, „kommt zuletzt in Gefahr, das Entschlafene, für uns Mumienhafte, vertrocknet an sein Herz zu schließen. Eben dieses Festhalten am Abgelebten aber bringt jederzeit einen revolutionären Übergang hervor, wo das vorstrebende Neue nicht länger zurückzudrängen, nicht zu bändigen ist, so daß es sich vom Alten losreißt, dessen Vorzüge nicht anerkennen, dessen Vortheile nicht mehr benutzen will." (WA I 41/1, S. 135) Will man solche Vorzüge und Vorteile aber nutzen und jedenfalls die Einsicht nicht preisgeben, die Vergangenes uns ermöglicht, käme alles darauf an, im „Alten" zugleich jenes „vorstrebende Neue" zu begreifen, das ihm selber innewohnt. Sind doch auch diese großen alten Werke, die vermeintlich unsterblichen, in Wahrheit nicht entrückt an einen zeitlosen Sternenhimmel der Kunst über der sich wandelnden Welt. Der Zeit verhaftet sind ihre Botschaften wie ihre Absender und ihre jeweiligen Empfänger. Wenn sie uns noch erreichen, dann doch deshalb nur, weil sie auch in unserer Zeit etwas auszurichten vermögen – indem noch immer ihre Schönheit uns entzückt und ihre Einsicht uns belehrt, noch immer ihr Entsetzen und ihre Trauer so begründet sind in unserer eigenen Welt, wie ihre Hoffnungen und ihr Verlangen unerfüllt. Weil der Fremdheitsschock, den sie auslösen, im Abstand vom abgelebten Anderen zugleich doch den zum aufgegebenen Eigenen erkennen läßt. Weil also, recht verstanden, noch immer vor uns liegt, wovon sie sprechen.

Die Literaturwissenschaft hat ihren Textbegriff und damit ihren Zuständigkeitsbereich in den letzten Jahren nicht mehr auf die Dichtkunst beschränkt. Das war gewiß an der Zeit. Aber im Literaturunterricht unserer Schulen und Hochschulen hat man Trivialromane und Comic strips, Werbetexte und Wahlreden mittlerweile bis zum Überdruß traktiert, anderes darüber fast schon vergessen. Die Leseanregungen, die dieses Buch enthält, wollen deshalb dazu beitragen, daß die großen, ‚klassischen' Texte nicht völlig aus dem Blickfeld geraten. Um das kommunikationstheoretische ABC nachzubuchstabieren oder die Grundbegriffe einer Allerweltsrhetorik zu repetieren oder mittels ideologiekritischer Hinterfragung immer wieder die gleichen kleinen Kaninchen aus der Zauberlehrlingsmütze zu zerren, braucht es freilich nicht mehr als die landläufigen Reader, zusammengeschustert aus einer Wegwerfliteratur, wie sie überall auf den Straßen liegt. Die hohe Schule des Lesens aber, ohne deren fortgesetzte Übung am Ende auch die allgemeine Lesefähigkeit verkümmern muß, bleibt angewiesen auf die Meisterwerke unserer Sprache.

Der Komplexität ihrer Gegenstände entsprechend, bedienen sich die hier angebotenen Leseübungen eines umfangreichen literaturwissenschaftlichen Instrumentariums. Sie stellen Untersuchungen zur Entstehungs-, Überlieferungs- und Rezeptionsgeschichte dieser Texte an. Unternehmen Fassungsvergleiche und Variantenstudien, metrische und ikonologische Beobachtungen. Betreiben grammatische, stilistische, strukturelle Analysen. Sie begnügen sich freilich nicht mit den Verfahrenstechniken ‚immanenter' Interpretation, sondern erproben, was man eine ‚komprehensive Exegese' nennen könnte, welche den Text als das Ensemble seiner Entstehungsbedingungen und Wirkungsmöglichkeiten versteht: bemühen sich also darum, die lebensgeschichtlichen, wirtschafts- und sozialgeschichtlichen, geistes- und kulturgeschichtlichen

Engramme kenntlich zu machen, die diesen Dichtungen eingeschrieben sind.

Mühelose Lektüre verheißt das nicht. Allemal verlangen die großen alten Dichtungen höhere Anstrengung als triviale zeitgenössische Texte. Aber wo sie sich lohnt, kann Anstrengung doch ein Vergnügen sein und könnte auch eine anspruchsvolle Lektüre interessant werden, spannend sogar und aufregend am Ende.

Bei meinen eigenen Anstrengungen haben mir durch umfangreiche Recherchen und mühselige Korrekturlesungen Britta Baron und Jochen Muhl, später Karl Eichwalder und Eric Miller geholfen, in der Regel vergnügt. Ich danke Ihnen herzlich dafür.

Das Goethe- und Schiller-Archiv der Nationalen Forschungs- und Gedenkstätten der Klassischen Deutschen Literatur in Weimar hat mir die Manuskripte zugänglich gemacht, auf die ich bei den folgenden Untersuchungen angewiesen war, und durch Reproduktionserlaubnis für die in Weimar befindlichen Handschriften und Goethezeichnungen die beigefügten Abbildungen ermöglicht. Ich bedanke mich bei Professor Karl-Heinz Hahn, dem Leiter dieses Schatzhauses, für die unbegrenzte Unterstützung, die er mir hat zuteil werden lassen, und bei seiner Mitarbeiterin, Frau Eva Beck, für Ihre sehr liebenswürdige Hilfsbereitschaft.

Das 1. Kapitel dieses Buches, der Versuch über die ‚Harzreise im Winter‘, erschien als Vorabdruck im 96. Band des Goethe-Jahrbuchs (Weimar 1979), in einer etwas gekürzten japanischen Übersetzung außerdem in der Zeitschrift Kairos (Fukuoka 1979); für den hier vorliegenden Druck ist die Abhandlung selbst nur geringfügig überarbeitet, sind aber die Angaben zur Überlieferungsgeschichte der Hymne, die Textdarbietung und der Lesarten-Apparat eingreifend korrigiert worden. Das 2. Kapitel, die Studie zu ‚Alexis und Dora‘, wurde, leicht gekürzt, in der Festschrift für Richard Brinkmann veröffentlicht (‚Literaturwissenschaft und Geistesgeschichte‘, Tübingen 1981); sie erscheint hier in ihrer vollständigen Fassung. Vom 3. Kapitel, der Abhandlung zur ‚Walpurgisnacht‘, wurden Auszüge bisher nur in Vorträgen mitgeteilt.

Noch im Stadium erster Beobachtungen und Überlegungen aber sind alle drei mit diesem Buch zum Abschluß gekommenen Versuche in einem Arbeitskreis erörtert worden, der sich 1965 gebildet hatte – nach dem ‚außerordentlichen‘ Germanistenkonzil in Mainz, auf dem die Nachkriegswende der deutschen Literaturwissenschaft eingeleitet wurde. In dieser alljährlich versammelten Runde, der bis zu ihrem Tode auch Hans-Egon Hass († 1969), Herbert Singer († 1970) und Peter Szondi († 1971) zugehörten, haben Richard Alewyn, Joachim Bumke, Rainer Gruenter, Uvo Hölscher, Eberhard Lämmert, Horst Rüdiger, Karl Stackmann, Ingrid Strohschneider-Kohrs und Peter Wapnewski an die hier vorliegenden Arbeiten die Hebammenkünste ihrer kritischen Zuhörlust,

Zustimmungsfreude und Anregungskraft gewandt. Zuletzt im Juni 1979 auf der Reisensburg, als wir über der Donau den roten Milan fliegen sahen und durch den Grieslesgumpen schwammen und selbstgefangene Fische aßen in Alewyns Tafelrunde, zwei Monate vor seinem Tod.

1

Harzreise
im
Winter

Auch wenn die Kommentare zur ‚*Harzreise im Winter*' das nicht mitteilen und die Interpreten dieser Hymne es in der Regel nicht bemerkt zu haben scheinen: Sie gehört zu Goethes schwierigsten Texten.

Nimmt man aber nicht wahr, daß eine Sache schwer verständlich ist, dann meint man zwar, man verstehe sie, hat in Wahrheit jedoch nicht einmal dies eine an ihr verstanden. Und ein solch fundamentales Mißverständnis liegt im Fall von Dichtung sehr nahe, sobald man von der landläufig-unbedachten Vorstellung sich leiten läßt, daß die der dichterischen Sprache eigentümliche Vieldeutigkeit allemal auf mangelnder Bezeichnungsschärfe beruhe, auf einem ‚metaphorischen', also uneigentlichen und damit vermeintlich ungenauen Wortgebrauch, der es dem Leser überläßt, sich den Sinn der Sache halt auf seine Weise irgendwie zurechtzudenken. („Im Auslegen seid frisch und munter! | Legt ihr's nicht aus, so legt was unter."[1]) Daß eine Dichtung schwer verständlich sei, begreift deshalb nur, wer doch versuchsweise unterstellt, daß sie in sehr genauen Worten spricht.

Als Goethe sich 43 Jahre nach der Niederschrift der Hymne veranlaßt sah, einen eigenen „Commentar zu dem abstrusen Gedichte"[2] zu veröffentlichen, und sich bemühte, diese „sonderbaren Bilder früherer Jahre aus den lethеischen Fluten wieder hervorzurufen"[3], da erklärte er: „Was von meinen Arbeiten durchaus und so auch von den kleineren Gedichten gilt, ist, daß sie alle, durch mehr oder minder bedeutende Gelegenheiten aufgeregt, im unmittelbaren Anschauen irgend eines Gegenstandes verfaßt worden"[4]. Was auch immer als „ein Allgemeines, Inneres, Höheres dem Dichter vorschwebte", er sah es begründet in den „besondern äußern, oft gewöhnlichen Umständen" solcher „Gelegenheit". Für sein Harzreise-Gedicht aber zog er daraus den Schluß, es sei „sehr schwer zu entwickeln," eben „weil es sich auf die allerbesondersten Umstände bezieht"; es sei „geheimnißvoll, im Sinn und Ton des ganzen Unternehmens".[5] Wäre das richtig, so würden seine Verse – schwer ver-

[1] Zahme Xenien II; Weimarer Ausgabe (im folgenden abgekürzt: WA) I 3, S. 258.
[2] Tag- und Jahres-Hefte 1820; WA I 36, S. 179.
[3] WA I 41/1, S. 328.
[4] Ebd. S. 329.
[5] Ebd. S. 329 f. und 338.

ständlich, eben weil ihre dunklen Worte, ihre „sonderbaren Bilder" sich
sehr genau auf dies geheimnisvolle Unternehmen beziehen – durch-
schaubar erst, wenn man verstünde, was es auf sich hatte mit jener
„heimlichen Reise"[6], mit der merkwürdigen „Wallfahrt"[7], die Goethe damals unternahm.

Seine Hymne ist freilich erst 1789, also 12 Jahre nach ihrer Niederschrift veröffentlicht worden, und vom ursprünglichen Wortlaut des
Gedichts weicht diese Druckfassung an einigen Stellen in aufschlußreicher Weise ab. Will man versuchen, aus dem „Sinn und Ton des ganzen
Unternehmens" dieser Harzreise die auf sie bezogenen ‚geheimnisvollen' Verse zu deuten, liegt es deshalb nahe, von der ungedruckten Urfassung auszugehen, die jenem „wunderlichen Ritt"[8] vom Dezember 1777
noch unmittelbar auf der Spur war.

Die überlieferungsgeschichtlichen Angaben, die ich zu diesem Zweck
als erstes jetzt notiere, kann der daran uninteressierte Leser getrost übergehen; ebensowenig braucht er den Lesarten-Apparat zu studieren, welcher dem Text der ursprünglichen Fassung nachgestellt ist. Deren Verse
aber (Seite 20 ff.) sollte er bitte lesen, bevor er aufs Folgende sich einläßt.

Goethes Urschrift der Hymne ist nicht erhalten.

Am 30. Dezember 1777 aber schrieb er der Frau von Stein: „Eine Blume schick ich
Ihnen die ich im Ausritt vom Harze, unter dem Schnee aus einem Felsen für Sie gebrochen habe [. . .] und bitte Sie um meine Gedichte dass ich was einschreiben kan." (WA
IV 3, S. 204) J. Wahle hat sicher zu Recht vermutet, daß Goethe hier um dasjenige Heft
mit eigenhändigen Niederschriften bat, das 1908 in einem Faksimiledruck als ‚Die erste Weimarer Gedichtsammlung' veröffentlicht worden ist (Schriften der Goethe-
Gesellschaft, Bd. 23. – Vgl. Beiheft, S. 11). Er gab freilich keine Erklärung dafür, weshalb sich die Hymne, die Goethe in der Steinschen Sammlung nachtragen wollte, dort
nicht mehr findet. Aber aus diesem Heft wurde das 1. Blatt herausgeschnitten – bis auf
einen Reststreifen mit geringfügigen Buchstabenresten, die zur Identifikation des
Textes nicht ausreichen. Denkbar wäre also, daß Goethe begonnen hatte, sein Gedicht
nach der Urschrift auf eben dieses Blatt zu übertragen, und es herausschnitt, als er bemerkte, daß 88 Zeilen auf den beiden noch freien Seiten nicht unterzubringen waren
(mit S. 3 begann schon ‚Mahomets Gesang'); daß er statt dessen dann die Hymne auf
gesonderten Blättern beilegte, die später verlorengingen.

St-D Denn dafür, daß sich die Hymne tatsächlich einmal in dieser Sammlung befand,
spricht nun die Tatsache, daß eine eigenhändige Abschrift von Gedichten dieses
Heftes, welche Frau von Stein offensichtlich zu Beginn des Jahres 1778 anlegte,
mit dem Harzreise-Gedicht beginnt (vgl. H. Düntzer im Archiv für Litterarge-

---

[6] Tagebuch, 16. 11. 1777; WA III 1, S. 54.
[7] Brief an Frau v. Stein, 7. 12. 1777; WA IV 3, S. 194.
[8] WA I 41/1, S. 338.

schichte VI, 1877, S. 98 f.). Zwar ist auch die Steinsche Abschrift nicht mehr erhalten (die Sammlung, in der sie stand, muß nach entsprechenden Nachforschungen des Weimarer Goethe-und-Schiller-Archivs „als verschollen angesehen werden" – Auskunft vom 10. März 1978). Im Jahre 1877 jedoch hat sie Düntzer noch vorgelegen, der sie zwar nicht als ganze gedruckt, aber immerhin notiert hat (Archiv, wie oben, S. 99), an welchen Stellen sie abwich von der Druckfassung (vermutlich nach der Ausgabe letzter Hand von 1827). Aus diesen Notizen läßt sich die Steinsche Abschrift also erschließen. Sie stellt damit die älteste Fassung dar, von der wir noch Kenntnis haben. Düntzers Angaben werden im nachfolgenden Lesarten-Apparat mit der Chiffre St-D bezeichnet.

St-L Auch G. v. Loeper aber, der den 1888 erschienenen 2. Band der Weimarer Ausgabe mit Text und Lesarten der Hymne bearbeitete, hat die Steinsche Abschrift noch einmal in Händen gehabt und sie „von Neuem verglichen" (WA I 2, S. 308). Da seine – für die Drucke übrigens fehlerhaften – Variantenangaben mit denen von Düntzer nicht völlig übereinstimmen, werden sie im Lesarten-Apparat gesondert ausgewiesen mit der Chiffre St-L.

S In einem Brief vom 5. August 1778 hat Goethe dann seinem Freunde Johann Heinrich Merck von der „Reise auf den Harz" berichtet und geschrieben: „Von den tausend Gedanken in der Einsamkeit findest Du auf beiliegendem Blatt fliegende Streifen." (WA IV 3, S. 239 f.) Diese als Briefbeilage an Merck übersandte Abschrift der Hymne galt bisher als verschollen (vgl. H. Weigand, Lessing Yearbook VI, 1974, S. 213, der in der Houghton Library of Harvard University, welche den Brief an Merck besitzt, und im Goethe- und Schiller-Archiv in Weimar erfolglose Nachforschungen angestellt hatte). Entgegen einer Angabe in der Hamburger Goethe-Ausgabe (Bd. 1, [11]1978, S. 477) ist auch sie im Druck nicht überliefert; wohl aber sind durch Karl Wagner wiederum die Stellen notiert worden, an denen sie von der Druckfassung der Ausgabe letzter Hand von 1827 abweicht (Briefe an Johann Heinrich Merck von Göthe, Herder, Wieland und andern bedeutenden Zeitgenossen. Darmstadt 1835, S. 138 f.).
Angeregt durch meine überlieferungsgeschichtlichen Angaben und die Feststellung im Vorabdruck dieser Studie, eine im Goethe- und Schiller-Archiv aufbewahrte Niederschrift des Gedichts von der Hand des Goetheschen Sekretärs Philipp Seidel (Signatur Goethe-Werke: II, 1, 11: Auf dem Harz) weiche „nur in der Schreibweise von den älteren Textzeugen ab" (Goethe-Jahrbuch 96, Weimar 1979, S. 25), hat Eva Beck inzwischen entdeckt, daß diese Seidelsche Niederschrift identisch ist mit der Beilage zum Merck-Brief. Nach ihren Feststellungen (vgl. Goethe-Jahrbuch 98, Weimar 1981, S. 259 f.) wurde diese Handschrift zusammen mit 7 Briefen Goethes an Merck 1889 vom Weimarer Archiv erworben; sie trägt von fremder Hand die Angabe „No 5.", weist die gleichen Zierrand-Wasserzeichen und eine gleichartige Bogenfaltung auf wie der in der Houghton Library aufbewahrte Goethesche Begleitbrief, der in entsprechender Weise als „No 4." bezeichnet ist. Wagners Mitteilungen (s. oben) geben ihre Varianten zwar keineswegs vollständig wieder, aber seine Angaben (außer der Jahreszahl in der Überschrift: „1777") werden von ihr doch bestätigt. Mein im Goethe-Jahrbuch 1979 (s. oben) vorgenommener interpolierender Versuch einer Rekonstruktion der Urfassung [welcher die Angaben aus St-D, St-L und von Wagner über die Merck-Beilage (Chiffre damals: M-W), beglaubigt durch die (nicht als identisch mit dieser Merck-Beilage erkannte) Handschrift S, einsetzte in G] ist

damit textkritisch bestätigt und zugleich überlieferungsgeschichtlich als gegenstandslos erwiesen worden.

Seidels fehlerhafte Jahresangabe in der Überschrift (*Auf dem Harz im Dezember. 1778.*') erklärt sich offensichtlich aus dem (erst) in diesem Jahr erfolgten Diktat. Spätestens am 5. August 1778 niedergeschrieben, ist diese Handschrift [vgl. nebenstehende Abbildung 1] also die älteste autorisierte Textüberlieferung der Hymne. Aufgrund der Angaben von St-D und St-L darf man unterstellen, daß sie von Goethes früher Eintragung in die am 30. Dezember 1777 angeforderte handschriftliche Gedichtsammlung der Frau von Stein allenfalls unwesentlich abwich. Auf ihrem Wortlaut beruht deshalb der nachfolgende Abdruck der Urfassung.

Seidels Niederschrift – im Lesarten-Apparat durch die Chiffre S bezeichnet – geht freilich auf ein Diktat zurück und wurde von Goethe selbst nicht mehr korrigiert, wahrscheinlich nicht einmal durchgesehen. Nur so erklären sich die von der Textdarbietung aller anderen Überlieferungsträger abweichende Zusammenschreibung der Verse 10/11, die fehlenden Absätze bei Vers 6, 29, 82 und der Schreibfehler in Vers 76. Diese eindeutigen Irrtümer wurden deshalb in meiner Textwiedergabe gemäß der Handschrift G (vgl. unten) berichtigt.

H   Am 21. September 1781 schrieb Goethe an Caroline Herder: „Herder hat von meinen Gedichten verlangt. Hier ist alles, was ich einmal zusammengeschrieben; es fehlen einige, die folgen sollen. Laßt sie niemand sehen." (WA IV 5, S. 194 f.) Von dieser Leihgabe hat sich Herder Abschriften gemacht (B. Suphan, der im Goethe-Jahrbuch 2, 1881, S. 103 ff. die Entstehungsgeschichte dieser Sammlung zu klären versuchte, vermerkt: „Das gleiche Hauspapier, wie es Herder [. . .] 1781–82 gebraucht"). Seine in dieser Sammlung befindliche eigenhändige Kopie des Harzreise-Gedichts (Staatsbibliothek Preußischer Kulturbesitz Berlin. Signatur Nl Herder 32, 5 : 3^v–4^r), die nach Herders Schreibgepflogenheit zahlreiche Abkürzungen verwendet, ist im Lesarten-Apparat ausgewiesen durch die Chiffre H. Wie ihre Abweichungen von allen älteren Textzeugen in Vers 17 und 82 erweisen, repräsentiert sie eine spätere Textstufe der Hymne als die der Urfassung.

G   Eine Niederschrift des Gedichts von Goethes eigener Hand liegt erst für dessen endgültige Textgestalt vor. Diese Handschrift (Goethe-und-Schiller-Archiv, Signatur Goethe-Werke: 1 (4) 1. Bd. – Faksimile in: Goethe Viermonatsschrift der Goethe-Gesellschaft 3, 1938, S. 94/95) wird im Lesarten-Apparat ausgewiesen durch die Chiffre G. Sie ist mit dem Erstdruck der Hymne von 1789 so weitgehend identisch, daß man unterstellen kann, sie sei auch hinsichtlich der jetzt vorgenommenen Textänderungen für den Zweck dieser Veröffentlichung hergestellt worden und habe ihr zugrunde gelegen (wobei einige orthographische und Interpunktions-Abweichungen aus einer zwischengeschalteten Schreiberabschrift zu erklären wären, die als Druckvorlage diente). Hinsichtlich der Textanordnung in Zeilen und Absätzen und der auch in den späteren Drucken schwankenden Orthographie und Interpunktion hat G (mit Rücksicht auf den Diktatcharakter bzw. das Abkürzungsverfahren der älteren Handschriften S und H) als die älteste autorisierte Fassung zu gelten, obgleich sie erst die letzte Textstufe darstellt.

1. ,HARZREISE IM WINTER‘, Vers 1–34. Älteste der erhaltenen
Niederschriften (vor dem 5. 8. 1778), durch Goethes Sekretär Seidel.

Drucke zu Lebzeiten

1789 Goethe's Schriften. Bd. 8, Leipzig (Göschen) 1789. S. 193–197.
1806 Goethe's Werke. Bd. 1, Tübingen (Cotta) 1806. S. 123–126.
1815 Goethe's Werke. Bd. 2, Stuttgart/Tübingen (Cotta) 1815. S. 57–60.
1827 Goethe's Werke. Vollständige Ausgabe letzter Hand. Bd. 2, Stuttgart/Tübingen (Cotta) 1827. S. 64–67.

Im Apparat werden die Lesarten einzelner Drucke durch deren Erscheinungsjahr, die all diesen Drucken gemeinsamen Lesarten hingegen durch die Angabe „alle Drukke" bezeichnet.

Von den oben notierten Feststellungen über die Handschriften ausgehend, stützt sich der nachfolgende Druck des ursprünglichen Hymnen-Textes im Wortlaut also auf S, in der Textanordnung (Verszeilen, Absätze) Orthographie und Interpunktion auf G.

Auf dem Harz im Dezember 1777

1   Dem Geyer gleich,
       Der auf Morgenschloßen Wolken
3   Mit sanftem Fittich ruhend
       Nach Beute schaut,
5   Schwebe mein Lied

           Denn ein Gott hat
7   Jedem seine Bahn
       Vorgezeichnet,
9   Die der Glückliche
       Rasch zum freudigen
11   Ziel läuft.
       Aber wem Unglück
13   Das Herz zusammenzog,
       Sträubt vergebens
15   Gegen die Schrancken
       Des ehrenen Fadens
17   Den die bittre Scheere
       Nur einmal lößt

19   In Dickigts Schauer
       Drängt sich das rauhe Wild,
21   Und mit den Sperlingen
       Haben längst die Reichen
23   In ihre Sümpfe sich gesenckt.

           Leicht ists folgen dem Wagen
25   Den Fortuna führt,

Wie der gemächliche Troß
27 Auf gebesserten Wegen
Hinter des Fürsten Einzug

29 Aber abseits wer ists?
Ins Gebüsch verliert sich sein Pfad
31 Hinter ihm schlagen
Die Sträuche zusammen
33 Das Gras steht wieder auf
Die Oede verschlingt ihn.

35   Ach wer heilet die Schmerzen
Des, dem Balsam zu Gift ward
37 Der sich Menschenhaß
Aus der Fülle der Liebe tranck,
39 Erst verachtet, nun ein Verächter
Zehrt er heimlich auf
41 Seinen eigenen Werth
In ungnügender Selbstsucht.

43   Ist auf deinem Psalter,
Vater der Liebe, ein Ton
45 Seinem Ohre vernehmlich,
So erquicke dies Herz!
47 Oeffne den umwölckten Blick
Ueber die tausend Quellen
49 Neben dem Durstenden
In der Wüste.

51   Der du der Freuden viel schaffst
Jedem ein überfließend Maaß,
53 Segne die Brüder der Jagd
Auf der Fährte des Schweins,
55 Mit jugendlichem Uebermuth
Fröhlicher Mordsucht
57 Späte Rächer des Unbills
Dem schon Jahre vergeblich
59 Wehrt mit Knütteln der Bauer.

    Aber den einsamen hüll
61 In deine Goldwolcken
Umgieb mit Wintergrün
63 Biß die Rose wieder heranreift
Die feuchten Haare,
65 O Liebe, deines Dichters!

Mit der dämmernden Fackel
67 Leuchtest du ihm
Durch die Furten bey Nacht,
69 Ueber die grundlosen Wege
Auf oeden Gefilden,
71 Mit dem tausendfarbigen Morgen
Lachst du in's Herz ihm,
73 Mit dem beizenden Sturm
Trägst du ihn hoch empor.
75 Winterströme stürzen vom Felsen
In seine Psalmen,
77 Und Altar des lieblichsten Dancks
Wird ihm des gefürchteten Gipfels
79 Schneebehangner Scheitel
Den mit Geisterreihen
81 Kränzten ahndende Völcker.

Du stehst unerforscht die Geweide
83 Geheimnißvoll offenbar
Ueber der erstaunten Welt,
85 Und schaust aus Wolcken
Auf ihre Reiche und Herrlichkeit
87 Die du aus den Adern deiner Brüder
Neben dir wässerst.

Lesarten-Apparat

Verzeichnet werden alle Abweichungen in St-D, St-L, S, H, G und den Drucken zu Lebzeiten vom vorstehenden Text. Rein orthographische und Interpunktions-Abweichungen jedoch (gegenüber G) und die Ligaturen in H sind dabei nicht berücksichtigt worden. ⟨Winkelklammern⟩ bezeichnen gestrichene Stellen, (runde Klammern) enthalten erläuternde Angaben.

Titel St-D: keine Angabe   S: *Auf dem Harz im Dezember. 1778* (Diktatfehler)   H: *Auf dem Harz: im Dec.*   G und alle Drucke: *Harzreise im Winter*
2 *Morgenschloßen Wolken*] St-D: keine Angabe   G und alle Drucke: *schweren Morgenwolcken*
6 S: kein Absatz (Diktatversehen)
7 *Bahn*] G folgt: ⟨*vorgezeichnet*⟩ (Schreibversehen)
10/11 S: in einer Zeile (Diktatversehen)
11 G: *Ziele* ⟨*läuft*⟩ *rennt.*   Alle Drucke: *Ziele rennt.*
12 *Aber wem*] G und alle Drucke: *Wem aber*
13 *zusammenzog*] G über: *zusammen*⟨*schloß*⟩ (Schreibversehen)
14 *Sträubt*] G und alle Drucke: *Er sträubt*
15 *Gegen*] G und alle Drucke: *Sich gegen*
16 *ehrenen*] St-D, St-L, H: *ehrnen*   Alle Drucke: *ehernen*

17	*die bittre*] St-D: keine Angabe H, G und alle Drucke: *die doch bittre*
19	*Dickigts*] S: *Dichigts* und H: *Dichtichts* (Schreibfehler) Alle Drucke: *Dickichts* = *Schauer*
22	*Reichen*] nur 1815: *Reiher* (Setzerfehler)[9]
24	H: kein Absatz (Abschreibversehen)
29	S: kein Absatz (Diktatversehen) und kein? (Schreibversehen?)
31	*schlagen*] G folgt: ⟨*die Sträuche*⟩ (Schreibversehen)
35	*Ach*] 1815, 1827: *Aber* (Setzerfehler)
41	*eigenen*] (so auch H; Diktat- bzw. Abschreibfehler?) St-D, St-L, G und alle Drucke: *eignen*
46	*dies*] G und alle Drucke: *sein*
49	*dem*] St-D: *den* (Schreibfehler)
52	*Jedem*] St-D: *Jeden* (Schreibfehler)
54	*Schweins*] G: ⟨*Schweins*⟩ *Wilds* Alle Drucke: *Wilds*
57	*Unbills*] Alle Drucke: *Unbilds* (als offensichtl. fortgeschleppter Setzerfehler nachgewiesen in WA I 2, S. 308)
58	*Dem*] St-D: *Den* (Schreibfehler)
59	*Knütteln*] H: *Knitteln* (Abschreibversehen)
69	*die grundlosen*] (Diktatfehler?) St-D, St-L, H, G und alle Drucke: *grundlose*
70	*oeden*] S: *oden* (Schreibversehen)
75	*vom*] H: *von* (Abschreibfehler?)
76	*seine*] S: *seinen* (Diktatversehen)
77	St-D, St-L: Absatz
79	*Schneebehangner*] St-D: korrigiert in *schneebehangener* St-L, H: *Schneebehangener*
81	*ahndende*] H und 1815, 1827: *ahnende* (Abschreib- bzw. Setzerfehler)
82	S: kein Absatz (Diktatversehen)
	stehst unerforscht die Geweide] H, G und 1789, 1806: *stehst mit unerforschtem Busen* 1815, 1827: *siehst mit unerforschtem Busen* (Setzerfehler).

„Projeckte zur heimlichen Reise", heißt es am 16. November 1777 in Goethes Tagebuch.[10] Niemandem hat er gesagt, wohin es da gehen soll-

---

[9] H. Weigand (Lessing Yearbook VI, 1974, S. 213) erklärt unter Berufung auf eine nicht mehr nachweisbare Auskunft von Helmut Holtzhauer/Weimar, daß Wagner (vgl. oben S. 17 unter S) für seinen Textvergleich den Druck von 1815 zugrunde gelegt habe. Da Wagner nun für Vers 22 keine Abweichung vom Vergleichstext mitteilt, schließt Weigand, daß es auch in der an Merck geschickten frühen Handschrift *Reiher* müsse geheißen haben. – Wagner notiert jedoch für Vers 82 als Lesart seines Vergleichstextes: *siehst mit unerforschtem Busen*, hat also den Druck von 1815 oder von 1827 zugrunde gelegt. 1827 aber ist das (trotz Weigands inhaltlichen Argumentationsversuchen – ebd. S. 208–211) durchaus unsinnige *Reiher*, das Goethe 1820 ausdrücklich als bloßen Druckfehler bezeichnete (WA I 41/1, S. 333), wieder zu *Reichen* berichtigt. Gegen Weigand habe ich deshalb 1979 erklärt, daß Wagner mit an Sicherheit grenzender Wahrscheinlichkeit die Niederschrift für Merck mit der Ausgabe letzter Hand verglichen habe und es an beiden Stellen also *Reichen* hieß. Eva Becks Identitätsnachweis hat das bestätigt: die Merck-Beilage (= S) schreibt *Reichen*, und die *Reiher* sind damit endgültig erledigt.

[10] WA III 1, S. 54.

te, und selbst in den vertrauten Briefen, die er an die Frau von Stein schreibt von unterwegs[11], werden die Absende-Orte chiffriert. Am 29. November bricht er in Weimar auf. Vor Morgengrauen noch, allein, zu Pferd; „übern Ettersberg in scharfen Schlossen" (also: unter heftigen Hagelschauern) vermerkt das Tagebuch[12] – Vers 2 der Hymne: *Morgenschloßen Wolken.* Mittags in Weißensee, über Nacht in Greußen. Am 30. dann Sundhausen, Nordhausen, Niedersachswerfen, spät abends in Ilfeld. Am 1. Dezember durchquert er von Süden nach Norden das winterliche Harzgebirge, erreicht gegen Mittag Elbingerode, besichtigt am Nachmittag dieses Tages und noch einmal am 2. Dezember die Baumannshöhle bei Rübeland.[13] Am 3. Dezember in Wernigerode, Besuch bei Plessing. Tags darauf reitet er am Nordrand des Harzes entlang nach Westen, über Ilsenburg nach Goslar, schreibt abends an die Frau von Stein: „Ein ganz entsetzlich Wetter hab ich heut ausgestanden was die Stürme für Zeugs in diesen Gebürgen ausbrauen ist unsäglich, Sturm, Schnee, Schlossen, Regen, und zwey Meilen an einer Nordwand eines Waldgebürgs her, alles fast ist nass". Von Goslar aus fährt er am 5. Dezember ins Bergrevier des Rammelsberges ein, besichtigt am 6. das Hüttenwerk von Oker und die Messinghütte, reitet am 7. nach Clausthal. Von dort aus am 8. Einfahrt in die Caroline, Dorothee und Benedikte. Am 9. nach den Hütten, über Nacht in Altenau. Am 10. dann nimmt er einen Führer. Tagebuch: „früh nach dem Torfhause in tiefem Schnee. 1 viertel nach 10 aufgebrochen von da auf den Brocken. Schnee eine Elle tief, der aber trug. 1 viertel nach eins droben." Am 11. Dezember zurück nach Clausthal, wo er sein Pferd hatte stehen lassen. Am 12. zum Dammhaus, auf den Bruchberg und nach Andreasberg, abends noch in die Gruben Samson, Catharina Neufang, Gnade Gottes, auf Leitern selbstverständlich, Schachttiefe 810 m – Tagebuch: „ward mir sehr sauer diesmal." Am 13. von Andreasberg nach Lauterberg. Bei Königshütte verläßt er das Harzgebiet, reitet über Silkerode nach Duderstadt und am 14. weiter bis Mühlhausen. Am 15. nach Eisenach, jetzt mit der Postkutsche. Am 16. wieder in Weimar.

---

[11] WA IV 3, S. 188–201. Danach wird im folgenden nur mit Datenangaben zitiert.

[12] WA III 1, S. 54. – Goethes Reisetagebuch vom 29. 11.–16. 12. (ebd. S. 54–58) wird im folgenden nur mit Datenangaben zitiert.

[13] Diese Höhle und der Brocken sind bis ins 18. Jahrhundert die beiden Hauptziele aller Harzreisenden. Goethe absolviert freilich nicht nur am Nachmittag des 1. Dezember die obligatorische einstündige Führung, sondern verbringt am 2. Dezember noch „Den ganzen Tag in der Baumanshöle" (Tagebuch), durchklettert und durchkriecht ihre Schluchten und Klüfte, beobachtet ihre merkwürdigen Tropfsteinformationen, Licht- und Klangerscheinungen. Dazu K. Bürger: Goethe und die Baumannshöhle. In: Zeitschrift des Harz-Vereins für Geschichte und Altertumskunde 61, 1928, S. 45ff.

Sieht man ab von der Postkutschenfahrt Mühlhausen-Eisenach (ca. 40 km) und der Rückreise dann nach Weimar (ca. 75 km), so betragen die vermessenen Wegstrecken, die dieser Harzreisende binnen 16 Tagen zu Fuß und zu Pferde zurückgelegt hat, häufig durch unwegsames Gelände, Schlamm und Schnee, einschließlich der geschätzten Wege am jeweiligen Ausgangs- und Zielort und unter Tage annähernd 500 km. Das Unternehmen verdient Respekt. Ein verpimpelter Stubenhocker war er gewiß nicht, der am 14. September jenes Jahres an Frau von Stein geschrieben hat: „Gestern sagt ichs dem Herzog als er hoben bey mir war: Es sey mir merckwürdig: dass, in unsrer Wirthschafft, alles abenteuerliche natürlich werde." Denn nicht nur ihre ausgedehnten Trinkgelage und ausgelassenen Tänze mit den Bauernmädchen schloß diese „Wirthschafft" ein, auch die Nächte draußen am Feuer, auch die halsbrecherischen Ritte und wilden Jagdzüge, mit denen Herzog und Dichter den Sturm und Drang praktizierten.

Diesmal ging Carl August ohne ihn auf die Jagd. Mit seinem Bruder und zwei Begleitern war er schon am 27. November, zwei Tage vor Goethes Abritt aus Weimar, nach Marksuhl aufgebrochen, in die Eisenacher Gegend, wo man seit Jahren Klage erhob über den Schaden, den der starke Schwarzwildbestand anrichtete auf den Feldern. Denn Hochwildjagd war ein Fürsten- und Adelsprivileg. Bauern durften den Sauen allenfalls mit Knüppeln zuleibe rücken (und der Göttinger Professor Lichtenberg notierte zu dieser Zeit in seinem Sudelbuch: „Wenn die wilden Schweine dem armen Manne seine Felder verderben, so rechnet man es ihm unter dem Namen Wildschaden für göttliche Schickung an"[14]). Goethe berichtet, er habe den Herzog gebeten, sich diesem Jagdzug erst „nach einem kleinen Umweg" anschließen zu dürfen.[15] Der führte freilich durch den Harz, was er verschwiegen hatte, und nahm mehr als zwei Wochen in Anspruch; am 15. Dezember erst traf er in Eisenach wieder mit der Jagdgesellschaft zusammen, am nächsten Tag schon kehrte man nach Weimar zurück. Aber auf dem „wunderlichen Ritt" gingen seine Gedanken auch zu den Jägern, von denen er sich diesmal getrennt hatte, und das Gebet, das seine Hymne an den *Vater der Liebe* richtet, schließt die Waidgenossen ein. 51–59:

> *Der du der Freuden viel schaffst*
> *Jedem ein überfließend Maaß,*
> *Segne die Brüder der Jagd*
> *Auf der Fährte des Schweins,*
> *Mit jugendlichem Uebermuth*
> *Fröhlicher Mordsucht*

---

[14] Schriften und Briefe. Hrsg. von W. Promies. Bd. 1, 1968, S. 126.
[15] WA I 33, S. 213.

Späte Rächer des Unbills
Dem schon Jahre vergeblich
Wehrt mit Knütteln der Bauer.

Wo die auf gehobenere Rede bedachte Druckfassung später zur *Fährte des Wilds* verallgemeinert, werden hier, unbekümmert handfest und authentisch, noch die Jäger beim Wort genommen, die in Marksuhl doch der *Fährte des Schweins* nachgingen. Aber ihm selbst, der dem Harz entgegenritt, war ein Vogel damals wichtiger. Noch der Harzreisebericht, der 45 Jahre später als Exkurs in seiner autobiographischen Darstellung der ‚Campagne in Frankreich' erschien, hat das vermerkt: „Im düstern und von Norden her sich heranwälzenden Schneegewölk schwebte hoch ein Geier über mir."[16] So setzt die Hymne ein. 1–5:

Dem Geyer gleich,
Der auf Morgenschloßen Wolken
Mit sanftem Fittich ruhend
Nach Beute schaut,
Schwebe mein Lied.

Den Interpreten erschien der Sinn dieser Prologverse nicht zweifelhaft. Über anderthalb Jahrhundert hin haben sie bekräftigt, was Karl Ludwig Kannegießer schon 1820 schrieb, um den Schülern seines Prenzlauer Gymnasiums das Bild des Geiers verständlich zu machen: „So ruhig [wie dieser Vogel] soll sein [des Dichters] Blick, seine Einbildungskraft über der winterlichen Natur schweben; von dem höheren Standpunkte der geistigen Betrachtung herab will er, wie der Raubvogel nach der Beute, umherblicken nach Gegenständen, die der Muse würdig sind."[17] Der fortschrittliche Deutschlehrer hatte über dieses Gedicht eines lebenden Autors eine Hausarbeit schreiben lassen, die offenbar nicht zu seiner Zufriedenheit ausgefallen war. Denn sein eigener Versuch, so erklärte Rektor Kannegießer, verdanke „seine Entstehung dem Wunsche, den Schülern der ersten Klasse, denen ich die Erklärung der Harzreise aufgegeben hatte, bei der Zurückgabe ihrer Aufsätze etwas Ausführlicheres vorzulegen."[18] Seine im Druck erschienene Schrift hat er auch dem Autor nach Weimar geschickt. Goethe (der sich durch diese Veröffentlichung zu seiner eigenen Erläuterung der Hymne veranlaßt sah[19]) ließ sie liebenswürdig gelten. Und dabei blieb es dann. 1865 schrieb B. R. Abeken zum *Geyer*, daß das Gedicht „gleich ihm schweben sollte über der gemeinen

---

[16] Ebd. S. 215.
[17] Über Göthe's Harzreise im Winter. Neudruck durch W. Helwig in: Goethe-Jahrbuch 79, 1962, S. 224 ff. Das Zitat S. 229.
[18] Ebd. S. 235.
[19] Vgl. WA I 41/1, S. 328 ff.

Welt".[20] 1903 B. Litzmann: Was Goethe „in diesen Tagen der Einsamkeit und Einkehr bei sich selbst innerlich durchlebte, hat ihn emporgehoben über den Staub der Alltäglichkeit, seine Gedanken schweben über den Dingen und Sorgen des Erdenlebens, aus höherer Perspektive ruht sein Blick auf dem eigenen und der anderen Menschen Schicksal, und so schwebt das Lied, das davon Kunde gibt, auch hoch über der Erde; aus der reinen stillen Höhe schaut er herab: dem Geier gleich. Ein wundervoller Eingangsakkord ist so gefunden."[21] 1903 A. Bielschowsky: „So soll das, was sich auf dem einsamen Zuge in seine befreite Seele eindrückt, als Lied hoch über dem Erdenleben schweben. Die erste Strophe des Liedes hat sich gebildet."[22] 1912 F. Warnecke: „wie der Geier oben in der Luft alles übersehen kann, so überdenkt der Dichter die verschiedenen Schicksalswege der Menschen."[23] Und so noch 1972 W. Keller: „Das sinnenhaft geschaute Bild des Anfangs besitzt indes eine sinnhafte Bedeutung, die dem ‚Lied‘ ein vogelgleiches Schweben, ein Sein über den Dingen zuerkennt."[24] 1976 H. E. Holthusen: „glücklich gewählte symbolische Figuren (‚Dem Geier gleich‘), um die herrschende Stimmung eines ruhigen Schwebens und seligsicheren Getragenseins zu bezeichnen".[25]

Was in solcherart nachdichtender Auslegung der Dichtung zur Sprache kommt, ist wohl nicht ganz von der Hand zu weisen.[26] Aber was immer da als „ein Allgemeines, Inneres, Höheres dem Dichter vorschwebte", ausdrücklich hat Goethe es „auf die allerbesondersten Umstände" bezogen[27], während diese Interpreten seine Gedanken nun gerade „über der gemeinen Welt", „über dem Staub der Alltäglichkeit", „hoch über dem Erdenleben schweben" ließen und den *Geyer* zum Wahrzeichen einer der Welt entrückten Dichtung erhoben. Goethes eigener später Kommentar leistet dieser landläufigen Deutung jedenfalls keinerlei Vorschub. Die Eingangsverse der Hymne zitierend, spricht er da nur-

---

[20] In: Westermann's Jahrbuch der Illustrierten Deutschen Monatshefte 17, 1865, hier S. 180.

[21] Goethes Lyrik. Berlin 1903, S. 205.

[22] Goethe. Bd. 2, München 1903, S. 372.

[23] In: Goethe-Jahrbuch 33, 1912, S. 113.

[24] Goethes Dichterische Bildlichkeit. München 1972, S. 65.

[25] In: Versuche zu Goethe. Festschrift für E. Heller. Heidelberg 1976, S. 32.

[26] Als Goethe zwei Jahre später Friederike Brion in Sesenheim und Lili Schönemann in Straßburg wiedersah, schrieb er an Charlotte v. Stein: „Ungetrübt von einer beschränkten Leidenschafft treten nun in meine Seele die Verhältnisse zu den Menschen die bleibend sind, meine entfernten Freunde und ihr Schicksaal liegen nun vor mir wie ein Land in dessen Gegenden man von einem hohen Berge oder im Vogelflug sieht." (WA IV 4, S. 68) Ein solcher Aspekt mag mit dem *Geyer*-Gleichnis auch der Harzreise-Hymne zukommen.

[27] WA I 41/1, S. 329, 330.

mehr über „ein Abenteuer, das man bizarr nennen könnte, von welchem jedoch die Motive im Gedicht selbst leise angedeutet sind" – und hellt das leise Angedeutete nicht auf.[28] Was den Interpreten so wenig Verlegenheit bereitete, läßt den Ornithologen immerhin stutzen. Ein Geier, im Harz? Falken, Bussarde, auch Steinadler könnte Goethe wohl gesehen haben. Aber Geier hat es da nie gegeben. Daran hat niemand Anstoß genommen. Schriftgelehrte bemerken dergleichen selten, und wer es bemerkt, mag mit der Berufung auf die ‚dichterische Freiheit' sich zufrieden geben. Nur hat dieser Autor die Freiheit, wissentlich derart Falsches zu sagen, kaum in Anspruch genommen, und seine Waidgenossen jedenfalls hätten ihn wohl gehörig ausgelacht oder seinen *Geyer* für reines Jägerlatein erklärt, als er ihnen diese Verse später vorlas. Zieht man, das bedenkend, Krünitz' große Enzyklopädie der ‚Staats- Stadt- Haus- u. Landwirthschaft' aus dem Jahre 1779 für das 1777 geschriebene Wort zu Rate, so liest man unter dem Stichwort ‚Geyer': „Eine im gemeinen Leben übliche Benennung verschiedener großen Raubvögel. So werden der Mäusefalk, der Wannenweber, der Taubenfalk, der Baumfalk [. . .] u. a. m. selbst bey den Jägern und Vogelstellern sehr häufig mit dem Nahmen der Geyer belegt."[29] Aus dem Sprachgebrauch der Zeit also läßt sich erweisen, daß der *Geyer*, den der Harzreiter da über morgendlichen Hagelwolken schweben sah, durchaus nichts zu tun hat mit ‚dichterischer Freiheit' und nichts mit Jägerlatein. Das wird wichtig für das Verständnis der schwer verständlichen Verse.

Aus dem Lateinischen aber kommt der Harzer Falke oder Bussard wohl doch. Dazu ist Dichtung ja imstande, und diese Freiheit nimmt sie durchaus in Anspruch: Verbindungen herzustellen zwischen Nahem und Fernem, Gleichungen zwischen Gegenwärtigem und Vergangenem. Zedlers ‚Universal-Lexicon' vermerkt im Jahre 1735 unter ‚Geyer oder Geier, Lateinisch Vultur': „Die aberglaubischen Römer, welche auf den Vogel-Flug und Geschrey genau Acht gaben, hielten diesen Vogel vor einen glücklichen und heldenmüthigen Vogel. Romulus soll seine neue Stadt auf Observirung zwölf solcher Vogel, als eine gute und glückliche Vorbedeutung, da hingegen Remus nur 6. gesehen, erbauet haben."[30] „Geyer", heißt es entsprechend in der ‚Deutschen Encyclopädie' von 1787, „war ein in den Augurien der Alten angesehener Vogel. Der Flug dieser Vögel ward mit grosser Aufmerksamkeit beobachtet, weil sie, wie einige sagen, nicht oft gesehen und ihre Nester selten, oder gar nicht ge-

---

[28] Ebd. S. 330.
[29] Johann Georg Krünitz: Oeconomische Encyclopädie, oder allgemeines System der Staats- Stadt- Haus- u. Landwirthschaft. Bd. 18, Berlin 1779, S. 371.
[30] Grosses vollständiges Universal-Lexicon. Bd. 10, Halle/Leipzig 1735, Sp. 1401.

funden werden: daher man um desto mehr aus einem so seltenen und ungewöhnlichen Anblick etwas ausserordentliches muthmassen zu können glaubte".[31] Ebenso wie die in Livius' ‚Ab urbe condita libri' (1, 6–7) mitgeteilte, vom Zedler erwähnte Gründungslegende Roms, nach der dem Remus sechs, dem künftigen Herrscher Romulus aber zwölf Geier erschienen, gehörte der diesem Muster folgende Bericht in Suetons ‚De vita caesarum' (Aug. 95), daß auch der spätere Kaiser Augustus als glückverheißendes Vorzeichen zwölf Geier erblickt habe bei der Beobachtung des Vogelflugs, zum Bildungswissen des 18. Jahrhunderts; daß Goethe die von den Lexika der Zeit verzeichnete Bedeutung des Geiers „in den Augurien der Alten" gekannt hat, darf man ganz ohne Zweifel unterstellen.[32]

Nicht eigentlich um eine aufs ungewisse Künftige gerichtete Wahrsagung ging es, wenn man in Rom den Vogelflug beobachtete, sondern um eine Erkundung des Götterwillens (auspicium), wie sie das römische Staatsrecht vorschrieb für die Mehrzahl wichtiger öffentlicher Unternehmen.[33] Ernennungen und Amtsantritte von Beamten insbesondere durften nur erfolgen, Beschlüsse der Volksversammlungen nur ausge-

---

[31] Deutsche Encyclopädie oder Allgemeines Real-Wörterbuch aller Künste und Wissenschaften von einer Gesellschaft Gelehrten. Bd. 12, Frankfurt/M. 1787, S. 379.

[32] Unter den Belegstellen für ‚Geier' in Goethes Schriften (die ich der Hamburger Arbeitsstelle des Goethe-Wörterbuchs verdanke) finden sich nur zwei weitere Beispiele sinnbildlicher Verwendung, beide aber stehen im Kontext einer Verheißung. In dem 1784/85 entstandenen Fragment ‚Die Geheimnisse' (WA I 16, S. 176 f.) berichtet einer der zwölf Rittermönche von den wunderbaren Vorzeichen bei der Geburt des geheimnisvollen Humanus:

Wie ihn ein Geist der Mutter früh verhieß,
Und wie ein Stern bei seiner Taufe Feier
Sich glänzender am Abend-Himmel wies,
Und wie mit weiten Fittigen ein Geier
Im Hofe sich bei Tauben niederließ;
Nicht grimmigstoßend und wie sonst zu schaden,
Er schien sie sanft zur Einigkeit zu laden.

Und von den 1798/99 verfaßten ‚Weissagungen des Bakis' lautet die sechste (WA I 1, S. 336):

Kommt ein wandernder Fürst, auf kalter Schwelle zu schlafen,
Schlinge Ceres den Kranz, stille verflechtend, um ihn;
Dann verstummen die Hunde; es wird ein Geier ihn wecken,
Und ein thätiges Volk freut sich des neuen Geschicks.

[33] Für das Folgende vgl. Pauly/Wissowa: Real-Encyclopädie der Classischen Altertumswissenschaften. Bd. 2, Stuttgart 1896, Sp. 2313 ff. (‚Augures') und 2580 ff. (‚Auspicium'). – G. Wissowa: Religion und Kultus der Römer. III. In: Handbuch der Klassischen Altertums-Wissenschaften. München ²1912, S. 386 ff. (‚Auspicium') und 523 ff. (‚Augures'). – K. Latte: Römische Religionsgeschichte. München 1960, S. 67 und 397.

führt oder der Auszug zum Krieg nur unternommen werden, wenn dafür die Zustimmung der Götter eingeholt war. Das geschah durch den Magistrat, der das Geplante vollziehen sollte, durch Staatsbeamte also, während die Augurn wohl nur zu überwachen hatten, ob die komplizierten Regelungen der „disciplina auguralis" dabei beachtet wurden, und in Zweifelsfällen sachverständige Gutachten erteilten. Als bindend zusichernde Zeichen der Zustimmung („auguria impetrativa") zu demjenigen Vorhaben, auf das die Befragung des Götterwillens sich bezog, scheinen bei dieser magistrativen Auspication ursprünglich allein die Vogelzeichen („signa ex avibus") gegolten zu haben. Unter die kleine Zahl der Auguralvögel („aves augurales") aber, deren sich die Götter zur Kundgabe ihres Einverständnisses bedienten, nach denen man also Ausschau hielt, wenn es festzustellen galt, ob die oberen Mächte dem vorgesetzten Plan ihre Zustimmung schenken oder verweigern würden, und deren „signa" dann als „auguria impetrativa", als göttliche Befestigungszeichen den das „auspicium" Einholenden in seinem Vorhaben bestätigten, zählten die römischen „libri augurales" den Geier.

Im Zusammenhang der mit Schiller unternommenen gattungstheoretischen Reflexionen ‚Über epische und dramatische Dichtung' hat Goethe über die „Welt der Phantasien, Ahnungen, Erscheinungen, Zufälle und Schicksale" 1797 geschrieben: „Diese steht beiden offen [dem epischen wie dem dramatischen Dichter], nur versteht sich, daß sie an die sinnliche [Realität der Erscheinungen] herangebracht werde; wobei denn für die Modernen eine besondere Schwierigkeit entsteht, weil wir für die Wundergeschöpfe, Götter, Wahrsager und Orakel der Alten, so sehr es zu wünschen wäre, nicht leicht Ersatz finden."[34] Hier in der Harzreise-Hymne gab es diese Schwierigkeit nicht, bedurfte es keines Ersatzes. Denn der Raubvogel selbst, den der Reiter da über sich fliegen sah („Im düstern und von Norden her sich heranwälzenden Schneegewölk . . ."), nahm („. . . bey den Jägern und Vogelstellern sehr häufig mit dem Nahmen der Geyer belegt") durch diese Namensgleichung die Bedeutung an, welche die „Wahrsager und Orakel der Alten" ihm gegeben haben. In der Gestalt des Harzer Bussards kehrt so der römische Auguralvogel wieder im Gedicht. Und damit erst, dadurch nur wird das viel beredete *Denn* seiner 6. Zeile[35] verständlich – als nachgestellte Begründung der

---

[34] WA I 41/2, S. 222.

[35] B. R. Abeken 1865: „Das ‚denn' ist hier in der Weise des griechischen γαρ zu nehmen, das da gesetzt wird, wo nach einer Ankündigung das Angekündigte folgt. Hier können wir an die Stelle desselben setzen: Mich erfüllt der Gedanke." (wie Anm. 20, S. 181) – B. Litzmann 1903: „Das ‚denn' deutet auf einen innigen logischen Zusammenhang mit dem Vorangehenden, der sich aber nicht sofort erschließt [. . .] Nur in völliger Hingabe und Versenkung in die Situation, aus der diese Gedankengänge heraufsteigen wie die kristallenen Luftblasen aus der Tiefe eines Brunnens, löst

Auspication, im Sinne eben der Worte, die dieser Beobachter des Vogelflugs am 4. Dezember an Frau von Stein geschrieben hatte: „die Götter
wissen allein was sie wollen, und was sie mit uns wollen, ihr Wille ge-
schehe."

> *Dem Geyer gleich,*
>
> *. . .*
>
> *Schwebe mein Lied*
>
> *D e n n ein Gott hat*
> *Jedem seine Bahn*
> *Vorgezeichnet,*
> *Die der Glückliche*
> *Rasch zum freudigen*
> *Ziel läuft.*
> *Aber wem Unglück*
> *Das Herz zusammenzog,*
> *Sträubt vergebens*
> *Gegen die Schrancken*
> *Des ehrenen Fadens*
> *Den die bittre Scheere*
> *Nur einmal löβt*

Daß man den Willen der Götter erfahren könne aus den Auspizien der
„signa ex avibus" und der Flug eines Geiers also zu erkennen gebe, ob
die oberen Mächte einem Vorhaben ihre Zustimmung erteilen oder verweigern würden, hat Goethe gewiß nicht mehr geglaubt. Dergleichen
hat er freilich auch nicht gesagt. *Dem Geyer gleich,* liest man, *Schwebe mein*

---

sich alles leicht und spielend: Über dem Staub des Alltagslebens schwebe mein Lied
[. . .] Denn (wie es später im Türmerlied heißt) ‚Zum Sehen geboren, zum Schauen be-
stellt . . . gehört mir die Welt.' Dies Ziel hat mir Gott vorgezeichnet als meines, wie jedem andern das seine: ‚D e n n ein Gott hat jedem seine Bahn vorgezeichnet.' " (wie
Anm. 21, S. 205 f.) – H. Mielert 1941: „Zwischen der ersten und der zweiten Strophe
steht ein unausgesprochener Gedanke. Seine Unausgesprochenheit wird aber sichtbar
in dem ‚Denn', das so nur noch Zeichen eines neuen Anfangs ist. Es hat den feierlichen
Ton des versichernden ‚Wahrlich'." (In: Goethe-Jahrbuch 61, 1941, S. 170.) – H. Henel
1973: „Das Wort ‚Denn' rückt die erste Strophe in ein Abhängigkeitsverhältnis von
der zweiten. Die Logik des Anschlusses hat den Auslegern des Gedichts zu schaffen
gemacht. Mir scheint sie klar. Weil der Mensch nicht weiß, welches Schicksal ihm be-
schieden ist, ziemt es sich für ihn, auf ein Zeichen der Götter zu warten. Das Wort
‚Denn' bezieht sich also zunächst auf die Frage, ob der Wanderer zu den Glücklichen
oder den Unglücklichen gehört; im weiteren Zusammenhang des Gedichts aber auch
auf die Frage, ob der Vater der Liebe in die Notwendigkeit einzugreifen vermag." (Der
Wanderer in der Not: Goethes ‚Wandrers Sturmlied' und ‚Harzreise im Winter'. Zuerst in DVjs 47, 1973. Dann in Henel: Goethezeit. Ausgewählte Aufsätze. Frankfurt/
M. 1980, dort S. 88 f.)

Lied. Soll aber das *Lied* dem Auguralvogel gleichen, so meint das offenbar, daß es gleich ihm auf *Beute* warte, daß diese Auguralhymne selber Ausschau halten will nach einem „auspicium", welches keineswegs schon sichtbar wird in ihren präludierenden Versen. Dabei handelt es sich, wie die Entstehungsgeschichte des Gedichts erweist, durchaus nicht um poetische Fiktion. Unter dem 1. Dezember schon heißt es im Tagebuch: „= Dem Geyer gleich =".[36] Spätestens an diesem Tage also sind die ersten Verse der Hymne niedergeschrieben oder jedenfalls konzipiert worden.[37] Erst am 10. Dezember aber erfolgte, worauf ihre letzten Verse sich beziehen: die Brockenbesteigung. Das war, nach Goethes eigenem Wort in Brief vom 10. Dezember an Frau von Stein, das „befestigungs Zeichen", nach dem er verlangte. Auch nach den Regeln der „disciplina auguralis" bieten sich die Zustimmungszeichen der „auguria impetrativa" ja nicht zufällig dar. Sie sind „erbeten", werden vorher gleichsam ausgemacht, „und zwar in einer bestimmten legum dictio (Serv. Aen. III 89), in welcher der Befragende erklärt, dass er die und die Zeichen innerhalb der und der Grenzen als Zeichen der göttlichen Zustimmung ansehen werde. Die auguria impetrativa sind natürlich immer zustimmende, eine etwaige Missbilligung äussert die Gottheit dadurch, dass sie Zeichen in der durch die legum dictio erbetenen Weise nicht eintreten lässt."[38] Daß dem Reisenden die Brockenbesteigung gelang, war nun ohne Zweifel ein solches vorher festgelegtes, erbetenes Zustimmungszeichen. Am 6. Dezember schon hat Goethe an Frau von Stein geschrieben: „Es ist erstes viertel, ich hab einen Wunsch auf den Vollmond, wenn ihn die Götter erhöhren, wärs grosen Dancks werth. Ich nehm auch nur mit der Hälfte vorlieb."[39] Und am 10. Dezember dann:

---

[36] Waagerechte Doppelstriche, wie sie in dieser Tagebuchnotiz erscheinen, entsprechen dem durchaus zeitüblichen Gebrauch waagerechter oder leicht angeschrägter Doppelstriche in der Funktion von Anführungszeichen: das Tagebuch zitiert also den ersten Vers der Hymne!

[37] Wie es im einzelnen weiterging, ist nicht feststellbar. Auch daß Goethe „die ersten Strophen des Gedichts" am 2. Dezember geschrieben habe, wie 45 Jahre später in der ‚Campagne' berichtet wird (WA I 33, S. 217), kann kaum als dadurch gesichert gelten. Grundsätzlich zutreffend ist aber doch, was A. Bielschowsky bemerkt (wie Anm. 22, S. 372 f.): „So wächst das Lied in Absätzen fort, immer den Erlebnissen, gelegentlich auch einem plötzlich aufsteigenden Nebengedanken folgend, bis es in der Besteigung des Brockens am zwölften Tage der Reise seinen Höhe- und Endpunkt findet. Wenn nicht schon die Komposition lehrte, daß in der Dichtung keine nachträgliche Zusammenfassung der Reiseerlebnisse und -stimmungen vorliegt, so würden es die Tagebücher und Berichte aus jenen Tagen erweisen. Sie ist unmittelbar unter den Eindrücken konzipiert und in ihren einzelnen Teilen niedergeschrieben."

[38] Pauly/Wissowa (wie Anm. 32), Sp. 2331.

[39] Diese Datierung der Mondphasen ist freilich ungenau; im ersten Viertel stand der Mond erst am 7. Dezember 1777, Vollmond war folglich erst für den 14., nicht schon für den 10. Dezember zu erwarten.

„Ich sagte: ich hab einen Wunsch auf den Vollmond! – Nun Liebste tret ich vor die Thüre hinaus da liegt der Brocken im hohen herrlichen Mondschein über den Fichten vor mir und ich war oben heut" [vgl. unten Abbildung 2]. Daß der „Wunsch auf den Vollmond" aber nicht eigentlich den Aufstieg auf den Brocken selber meinte, dieser vielmehr als das von den Göttern erbetene „befestigungs Zeichen" galt, verdeutlicht der Brief-Satz vom 6. Dezember: „Ich nehm auch nur mit der Hälfte vorlieb", der sich doch sinnvollerweise nicht auf die Bergbesteigung beziehen kann, sondern nur auf ein Vorhaben, für dessen Gelingen dieses „augurium impetrativum" allererst bürgen sollte. Wenn Goethe also im Tagebuch am 1. Dezember den ersten Vers der Hymne zitierte („ = Dem Geyer gleich ="), dann ging es ihm nicht um eine Dokumentation der Entstehungsgeschichte seines Gedichts. Eine verschlüsselte „legum dictio" vielmehr wurde da festgehalten. Den Eingangsvers der Hymne niederschreibend, kannte er ihr Ende nicht; aber all seine Hoffnung war auf eben diesen Ausgang gerichtet (10. Dezember, an Frau von Stein: „Ich will Ihnen entdecken (sagen Sies niemand) dass meine Reise auf den Harz war, dass ich wünschte den Brocken zu besteigen, und nun liebste bin ich heut oben gewesen, ganz natürlich, ob mir's schon seit 8 Tagen alle Menschen als unmöglich versichern."). Die Niederschrift des Gedichts (an Merck: „Von den tausend Gedanken in der Einsamkeit findest Du auf beiliegendem Blatt fliegende Streifen") begleitete so die „heimliche Reise". Sie protokolliert die „Wallfahrt" eines Mannes, der wissen will, wohin es mit ihm gehen soll, der nach dem „auspicium" verlangt.

2. BROCKEN IM MONDLICHT, vom Torfhaus her gesehen.
Goethesche Kohlezeichnung, Dezember 1777.

Denn immer auch die eigene Existenz steht zur Rede, wenn da die Rede ist von den vorgezeichneten Lebensbahnen – von der des Glücklichen, der *Rasch zum freudigen Ziel läuft,* und der des Unglücklichen dann, der sich gegen das Vorbestimmte *sträubt – vergebens* sich sträubt, weil doch allein die den Lebensfaden zerschneidende Parze die Forderung außer Kraft setzen könnte, die dieses Leben an ihn stellt.

Was das Leben damals forderte von diesem jungen Mann, war der Eintritt in ein praktisch-tätiges Leben. Denn der ‚Werther'-Dichter, der im November 1775 nach Weimar gekommen war, sollte nicht mehr nur als Freund und Gesellschafter des jungen Herzogs eine Gastrolle geben an diesem Hof. Im Juni 1776 hatte Carl August ihn zum Geheimen Legationsrat ernannt, hatte er Sitz und Stimme in dem dreiköpfigen Geheimen Consilium erhalten, das als Beratungsorgan des Landesherrn die oberste Regierungsinstanz des Herzogtums bildete, in einer Art Kabinett also, dessen Mitglieder als Minister bezeichnet wurden. Die Last der Amtsgeschäfte legte sich auf ihn, die Fron des Aktenstudiums und der Sitzungen, das Joch der Verantwortung. Mit wirtschafts- und finanzpolitischen Fragen, juristischen und außenpolitischen Problemen begann er sich zu beschäftigen, mit Militärangelegenheiten, Bau- und Wegebauaufgaben. Zwei Wochen vor der Harzreise noch war er in eine neu eingesetzte Bergwerkskommission des Herzogtums berufen worden, welche die stillgelegten Ilmenauer Kupfer- und Silbergruben wieder eröffnen sollte, um neue Beschäftigungsmöglichkeiten und eine neue Einnahmequelle für das armselige Land zu erschließen. „Regieren!!" schreibt er am 8. Oktober 1777 in sein Tagebuch, dies eine Wort nur, zwei Ausrufezeichen dahinter. Das war die mit der Ernennung und dem Amtsantritt dieses Staatsbeamten verbundene Unternehmung, deren Verknüpfung mit seiner poetischen Existenz Goethes Erkundung des Götterwillens ‚*Auf dem Harz im Dezember 1777*' galt.

Vom Berg- und Hüttenwesen verstand er damals so gut wie nichts[40], und hinter dem „wunderlichen Ritt" also stand auch die Absicht, das technisch fortgeschrittene Bergwesen im Nordharz zu studieren, solche Kenntnisse den Ilmenauer Plänen dienstbar zu machen. Nicht nur mit Strapazen unter Tage war das verbunden, sondern auch mit wirklicher Gefahr vor Ort. „Dass ich jezt um und in Bergwercken lebe, werden Sie vielleicht schon errathen haben", schreibt er am 9. Dezember an Frau von Stein. „Gestern Liebste hat mir das Schicksaal wieder ein gros Compliment gemacht. Der Geschworne [ein vereidigter Bergaufseher] ward einen Schritt vor mir von einem Stück Gebürg das sich ablöste zu Boden geschlagen, da er ein sehr robuster Mann war so stemmte er sich da es

---

[40] Erste Eindrücke allenfalls hatte 1770 eine Reise von Straßburg nach Saarbrücken vermittelt. Vgl. WA I 27, S. 330.

auf ihn fiel, dass es sich in mehr Stücken auseinander brach, und an ihm hinabrutschte, es überwältigte ihn aber doch, und ich glaubte es würde ihm wenigstens die Füsse sehr beschädigt haben, es ging aber so hin, einen Augenblick später so stund ich an dem Fleck, denn es war eben vor einem Ort den er mir zeigen wollte, und meine schwancke Person hätt es gleich niedergedrückt, und mit der völligen Last gequetscht. Es war immer ein Stück von fünf, sechs Zentnern. Also dass Ihre Liebe bey mir bleibe, und die Liebe der Götter." Zeichenhaft, das läßt der Bericht noch erkennen, ist ihm auch das erschienen. Wie denn, wenn jene andere *Bahn* ihm vorgezeichnet gewesen wäre und hier schon die *bittre Scheere* seinen Lebensfaden durchschnitten hätte?[41] Die frühe Lyrik hätten wir von ihm, ‚Götz von Berlichingen' und den ‚Werther'. Im Nachlaß Skizzen zu einem ‚Faust'-Drama. Und im Mantelsack seines Pferdes hätte man die ersten schwer verständlichen Verse eines Gedichts in freien Rhythmen gefunden, als Letztes von seiner Hand; hätte nie gewußt, zu welchem *freudigen Ziel* das hätte führen können, dieses Gedicht und dieser Ritt durch den Harz, dieses Leben und dieses Werk.

Goethes Bergbauinteressen stehen unausgesprochen im Hintergrund der Hymne. Einmal aber, ganz am Ende, geben auch sie sich zu erkennen in ihrem Wortgebrauch. Da heißt es (82 ff.) vom Brocken:

> *Du stehst unerforscht die Geweide*
> *Geheimnißvoll offenbar*
> *Ueber der erstaunten Welt,*
> *Und schaust aus Wolcken*
> *Auf ihre Reiche und Herrlichkeit*
> *Die du aus den Adern deiner Brüder*
> *Neben dir wässerst.*

unerforscht die Geweide, das nämlich meint das Innere des Brockengebirges, seine unerschlossene, von den Bergleuten unbefahrene Tiefe – während als die *Adern* seiner *Brüder* hier die im Abbau befindlichen Erzlagerstätten des Harzmassivs benannt sind, deren Ausbeute das Land bereichert. Aus solchen *Adern* wässert der Brocken die Welt.[42] In einem Brief

---

[41] Solche Gedanken waren Goethe selbst in dieser Zeit durchaus nicht fremd: an Lavater schrieb er drei Jahre nach der Harzreise: „Ich darf mich nicht säumen, ich bin schon weit in Jahren vor, und vielleicht bricht mich das Schicksal in der Mitte, und der Babilonische Thurm bleibt stumpf unvollendet." (WA IV 4, S. 299)

[42] Kannegießer ist hier einem naheliegenden Mißverständnis erlegen: „Der Sinn ist: du erhältst jene Reiche durch die Flüsse, welche nicht aus dir, weil von der höchsten Spitze keine Gewässer entspringen, sondern aus den Adern, aus den Springquellen deiner Brüder, der niedrigeren Berghöhen sich ergießen. Du wässerst sie, denn du bist gleichsam der König des Harzes und dadurch erhältst du sie, denn ohne Wasser (nächst Licht und Wärme) keine Fruchtbarkeit, kein Leben. Und so bist du, o Brocken,

an Schiller hat Goethe 1796 erklärt: „meiner innersten Natur" entspricht es, „daß ich meine Existenz, meine Handlungen, meine Schriften den Menschen aus den Augen zu rücken behaglich finde. So werde ich immer gerne incognito reisen, das geringere Kleid vor dem bessern wählen, und, in der Unterredung mit Fremden oder Halbbekannten, den unbedeutendern Gegenstand oder doch den weniger bedeutenden Ausdruck vorziehen [. . .] und mich so, ich möchte sagen, zwischen mich selbst und zwischen meine eigne Erscheinung stellen."[43] Solcher Neigung folgend, hat er zwölf Jahre nach seiner Harzreise für den zum Druck bestimmten Text den Ausdruck *mit unerforschtem Busen* vorgezogen und mit diesem abgegriffenen, schicklicheren Wort eine augurale Konnotation „aus den Augen zu rücken" gewußt, auf die ich später eingehe.

Die winterliche Unwegsamkeit, die ungeheure Öde des Gebirges, das Goethe einsam durchzog, ist in die karge Sprache seiner Verse eingegangen. 19 ff.:

> *In Dickigts Schauer*
> *Drängt sich das rauhe Wild,*
> *Und mit den Sperlingen*
> *Haben längst die Reichen*
> *In ihre Sümpfe sich gesenckt.*

Daß bestimmte Vogelarten ihren Winterschlaf in Sümpfen verbringen (eine Vorstellung der antiken Naturkunde[44], die auch von Ornithologen des 18. Jahrhunderts noch geteilt wurde[45]), dient hier zum Gleichnis für die verachteten Städter.[46] Aus den Unbilden des Wintergebirges haben die reichen Leute sich zurückgezogen in den warmen Sumpf ihrer Stadt, die da in der Ferne sichtbar werden mochte.[47] Der Reiter ist mit sich allein.

---

das Bild der Gottheit" (wie Anm. 17, S. 234). Ausdrücklich hat Goethe in seiner Selbst-Erläuterung das korrigiert: „Hier ist leise auf den Bergbau gedeutet. Der unerforschte Busen des Hauptgipfels wird den Adern seiner Brüder entgegengesetzt. Die Metalladern sind gemeint, aus welchen die Reiche der Welt und ihre Herrlichkeit gewässert werden." (WA I 41/1, S. 337.) Staiger (Goethe, Bd. 1, ⁵1978, S. 500) will dennoch offen lassen, ob da nicht ursprünglich „Wasseradern" gemeint waren.

43 WA IV 11, S. 121 (9. 7. 1796).
44 Vgl. Aristoteles, Historia animalium VIII, 16.
45 Vgl. E. Trunz' Kommentar in: Goethes Werke. Hamburger Ausgabe (im folgenden abgekürzt: HA), Bd. 1, ¹¹1978, S. 479 f.
46 Anders (und gegen Goethes Selbst-Erläuterung in WA I 41/1, S. 332) H. Henel (wie Anm. 35, S. 89): „Selbst die Bemerkung, die Reichen hätten sich in ihre Sümpfe gesenkt, enthält kein Aburteil. ,Sümpfe' bedeutet einfach ,Schutzort', denn [!] die Reichen werden mit den Rohrsperlingen verglichen, und die Ornithologen der Zeit glaubten, viele Vögel hielten einen Winterschlaf in den Sümpfen. Die Reichen sind von ihren Landgütern in die Stadt gezogen – mehr will der Vergleich nicht sagen."
47 Vgl. Goethes Selbst-Erläuterung; WA I 41/1, S. 332.

Leicht ists folgen dem Wagen
Den Fortuna führt,
Wie der gemächliche Troß
Auf gebesserten Wegen
Hinter des Fürsten Einzug

Wieder das Bild des *Glücklichen* also. Jetzt aber negativ gefärbt. Hofschelte klingt an. Da spricht er von sich selbst[48], dem von der *Fortuna* geleiteten Höfling, der im Gefolge des Fürsten auf *gebesserten Wegen* seinen Lebensgang nimmt. Auch hier aber folgt dem sogleich das Gegenbild, die dunkle andere Möglichkeit des Lebens:

Aber abseits wer ists?
Ins Gebüsch verliert sich sein Pfad
Hinter ihm schlagen
Die Sträuche zusammen
Das Gras steht wieder auf
Die Oede verschlingt ihn.

Ein Waldläufer, ein Holzsammler oder Wilddieb mag sich da vor ihm in die Büsche geschlagen haben. Aber in den Gedanken des Harzreisenden war dieser Unbekannte in der winterlichen Einöde der Platzhalter für einen anderen, für den Mann, zu dem Goethe da auf dem Weg war.[49] Friedrich Victor Lebrecht Plessing, Sohn des Diakons von St. Silvester in Wernigerode, hatte Rechtswissenschaften und Theologie studiert und war dann leidend zurückgekehrt ins väterliche Pfarrhaus. Im Jahr zuvor, 1776, hatte er zweimal nach Weimar geschrieben und sich den Dichter als Seelsorger zu Hilfe gerufen, war aber ohne Antwort geblieben. Die Krise, in die dieser schwermütig-introvertierte, in seinem Selbstverständnis und Weltverhältnis offenbar tief und krankhaft gestörte Mensch gestürzt war, hat Goethe in der ‚Campagne in Frankreich‘ im Zusammenhang mit der Wirkungsgeschichte seiner ‚Leiden des jungen Werther‘ gesehen[50], dessen Passion den jungen Leuten dieser Generation ein so gefährlich-verführerisches Identifikationsangebot lieferte. Fühlte der Autor sich selbst durch die Niederschrift des Romans aus ei-

---

[48] Vgl. die Selbst-Erläuterung, S. 333.

[49] In seiner Selbst-Erläuterung (S. 331–333) und der ‚Campagne in Frankreich‘ (WA I 33, S. 217) bezieht Goethe diese Verse ausdrücklich (und allein) auf Plessing. In der ‚Campagne‘, deren Harzreise-Bericht ganz abgestellt ist auf den Plessing-Besuch, zitiert er sie im Zusammenhang mit der Angabe, daß „die ersten Strophen des Gedichts" schon am 2. Dezember niedergeschrieben wurden. Sollte diese Datierung zutreffen, so wären die Verse 29–50 tatsächlich vor dem Besuch bei Plessing (3. Dezember) verfaßt. – Dazu A. Walheim in: Chronik des Wiener Goethe-Vereins 51, 1947, S. 82.

[50] WA I 33, S. 208 f.

ner tiefen Lebenskrise befreit, so sah er andere durch die Lektüre eben dieses Romans nun gerade in solche Krisen verstrickt. „Und du gute Seele", heißt es in der Vorbemerkung zum ‚Werther', „die du eben den Drang fühlst wie er, schöpfe Trost aus seinem Leiden".[51] Aber die Rezeption eines Werkes kann doch sehr andere Formen annehmen, als sein Urheber wünschen mochte.

> *Ach wer heilet die Schmerzen*
> *Des, dem Balsam zu Gift ward*

lauten die Hymnen-Zeilen 35/36. Und nicht allein die physiognomisch-philanthropischen Interessen, die der alte Goethe dafür verantwortlich machen wollte[52], bestimmten wohl seinen Wunsch, diesen „wunderlichen Correspondenten persönlich zu sehen und zu prüfen"[53]; auch ein von Schuldgefühl bestärktes Bedürfnis, solche Schmerzen zu heilen, brachte den Harzreisenden auf den Weg zum leidenden jungen Plessing.

„Nach Wernigerode mit P. spaziren auf die Berge pp.", lautet seine lakonische Tagebucheintragung für den 3. Dezember. Die sehr ausführliche Besuchsschilderung in der ‚Campagne', 45 Jahre später verfaßt und vermutlich nicht ganz zuverlässig[54], will freilich wissen, daß Goethe den armen Plessing abends im Wernigeroder Pfarrhaus aufgesucht, sich als ein Landschaftsmaler aus Gotha ausgegeben habe und von seinem Gastgeber genötigt worden sei, ihm ausführlich zu berichten über „das seltsame Individuum" Goethe im benachbarten Weimar, „das so viel von sich reden mache."[55] Noch immer unerkannt, hätte er tief in der Nacht ihn verlassen, ohne daß der Versuch, diesem Kranken wieder Mut und Lebenszuversicht zu geben, diesen qualvoll in sich Befangenen wieder der Welt zuzuwenden, irgendeinen Erfolg gezeigt hätte. *Aber abseits wer ists?* Plessing ist's. Und ihm offenbar gelten auch die beiden folgenden Strophen. 35 ff.:

> *Ach wer heilet die Schmerzen*
> *Des, dem Balsam zu Gift ward,*
> *Der sich Menschenhaß*
> *Aus der Fülle der Liebe tranck,*
> *Erst verachtet, nun ein Verächter*
> *Zehrt er heimlich auf*
> *Seinen eigenen Werth*
> *In ungnügender Selbstsucht.*

---

[51] WA I 19, S. 3.
[52] Campagne in Frankreich; WA I 33, S. 209 ff.
[53] Ebd. S. 214.
[54] Dazu F. Warnecke im Goethe-Jahrbuch 33, 1912, S. 113 ff.   [55] WA I 33, S. 220.

Jetzt geht die Darstellung des Unglücklichen in Fürbitte über. Die Imperative des Gebets strukturieren von hier an die Hymne. 43 ff.:

> *Ist auf deinem Psalter,*
> *Vater der Liebe, ein Ton*
> *Seinem Ohre vernehmlich,*
> *So erquicke dies Herz!*
> *Oeffne den umwölckten Blick*
> *Ueber die tausend Quellen*
> *Neben dem Durstenden*
> *In der Wüste.*

So erquicke sein Herz! heißt es später in der zur Veröffentlichung bestimmten Handschrift und im Druck. Und allein auf *sein Herz,* auf die Leiden des jungen Plessing also, hat Goethe auch in seiner Selbst-Erläuterung von 1821 diese Verse bezogen. Er hat, wie so oft, auch hier (um seine „Existenz", seine „Handlungen", seine „Schriften den Menschen aus den Augen zu rücken"[56]) die Spur getilgt, die auf ihn selber zurückwies und im doppeldeutigen *dies Herz* noch eben sichtbar wird. Denn Goethes Selbstdarstellung in den von der späteren Selbstzensur am wenigsten betroffenen Zeugnissen dieser Harzreise, in seinen vertrauten Briefen an die Frau von Stein, zeigt ihn selber doch in einer höchst labilen Verfassung. Eine Unruhe treibt ihn, welche dem vierzehntägigen Kraftakt dieses Rittes und Fußmarsches

> *Durch die Furten bey Nacht,*
> *Ueber die grundlosen Wege*
> *Auf oeden Gefilden*

Züge eines nahezu zwanghaften, manischen Bewegungsdranges gibt. So geht das schon los am 29. November: „Adieu liebe Frau, ich streiche gleich ab. [. . .] Ich bin in wunderbar dunckler Verwirrung meiner Gedancken. Hören Sie den Sturm der wird schön um mich pfeifen." 5. Dezember: „Es regnet gar arg, und niemand reisst ausser wen Noth treibt, und dringend Geschäfft, und mich treiben seltsame Gedancken in der Welt herum." 7. Dezember: „Mir ist ganz wunderlich als wenn michs von hier wegpeitschte." 9. Dezember: „Ich hab an keinem Orte Ruh". Und am gleichen Tag eine Selbstbetrachtung, die tieferen Einblick gewährt in diesen kritischen Zustand: „Was die Unruhe ist die in mir stickt mag ich nicht untersuchen, auch nicht untersucht haben. Wenn ich so allein bin, erkenn ich mich recht wieder wie ich in meiner ersten Jugend war, da ich so ganz allein unter der Welt umhertrieb. [. . .] Solang ich im Druck lebte, solang niemand für das was in mir auf und abstieg einig Ge-

---

[56] An Schiller; WA IV 11, S. 121.

fühl hatte, vielmehr wie's geschieht, die Menschen erst mich nicht achte-
ten, dann wegen einiger widerrennender Sonderbaarkeiten scheel ansa-
hen, hatte ich mit aller Lauterkeit meines Herzens eine Menge falscher,
schiefer Prätensionen – Es lässt sich nicht so sagen, ich müsste ins Detail
gehn – da war ich elend, genagt, gedrückt, verstümmelt wie Sie wollen."

Erst verachtet, nun ein Verächter

heißt es in der Hymne und meint – *dies Herz!*[57] Denn was er der Frau von
Stein da eingestand, gibt sich keineswegs als eine selbstsicher-distan-
zierte Rückerinnerung an abgelebte Zeiten. Ich „erkenn [. . .] mich recht
wieder", schreibt er und lehnt eine Analyse dessen, was diese frühen Un-
ruhe- und Krankheitsherde wieder virulent hat werden lassen, doch mit
Entschiedenheit ab: „Was die Unruhe ist die in mir stickt [Präsens!] mag
ich nicht untersuchen, auch nicht untersucht haben." Diese „heimliche
Reise" ist auch ein Fluchtversuch, ein letztes Sträuben und verweigern-
des Ausbrechen vor dem, was da in Weimar vor ihm steht und wonach er
zugleich doch verlangt – was er in solchem Zwiespalt von den oberen
Mächten gutgeheißen sehen will: „Regieren!!"

„Ich heise Weber, bin ein Mahler habe iura studirt", schreibt Goethe,
der Geheime Legationsrat, der studierte Jurist am 6. Dezember an Frau
von Stein. So reist er durch den Harz, so trägt er sich am 8. Dezember ins
Fremdenbuch der Grube Dorothea bei Clausthal ein: „Johann Wilhelm
Weber aus Darmstadt".[58] Das ist nicht nur eine amüsante kleine Maske-

---

[57] „,Aber abseits, wer ist's?' Meint der Dichter sich selbst? Die folgende Strophe
zeigt, daß es nicht so ist: denn Menschenhasser, unbefriedigt Ehrgeiziger, ist er nicht
und ist es nie gewesen", kommentiert E. Trunz (HA 1, S. 478). Ebenso erklärt H. Henel
– gegen R. D. Gray, der unter Berufung auf den oben zitierten Brief vom 9. Dezember
behauptete, „that Goethe had himself in mind as well as Plessing" (German Life &
Lettres XVIII, 1964/65, S. 284) –: „Der Versuch, den Dichter der ‚Harzreise' zu einem
Verächter und Menschenhasser zu machen, ist also mißglückt" (wie Anm. 35, S. 94).
Den eigenen Steckbrief hat Goethe hier ganz gewiß nicht geliefert, aber doch wohl
Möglichkeiten und Gefährdungen benannt, die auch in sich selbst zu fühlen und nie-
derzuhalten er Grund genug haben mochte. – Andererseits hat Ernst Vincent (Zwei
Goethe-Studien. Jena 1929, S. 32 ff.) aus den Widersprüchen zwischen der oben zitierten Tagebuchnotiz vom 3. Dezember und den späten Äußerungen in der ‚Campagne'
und der Selbst-Erläuterung die These abzuleiten versucht, daß der alte Goethe, wenn
er die fraglichen Verse auf Plessing bezog, lediglich ihren tatsächlichen autobiographischen Bezug auf die eigene Existenz zu verdecken trachtete. – Was den Verfasser
des ‚Werther' und seinen (im gleichen Jahre 1749 geborenen) Leser Plessing verband,
was ihr „sentimental-romantisches Verhältniß" (‚Campagne', WA I 33, S. 208) aus-
machte, wird mitsamt der daraus hervorgehenden Doppeldeutigkeit der Hymnenver-
se in dieser einsinnigen Auslegung wohl ebenso verkannt wie in jener verdeckt.
[58] Faksimile-Wiedergabe dieser Eintragung durch W. Grosse in: Zeitschrift des
Harz-Vereins für Geschichte und Altertumskunde 61, 1928, S. 113. – „Weber" ist wohl
als Übersetzung des mütterlichen Familiennamens Textor zu verstehen.

rade, die den abenteuerlichen Reiz des „wunderlichen Rittes" erhöht. Ist sicher mehr auch als die kluge Vorkehrung eines Ministers, der inkognito reisen will, weil er so – wie Goethe am 6. Dezember an Frau von Stein schreibt – sein „Verhältnis zu den Menschen und den Sachen weit wahrer fühlte." Dieser halb spielerische Versuch der Identitätsverleugnung ist zugleich doch ein sehr ernsthaftes Symptom jener tiefen Identitätskrise, die mit dem Bild

> *Des ehrenen Fadens*
> *Den die bittre Scheere*
> *Nur einmal löβt*

selbst an den Wertherschen Selbstmord noch einmal zu rühren scheint. *Aber abseits wer ists?* Nicht nur einem unbekannten Waldläufer in den winterlichen Harzbergen, nicht nur dem unglücklichen Plessing in Wernigerode, auch ihm selbst, diesem „Johann Wilhelm Weber aus Darmstadt" gilt die Bitte an den *Vater der Liebe* :

> *So erquicke dies Herz!*
> *Oeffne den umwölckten Blick*
> *Ueber die tausend Quellen*
> *Neben dem Durstenden*
> *In der Wüste.*

Das versuchte ja Plessings unbekannter Besucher: den *umwölckten Blick* des in sich selbst Befangenen zu öffnen. Nach Goethes spätem Besuchsbericht in der ‚Campagne' hat er ihm damals gesagt, „man werde sich aus einem schmerzlichen, selbstquälerischen, düstern Seelenzustande nur durch Naturbeschauung und herzliche Theilnahme an der äußern Welt retten und befreien. Schon die allgemeinste Bekanntschaft mit der Natur, gleichviel von welcher Seite, ein thätiges Eingreifen, sei es als Gärtner oder Landbebauer, als Jäger oder Bergmann, ziehe uns von uns selbst ab".[59] Eben dies aber war auch die „Cur"[60], der er mit dieser Harzreise sich selber unterzog, um mit sich ins reine zu kommen, um fertig zu werden mit dem Werther und Plessing in ihm selbst: „Naturbeschauung" und „Theilnahme an der äußern Welt" und „ein thätiges Eingreifen". – „Der Nuzzen aber den das auf meinen phantastischen Sinn hat, mit lauter Menschen umzugehn die ein bestimmtes, einfaches, daurendes, wichtiges Geschäfft haben, ist unsäglich", heißt es in seinem Brief vom 9. Dezember an Frau von Stein: „Es ist wie ein kaltes Bad, das einen aus einer bürgerlich wollüstigen Abspannung, wieder zu einem neuen kräfftigen Leben zusammen zieht."

---

[59] WA I 33, S. 223.
[60] Ebd. S. 225.

Was den Reisenden, der nahezu täglich seine Briefe schreibt an Charlotte von Stein in Weimar, auf diesem Wege leitet, hat er der Hymne mitgeteilt. Ihrer Fürbitte für den, der von der Welt sich abwendet, ihrem Se-
genswunsch für die übermütig-fröhlichen *Brüder der Jagd* folgt am Ende
für ihn selbst, den Einsamen, den Dichter, der gebetshafte Anruf der Liebe. 60 ff.:

> *Aber den einsamen hüll*
> *In deine Goldwolcken*
> *Umgieb mit Wintergrün*
> *Biß die Rose wieder heranreift*
> *Die feuchten Haare,*
> *O Liebe, deines Dichters![61]*

Im Tagebuch hat er am 30. November notiert, daß er bei anbrechender
Dunkelheit „einen Boten mit einer Laterne nehmen musste, um durch
die tiefe Finsterniss hierher (Ilefeld) zu kommen." Selbst in der späten
Darstellung der ,Campagne' taucht dieses Bild noch einmal auf, wenn
Goethe – Plessing von seiner Winterreise berichtend – „die nächtlich
rauschenden, von des Boten Laterne zwischen Bergschluchten flüchtig
erleuchtet blinkenden Gewässer" nennt.[62] „Sie wissen", schreibt er am
10. Dezember der Frau von Stein, „wie simbolisch mein daseyn ist – –":
Der Bote, der da im Dunkel der Harzberge vor ihm ging mit seiner Laterne, wird in der Hymne zum Sinnbild der Liebe, die ihn den Weg durchs
Dunkel finden läßt. Eros, der Fackelträger. 66 ff.:

> *Mit der dämmernden Fackel*
> *Leuchtest du ihm*
> *Durch die Furten bey Nacht,*
> *Ueber die grundlosen Wege*
> *Auf oeden Gefilden,*
> *Mit dem tausendfarbigen Morgen*
> *Lachst du in's Herz ihm,*
> *Mit dem beizenden Sturm*
> *Trägst du ihn hoch empor.*
> *Winterströme stürzen vom Felsen*

---

[61] Kannegießers Erläuterung für die Prenzlauer Gymnasiasten („,O Liebe' möchte
man auf die Geschlechtsliebe beziehen; aber sowol der frühere Ausruf ,Vater der Liebe', als auch die Feierlichkeit, die in dem Folgenden herrscht, lassen keine Zweifel
übrig, daß die liebende Gottheit gemeint sei, und ,deines Dichters' heißt dann: des frommen, der Gottheit geweihten Dichters", wie Anm. 17, S. 232) gab Goethe Anlaß, in seiner Selbst-Erläuterung sehr deutlich zu werden: hier sei „unter Liebe das edelste Bedürfniß geistiger, vielleicht auch körperlicher Vereinigung gedacht" (WA I 41/1,
S. 335).
[62] WA I 33, S. 224.

In seine Psalmen,
Und Altar des lieblichsten Dancks
Wird ihm des gefürchteten Gipfels
Schneebehangner Scheitel
Den mit Geisterreihen
Kränzten ahndende Völcker.

Mit seinem Aufstieg auf den Blocksberg fand Goethes Reise in den Harz am 10. Dezember ihr Ziel. Morgens war er mit einem Führer in Altenau aufgebrochen, durch tiefen Schnee heraufgestapft zu dem am Fuß des Brockens gelegenen Torfhaus. An Frau von Stein, 11. Dezember: „wie ich gestern zum Torfhause kam sas der Förster bei seinem Morgenschluck in Hemdsermeln, und diskursive redete ich vom Brocken und er versicherte die Unmöglichkeit hinauf zu gehn, und wie offt er Sommers droben gewesen wäre und wie leichtfertig es wäre iezt es zu versuchen – Die Berge waren im Nebel man sah nichts, und so sagt er ists auch iezt oben, nicht drey Schritte vorwärts können Sie sehn. Und wer nicht alle Tritte weis pp. Da sas ich mit schwerem Herzen, mit halben Gedancken wie ich zurückkehren wollte. Und ich kam mir vor wie der König den der Prophet mit dem Bogen schlagen heisst und der zu wenig schlägt. Ich war still und bat die Götter das Herz dieses Menschen zu wenden und das Wetter, und war still." Da ging es um mehr als den leichtsinnigen Wunsch eines Ortsfremden, der sich's hartnäckig in den Kopf gesetzt hatte, etwas zu unternehmen, was zu dieser Jahreszeit vernünftigerweise niemand tat, der mit den Verhältnissen vertraut war. Goethes Bemerkung, „ich kam mir vor wie der König den der Prophet mit dem Bogen schlagen heisst und der zu wenig schlägt", bezieht sich aufs zweite Buch der Könige im Alten Testament. Von Joas, dem König des von den Syrern bedrängten Israel, wird da (13, 14 ff.) erzählt, daß er weinend zum Propheten Elisa kam. „Nimm die pfeile", sagte der zu ihm. „Und da er sie nahm, sprach er zum könige Israel: Schlage die erde; und er schlug dreymal; und stund stille. Da ward der mann Gottes zornig auf ihn, und sprach: Hättest du fünff oder sechsmal geschlagen, so würdest du die Syrer geschlagen haben, bis sie aufgerieben wären; nun aber wirst du sie dreymal schlagen."[63] Goethes Vergleich greift hoch. Ob ihm damals gelang, was nach seinen eigenen Worten vom 10. Dezember „schon seit 8 Tagen alle Menschen als unmöglich versichern", davon muß für seine Vorstellungen Außerordentliches abgehangen haben. „Ich will Ihnen entdecken (sagen Sies niemand)", heißt es im gleichen Brief, „dass meine

---

[63] Bibelzitate hier und im folgenden nach der Ausgabe: Biblia, Das ist: Die ganze Heilige Schrift Alten und Neuen Testamentes, Nach der deutschen Uebersetzung D. Martin Luthers. Basel 1772 (in Goethes Besitz – vgl.: Goethes Bibliothek. Katalog. Bearb. v. Hans Ruppert. Weimar 1958, S. 384 (Nr. 2604).

Reise auf den Harz war, dass ich wünschte den Brocken zu besteigen, und nun liebste bin ich heut oben gewesen [. . .]. Aber das Wie, von alldem, das warum, soll aufgehoben seyn wenn [meint: bis] ich Sie wiedersehe."[64] Dunkel bleibt zwar der Hymnenvers vom Brocken als dem *Altar des lieblichsten Dancks*. Ich vermute, daß auch diese Worte (im Brief vom 10. Dezember wiederholt: „und ich war oben heut und habe auf dem Teufels Altar[65] meinem Gott den liebsten Danck geopfert") nicht nur in übertragenem Sinne zu verstehen sind, sondern zunächst eine sehr konkrete Bedeutung besitzen. Was Goethe da als Dankopfer darbrachte, wissen wir nicht. Aber wofür er dankte, läßt sich nun sagen. Das in seinem Brief erwähnte „Wie, von alldem, das warum" seiner Bergbesteigung, das er nur dem gesprochenen Wort anvertrauen mochte, weist auf deren augurale Bedeutung. Dieser Aufstieg auf den Brocken war das „auspicium", nach dem er verlangte (*Dem Geyer gleich . . . Schwebe mein Lied*), war das „augurium impetrativum", welches ihm die höhere Zustimmung verbürgte für das, was in Weimar vor ihm lag: „Theilnahme an der äußern Welt – thätiges Eingreifen – Regieren!!"[66] Was damals geschah im Gespräch mit Johann Christoph Degen, der schon seit 13 Jahren als ‚Gehender Förster' in dem bei der Siedlung Torfhaus gelegenen Forsthause Borkenkrug amtierte, ohne je den Brockengipfel bestiegen zu haben im Winter[67], muß Goethe deshalb in der Tat als Gebetserhö-

---

[64] Für das „von alldem" der Handschrift (Goethe-und-Schiller-Archiv Weimar. Signatur Goethe-Briefe: Nr. 486) in WA IV 3, S. 200 fälschlich: „von allem".

[65] ‚Teufelskanzel' wird bis heute einer der Granitblöcke auf der Brockenkuppe genannt; *Altar* bzw. „Teufels Altar" ist als darauf bezogene Kontrafaktur zu lesen.

[66] Ohne die Bedeutung des *Geyers* als Auguralvogel zu erkennen, hat H. Henel (wie Anm. 35, S. 97) aus den Tagebuchnotizen und Briefen dieser Reisetage doch als erster die Feststellung abgeleitet, es ließen „die gleichzeitigen Zeugnisse keinen Zweifel daran, daß Goethe [. . .] die Besteigung des Berges, die damals im Winter für gefährlich galt, von Anfang an plante und sie als Befragung der Götter um sein Schicksal unternahm." Und (S. 100): „Die Besteigung des Brockens wurde aus innerer Not unternommen, sie entsprach der Befragung eines Orakels, und ‚die übermütterliche Leitung zu meinen Wünschen' galt dem Dichter als verheißungsvolles Zeichen." Worauf aber eine solche „Befragung" sich bezog, worauf das „verheißungsvolle Zeichen" sich denn eigentlich richtete, bleibt hier unbestimmt: „Daß er sich bei der nächtlichen Wanderung auf grundlosen Wegen nicht verirrt, daß die aufgehende Sonne ihn stärkt, und daß er trotz Sturm und Schnee auf den Gipfel des Berges gelangt, gibt ihm die Gewißheit, daß er auch seiner inneren Nöte Herr werden wird." (S. 91) So erklärt Henel (S. 98) denn zu der oben zitierten Briefstelle „Aber das Wie, von alldem, das warum, soll aufgehoben seyn wenn ich Sie wiedersehe": „Goethe war so überglücklich, daß er das Wie und Warum [!] doch nicht ganz aufsparen konnte, und so erzählte er [gemeint: in diesem Brief] am nächsten Tage, es sei dichter Nebel gewesen am Morgen, sein Führer habe . . ." usf. – als wäre dies „Wie" schon das „warum".

[67] Vgl. dazu Friedrich Dennert: Goethe und der Harz. Quedlinburg 1920, S. 17 und K. B. Fischer: Der Goetheweg. In: Unser Harz 25, 1977, S. 213 f. – Ein gangbarer Fuß-

rung verstanden haben: „Ich war still und bat die Götter das Herz dieses Menschen zu wenden und das Wetter, und war still. So sagt er zu mir: nun können Sie den Brocken sehn, ich trat ans Fenster und er lag vor mir klar wie mein Gesicht im Spiegel, da ging mir das Herz auf und ich rief: Und ich sollte nicht hinaufkommen! haben Sie keinen Knecht, niemanden – Und er sagte ich will mit Ihnen gehn."

„Liebe Frau", hat Goethe am Abend dieses 10. Dezember an Charlotte von Stein geschrieben, „Mit mir verfährt Gott wie mit seinen alten heiligen, und ich weiß nicht woher mir's kommt. Wenn ich zum befestigungs Zeichen bitte dass möge das Fell trocken seyn und die Tenne nass so ists so, und umgekehrt auch, und mehr als alles die übermütterliche Leitung zu meinen Wünschen." Wieder greift er damit auf ein biblisches Paradigma zurück, das die Bedeutungshöhe des Vergleichsfalls anzeigt, auf die alttestamentliche Auspication im Buch der Richter diesmal, bei der (6, 36 ff.) die „legum dictio" des Richters Gideon lautet: „Willst du Israel durch meine hand erlösen, wie du geredet hast: So will ich ein fell mit der wolle auf die tenne legen. Wird der thau auf dem fell allein seyn, und auf der gantzen erden trocken, so will ich mercken, daß du Israel erlösen wirst durch meine hand, wie du geredet hast. Und es geschah also. Und da er des andern morgens frühe auffstund, drückete er den thau aus von dem fell, und füllete eine schaale voll des wassers. Und Gideon sprach zu Gott: Dein zorn ergrimme nicht wider mich, daß ich noch einmal rede. Ich wills nur noch einmal versuchen mit dem fell: Es sey allein auf dem fell trocken, und thau auf der gantzen erden. Und Gott thät also dieselbe nacht" – und erlöste Israel durch Gideons Hand.

Den biblischen „auguria impetrativa" der trockenen Tenne und nassen Wolle („und umgekehrt auch") setzt Goethe das „befestigungs Zeichen" der Brockenbesteigung gleich, sich selbst den „alten heiligen". Welches Gewicht der Auspication seiner Auguralhymne damit zukommt, mag ein vergleichender Blick auf den ‚Triumph der Empfindsamkeit' deutlicher machen. Es muß auf den ersten Blick wohl einigermaßen abwegig erscheinen, so verschiedenartige Texte überhaupt in Beziehung zueinander zu setzen. Aber die „dramatische Grille", diese übermütig karikierende Selbstverspottung des empfindsamen Goethe, des ‚Werther'-Dichters, an der er unmittelbar vor der Harzreise zu arbeiten begann, die er gleich nach der Reise vorläufig fertigstellte[68], bildet in ihrem Grundriß nichts anderes doch als die Geschichte einer Orakelbe-

weg vom Torfhaus zum Brockengipfel (ca. 330 m Höhenunterschied) existierte damals nicht. Auf den Landkarten erscheint er erst sehr viel später. Friedrich Gottschalcks ‚Taschenbuch für Reisende in den Harz' besagt noch in der 5. Aufl. von 1843 (S. 253): „Auf einem mühsamen, sumpfigen Fußsteige kann man in 2½ St. auf den Brocken gelangen" (versteht sich: unter sommerlichen Verhältnissen).

[68] Vgl. die Erwähnungen WA IV 3, S. 174 (12. 9. 1777), WA III 1, S. 54 (15. 11. 1777),

fragung und -erfüllung ab. „Wenn je ein seltsam Orakel buchstäblich erfüllt worden, so ist's dieses, und alle meine Wünsche sind befriedigt", sagte Goethe, als er bei der Uraufführung seines Spiels am 30. Januar 1778 auf dem Herzoglichen Liebhabertheater selbst in der Rolle des Königs Andrason, des Orakelbefragers, auftrat.[69] Die für den ersten Druck von 1786 umgearbeitete endgültige Fassung des Dramas enthält nun im 1. Akt drei Passagen, die der vor dem Dezember 1777 verfaßten, durch Handschriften repräsentierten Frühfassung noch fehlen und im konkreten Detail ganz offensichtlich Züge der „Wallfahrt" ins Harzgebirge widerspiegeln.[70] Beim Gespräch der Hoffräulein nämlich über Andrason, der ins Gebirge gereist ist, sagt da die eine: „Es ist eine rechte Noth, seitdem die großen Herren auf das Incognito gefallen sind. Man weiß gar nicht mehr woran man ist", und sagt später die andere: „Dießmal ist er nun gar zu Fuße, Andre lassen sich doch in's Gebirge zum Orakel in Sänften tragen, er nicht so; allein, mit einem tüchtigen Stabe in der Hand, trat er seine Reise an." Mit diesen Damen, die „von dem Orakel hören" möchten, führt der an den Hof zurückgekehrte Andrason dann ein Gespräch über ihre eigenen auguralen Praktiken, das wohl auch auf die damals am Weimarer Hof geübten, zwischen Scherz und Ernst changierenden Orakelspiele ein Licht wirft:

> ANDRASON. Daß ein zartes Herz, voller Gefühle, Hoffnungen und Ahnungen, das einer ungewissen Zukunft sehnsuchtsvoll entgegenlebt, nach Würfeln hascht, den Becher schüttelt, Wurf über Wurf versucht, und in dem Glückstäfelchen sorgfältig forscht, was ihm die Würfe bedeuten, und dann fröhlich oder traurig einen halben Tag verlebt, das mag hingehn, mag recht gut sein.
>
> LATO (für sich). Woher er alles weiß? Damit habe ich mich erst heute beschäftigt.

Eben das aber, was der ‚Triumph der Empfindsamkeit' auf solche Weise in scherzhafter Tonart zur Sprache bringt, zeigt sich im Kontext der ‚Harzreise' von seiner ernsthaften Seite. Was ihm diesen existentiellen Ernst verleiht, ist die religiöse Dimension, die hier in Goethes Sprachgebrauch sich bezeugt und aus der seine Hymne ihre poetische Kraft gewinnt. Drei Wochen vor dem Aufbruch zur „heimlichen Reise" hat er der Frau von Stein berichtet, welches biblische Orakel ihm genau am zweiten Jahrestag seiner Ankunft am Hof Carl Augusts zuteil geworden ist: „Ich kam von ohngefähr über den Kalender von vorm Jahr da stund beym

---

WA IV 3, S. 203 (27.? 12. 1777). Zur Entstehungsgeschichte im übrigen WA I 17, S. 311 f.

[69] Triumph der Empfindsamkeit; WA I 17, S. 73.

[70] Die folgenden Zitate nach WA I 17, S. 3, 4, 5, 6.

7. Novemb. Was ist der Mensch dass du sein gedenckest pp." Das Tagebuch vom 10. Dezember nun wiederholt dieses Wort und macht damit die Verbindung kenntlich, die Goethe zwischen dem Unternehmen Weimar und der Brockenbesteigung sah: „früh nach dem Torfhause in tiefem Schnee. 1 viertel nach 10 aufgebrochen von da auf den Brocken. Schnee eine Elle tief, der aber trug. 1 viertel nach eins droben, heitrer herrlicher Augenblick, die ganze Welt in Wolcken und Nebel und oben alles heiter. Was ist der Mensch, dass du sein gedenckst." Dieser Augenblick auf dem Gipfel hat im Bewußtsein Goethes die Dimension des Religiösen erreicht. Da oben ist ihm der Verheißungsvers durch den Sinn gegangen, der im Kontext des 8. Psalms (4–7) lautet: „Denn ich werde sehen die himmel, deiner finger werck, den mond und die sterne, die du bereitest. Was ist der mensch, daß du sein gedenckest, und des menschen kind, daß du dich sein annimmest? Du wirst ihn lassen eine kleine zeit von Gott verlassen seyn; aber mit ehren und schmuck wirst du ihn crönen. Du wirst ihn zum herrn machen über deiner hände werck; alles hast du unter seine füsse gethan."

So fassen die Schlußverse seiner Hymne nun das gewaltige Sinnbild des Berges, der die Welt wässert aus den *Adern* seiner *Brüder,* der aus den Erzgängen des Harzmassivs *ihre Reiche und Herrlichkeit* nährt. (82 ff.):

> *Du stehst unerforscht die Geweide*
> *Geheimnißvoll offenbar*
> *Ueber der erstaunten Welt,*
> *Und schaust aus Wolcken*
> *Auf ihre Reiche und Herrlichkeit*
> *Die du aus den Adern deiner Brüder*
> *Neben dir wässerst.*

Mit einem unerhörten Vorgriff auf die Positionen des Alterswerkes werden hier zum ersten Mal in Goethes Schriften die Worte *Geheimnißvoll* und *offenbar* zu der für sein Natur- und Dichtungsverständnis fundamentalen Formel zusammengeführt, die er 1820 mit den ‚Epirrhema'-Versen erläutern wird:

> Nichts ist drinnen, nichts ist draußen:
> Denn was innen das ist außen.
> So ergreifet ohne Säumniß
> Heilig öffentlich Geheimniß.[71]

---

[71] WA I 3, S. 88. – Die vom alten Goethe häufig verwendete substantivische Fassung findet sich zuerst 1795 im ‚Märchen': „Indessen sagte der goldne König zum Manne: Wie viel Geheimnisse weisst du? – Drei, versetzte der Alte. – Welches ist das wichtigste? fragte der silberne König. – Das offenbare, versetzte der Alte." WA I 18, S. 235.

Aus der Naturbetrachtung gewinnt er diese Einsicht.[72] Als ein Prinzip von universaler Gültigkeit aber wird sie ihm im Bereich der Dichtkunst zur Grundlage seiner Symboltheorie[73]: „Wem die Natur ihr offenbares Geheimniß zu enthüllen anfängt, der empfindet eine unwiderstehliche Sehnsucht nach ihrer würdigsten Auslegerin, der Kunst."[74] Und als „würdigste Auslegerin" des „offenbaren Geheimnisses" der Natur nun erweist diese symbolsetzende Dichtung ihre Affinität zur „Weissagekunst", von der es 1829 in ‚Makariens Archiv' heißt: „Sie erkennet aus dem Offenbaren das Verborgene, aus dem Gegenwärtigen das Zukünftige, aus dem Todten das Lebendige und den Sinn des Sinnlosen."[75] Diese im Spätwerk ausformulierten, in der Formel vom „offenbaren Geheimnis" beschlossenen Gedankengänge liegen der Harzreise-Hymne zugrunde, wenn sie am Ende den Brocken zum Auguralsymbol erhebt.

Die letzte Strophe des Gedichts, in der das geschieht, steht Goethes sieben Jahre später verfaßtem Aufsatz ‚Über den Granit' so nahe, daß man annehmen darf, es spreche tatsächlich noch einmal der Harzreisende (der – nach den Worten der Selbst-Erläuterung[76] – „auf dem Gipfel des Brockens zwischen jenen ahnungsvollen Granitklippen" stand), wenn es im ‚Granit'-Aufsatz heißt: „Auf einem hohen nakten Gipfel sit-

---

[72] „Das höchste wäre: zu begreifen, daß alles Factische schon Theorie ist [. . .]. Man suche nur nichts hinter den Phänomenen; sie selbst sind die Lehre." (Über Naturwissenschaft im Allgemeinen, 1829; WA II 11, S. 131.)

[73] „Das Wahre, mit dem Göttlichen identisch, läßt sich niemals von uns direct erkennen, wir schauen es nur im Abglanz, im Beispiel, Symbol, in einzelnen und verwandten Erscheinungen; wir werden es gewahr als unbegreifliches Leben und können dem Wunsch nicht entsagen, es dennoch zu begreifen." (Versuch einer Witterungslehre, 1825; WA II 12, S. 74.)

[74] Maximen und Reflexionen über Kunst, 1823; WA I 48, S. 179.

[75] WA I 42/2, S. 185. – Vgl. die Zusammenstellungen von Marlis Mehra (Goethes Altersformel ‚Offenbares Geheimnis'. In: Zeitschrift für Deutsche Philologie 98, 1979, S. 177 ff.), die freilich nur diese Formel berücksichtigen (erste Verwendung im Brief an Charlotte v. Stein vom 1. 10. 1781 als unrichtige Titelangabe für Gotters Übersetzung von Gozzis Lustspiel ‚Das öffentliche Geheimnis') und die ‚Harzreise' übersehen. Ebd. S. 177 f. Anm. 1: „Im ganzen erscheint dieser Terminus einundzwanzigmal, davon nur viermal vor 1809, aber siebzehnmal während der Altersperiode von 1809 bis 1832. Ganz offensichtlich erreicht er in dieser Zeit seine größte Bedeutung. Entgegen den Erwartungen, die durch die Sekundärliteratur über Goethe hervorgerufen werden, liegt die Hauptbedeutung der Formel ‚offenbares Geheimnis' nicht im Bereich der Natur, sondern im Bereich der Kunst. Sie bezieht sich häufiger auf die Kunst als auf die Natur und erscheint bereits von 1809 bis 1821 häufig im Kontext der Kunst, während ihre Bedeutung im Bereich der Natur erst nach 1820 [. . .] einsetzt." Dieser Schluß von der Verwendungshäufigkeit auf die „Hauptbedeutung" ist ebensowenig stichhaltig wie die Trennung von „Kunst" und „Natur", deren Verklammerung die Altersformel doch gerade dient.

[76] WA I 41/1, S. 336 f.

zend und eine weite Gegend überschauend, kann ich mir sagen: [. . .] hier auf dem ältesten ewigen Altare, der unmittelbar auf die Tiefe der Schöpfung gebaut ist, bring' ich dem Wesen aller Wesen ein Opfer. Ich fühle die ersten, festesten Anfänge unsers Daseins; ich überschaue die Welt, ihre schrofferen und gelinderen Thäler und ihre fernen fruchtbaren Weiden, meine Seele wird über sich selbst und über alles erhaben und sehnt sich nach dem nähern Himmel."[77] Hier fällt nun auch das Wort, das Goethe in der Urfassung seiner Hymne einsetzt für das Innere des Brokkengebirges: diese „Steinart", sagt er vom Granit, ruht in den „innersten Eingeweiden der Erde".[78] Wo Goethe den Erzlagerstätten, den Mineralien nachforscht in diesen Jahren, begegnet dies gleichnishafte Wort in gleichem Sinne mehrfach in seinen Schriften: „Ich ritt um 7 von Gotha nach dem Gebürg", schreibt er etwa am 10. Mai 1782, „in Friedrichrode fing mich der Bergrath Baum auf, ich mußte zu Tisch bleiben, und kroch mit ihm vorher in den Eingeweiden der Erde herum".[79] Aber nicht allein fürs Innere der Berge verwendet er in der frühen Weimarer Zeit dieses Wort, sondern mehrfach auch für das eigene Innere. Am 30. November 1779 etwa schreibt er so über seinen Umgang mit Lavater: „auch ists im moralischen wie mit einer Brunnen Cur alle Übel im Menschen tiefe und flache kommen in Bewegung, und das ganze Eingeweide arbeitet durch einander. Erst hier geht mir recht klar auf in was für einem sittlichen Todt wir gewöhnlich zusammen leben, und woher das Eintrocknen und Einfrieren eines Herzens kommt das in sich nie dürr, und nie kalt ist."[80] Solch doppelsinniger Wortgebrauch nun wird für das Verständnis des 82. Hymnenverses wichtig.

Du stehst unerforscht die Geweide. Unübersehbar deutet diese Wortverbindung ein letztes Mal in den Auguralbereich; expressis verbis zitiert sie geradezu die von den römischen Haruspices geübte Erforschung der Eingeweide.[81] Dieser durch die Etrusker ausgebildeten und bis in Roms Kaiserzeit hinein im staatlichen Auftrag von etruskischen Seher-Priestern praktizierten Eingeweideschau lag ein in der ,Disciplina Etrusca' verfaßtes kompliziertes System der Zeichendeutung vor allem für die einzelnen Teile der Leber eines Opfertiers zugrunde. Im Unterschied zur oben beschriebenen magistrativen Auspication aber ging es bei dieser Art der Divination nun nicht darum, aufgrund erbetener, in der „legum

---

[77] WA II 9, S. 173 f.

[78] Ebd. S. 172.

[79] WA IV 5, S. 324. Ähnlich WA IV 6, S. 324 oder WA III 1, S. 233 u. ö. – Für die Belegstellen danke ich der Hamburger Arbeitsstelle des Goethe-Wörterbuchs.

[80] WA IV 4, S. 150. Ähnlich schon im ,Werther' (WA I 19, S. 148) oder WA IV 6, S. 259 u. ö.

[81] Für das Folgende vgl. G. Wissowa (wie Anm. 33), S. 470 ff. und K. Latte (wie Anm. 33), S. 158 und 396 f.

dictio" vorher ausgemachter „auguria impetrativa" festzustellen, ob die Götter einem bestimmten Unternehmen ihre Zustimmung geben würden. Die Eingeweideschau ist vielmehr Zukunftsdeutung in einem allgemeineren Sinn, Vorverkündigung künftiger Handlungen und Geschehnisse.

Goethe wußte, worauf er hinwies mit den Worten *unerforscht die Geweide*. Auf der Reise in die Schweiz beschrieb er am 15. Oktober 1795 einen Fries von Giulio Romano in Stäfe, der den Zug Kaiser Siegesmunds von Rom nach Mantua darstellt und notiert dazu: „Zug von Weisen, Eingeweidebeschauern, Astronomen, Astrologen."[82] 1811 dann heißt es in ‚Dichtung und Wahrheit', Abraham solle „seinen Sohn opfern [. . .] und zwischen seinen rauchenden Eingeweiden sich von den gütigen Göttern eine neue Verheißung erwarten."[83] 1821 schließlich schreibt er über Knebels Lucrez-Übersetzung einen Satz, welcher mit der Vogelflugbeobachtung und der Eingeweideerforschung beide Formen der römischen Divinationskunst nennt, auf die mit *Geyer* und *Geweide* seine Harzreise-Hymne deutet: „Seit Erbauung Roms zog der Staatsmann, der Kriegsheld vom Aberglauben nach Bedürfniß die größten Vortheile; aber wenn man von günstigen Göttern durch Vögelflug und Eingeweidegestalt treuen Rath und Warnung zu erhalten glaubte, wenn der Himmel an den Gläubigen Theil zu nehmen schien, so waren diese dagegen doch nicht vor den Schrecken der Hölle gesichert".[84]

> *Du stehst unerforscht die Geweide*
> *Geheimnißvoll offenbar*
> *Ueber der erstaunten Welt,*
> *Und schaust aus Wolcken*
> *Auf ihre Reiche und Herrlichkeit*

Auch dieses *Du* wird nun verständlich als doppelsinniges Wort. Es meint den Berg und die in ihm sich offenbarende Gott-Natur[85] und meint zugleich damit doch den, dem der Aufstieg auf diesen Berg gelang[86], der von seinem Gipfel herabsah auf die *Reiche und Herrlichkeit* der Welt. Aus dem Matthäus-Evangelium (4, 8 ff.) wird da zitiert, aus dem Bericht von der Versuchung Christi, den der Teufel „auf einen sehr hohen berg" führt, ihm „alle reiche der welt, und ihre herrlichkeit" zeigt und zu ihm spricht: „Diß alles will ich dir geben, so du niederfallest, und mich anbetest." Goethe löst die von ihm entlehnten Worte aus dem Kontext der

---

[82] WA I 34/2, S. 117.
[83] WA I 26, S. 216.
[84] WA I 41/1, S. 362 f.
[85] So H. Henel (wie Anm. 35), S. 91 f.
[86] Vgl. R. D. Gray (wie Anm. 57, S. 288): „the words have reference to the mountain, as well as to a god, and to the poet himself standing on the summit".

Verführung zum Bösen. Er adaptiert sie als eine Weltzuwendungsformel. Die aber führt, in gleicher Weise wie das Tagebuch-Zitat „Was ist der Mensch, dass du sein gedenckst" (– „alles hast du unter seine füsse gethan"), von ihrem biblischen Ursprung her das Zeichen auguraler Verheißung mit sich (– „Diß alles will ich dir geben").

Erst die Einsicht in diesen Doppelbezug des *Du stehst . . .* macht die Worte . . . *unerforscht die Geweide* nun auch in ihrem auf die Divinationskunst der Haruspices verweisenden Hintersinn verständlich. Bezeichnen sie, auf den Brocken bezogen, seine von Bergleuten unbefahrene Tiefe und die in ihr verborgenen, ungehobenen Schätze der Erde, so deuten sie, auf den Sprecher gewendet, dem das „befestigungs Zeichen" dieser Bergbesteigung zuteil wurde, offenbar auf das, was in ihm selbst an Möglichkeiten liegt – „von Menschen nicht gewusst Oder nicht bedacht", auf die Fülle des noch Ungetanen, die das eigene Innere birgt. Wie Erwin von Steinbachs Straßburger Münster („Vor dir [. . .] wie vor jedem großen Gedanken der Schöpfung, wird in der Seele reg was auch Schöpfungskraft in ihr ist"[87]) oder wie im ‚Mahomets-Gesang' den „Felsenquell" (der seine „Bruderquellen" mit sich fortreißen und, zum Strom aufschwellend, „Seine Macht und Herrlichkeit" erweisen wird[88]), so hat der junge Goethe hier den Brocken zum mythischen Stellvertreter seiner selbst gedichtet, der – *unerforscht die Geweide* – herabschaut auf die *Reiche und Herrlichkeit* dieser Welt und aus den Adern seiner Brüder sie wässert. Als Berg der Verheißung ist er ihm erschienen. Als ein Symbol des eigenen Lebensentwurfs hat er ihn verstanden und ihn so, *Geheimnißvoll offenbar,* an das Ende seiner großen Auguralhymne gestellt, deren Einsatz der *Geyer* bezeichnet – als das letzte ihrer „sonderbaren Bilder", die („geheimnißvoll, im Sinn und Ton des ganzen Unternehmens") ihre Dunkelheit doch der Genauigkeit danken, mit der sie seinen „wunderlichen Ritt" bezeichnen. Dies „befestigungs Zeichen" hat am Ende wohl wirklich nicht getrogen, wenn die hochgespannten politisch-reformerischen Pläne der frühen Weimarer Zeit am Ende auch in Resignation erstickten[89] und der Harzreise des Malers „Johann Wilhelm Weber aus Darmstadt" neun Jahre später mit der Italienreise des Malers „Filippo Miller, Tedesco" die Flucht aus Weimar folgte. Siebenundsiebzigjährig fuhr Goethe am 26. September 1826 mit Eckermann noch einmal zum Ettersberg, von dem aus sie in der Ferne „die blauen Harzgebirge" liegen sahen. „ ‚Ich war sehr oft an dieser Stelle', sagte er, ‚und dachte in späteren

[87] WA I 37, S. 323.
[88] HA 1, S. 42 ff.
[89] Dazu, zusammenfassend, Karl-Heinz Hahn: Im Schatten der Revolution – Goethe und Jena im letzten Jahrzehnt des 18. Jahrhunderts. In: Jahrbuch des Wiener Goethe-Vereins. Bd. 81/82/83, 1977/1978/1979, hier S. 38–39.

Jahren sehr oft, es würde das letzte Mal sein, daß ich von hier aus die Reiche der Welt und ihre Herrlichkeiten überblickte.' "

„das Ziel meines Verlangens ist erreicht", hat er am 10. Dezember 1777 Charlotte von Stein geschrieben, „es hängt an vielen Fäden, und viele Fäden hingen davon, Sie wissen wie simbolisch mein daseyn ist – –". Hier knüpfte er sein „gesellschaftliches, politisches, moralisches und poetisches Leben in einen verborgenen Knoten zusammen"[90], und viele Fäden laufen von hier in das mächtige Gewebe, das er zustande brachte in den fünfundfünfzig Jahren, die vor ihm lagen. Vor einem, der die Welt wässern wollte und sie gewässert hat.

---

[90] So in Goethes Brief an Knebel vom 21. 11. 1782; WA IV 6, S. 97 f.

2

Alexis
und
Dora

An Jean Paul berichtete Charlotte von Kalb, Schiller betrachte Goethes *Alexis und Dora*' als eine „seiner besten Compositionen".[1] Wieland nannte das damals noch als ‚Idylle' bezeichnete Werk eines „der vollkommensten Gedichte, die ich in irgend einer Sprache kenne".[2] Friedrich Schlegel schrieb seinem Bruder: „Gestern war ein Götterfest für mich. Ich laß die Idylle. Nur einmal, aber wenn es auch das einzigemal bliebe, so würde sie nie aus meinen Gedächtniß verlöschen. [...] Wer so dichten kann, ist glücklich wie ein Gott!"[3]

Die begeisterten Urteile der Zeitgenossen bezogen sich auf den Erstdruck des in Distichen verfaßten Gedichts im ‚Musen-Almanach für das Jahr 1797'. Aber:

Nimmer begriff eu'r Ohr jenes hellenische Maß

hat August Wilhelm Schlegel sich später über die Goetheschen und Schillerschen ‚Xenien' vernehmen lassen.[4] Um den pedantisch-rigorosen Forderungen zu genügen, die Voß und Schlegel, Metriker der strengen Observanz, an den deutschen Hexameter stellten, hat der irritierte Autor sein Gedicht Anfang 1800 für den Druck in seinen ‚Neuen Schriften' mit Hilfe des Professors Riemer gründlich überarbeitet. Ein Entwurf der neuen Fassung ist Schlegel damals zu „gefälliger Durchsicht" unterbreitet worden, seine zusätzlichen „Vorschläge zur Verbesserung" wurden gutenteils befolgt.[5] Es ging vor allem darum, die verpönte Hauptzäsur nach dem vierten Hexameter-Trochäus zu beseitigen, Trochäen am Verseingang auszuräumen, fehlerhaft-trochäische Versfüße durch Daktylen oder korrekte Spondeen zu ersetzen, Verstöße gegen die Betonungsregeln des Metrums zurückzunehmen und dem Quantitätenzwang des altgriechischen Verses auch im Arrangement der deutschen

---

[1] Briefe von Charlotte von Kalb an Jean Paul und dessen Gattin. Hrsg. von Paul Nerrlich. Berlin 1882, S. 16.

[2] Wieland's Werke. Berlin (Hempel) 1879 ff. 38. Teil, S. 334.

[3] Friedrich Schlegels Briefe an seinen Bruder August Wilhelm. Hrsg. von Oskar F. Walzel. Berlin 1890, S. 284 f.

[4] ‚Uebermuth der Verbündeten.' In: Schlegel's sämmtliche Werke. Hrsg. von Eduard Böcking. Bd. 2, Leipzig 1846, S. 206.

[5] Vgl. WA IV 15, S. 2 und 33 sowie den folgenden Lesarten-Apparat (Schl).

Silben Folge zu leisten. Die Mehrzahl dieser metrischen Formkorrektu-
ren aber hatte in syntaktischer, rhythmischer, stilistischer Hinsicht so
entschieden negative Auswirkungen, daß die frühe Fassung des Gedichts der späteren (die von 1800 an mit geringfügigen Abweichungen in
allen Drucken zu Lebzeiten Goethes beibehalten wurde) entschieden
vorzuziehen ist.[6]

Die folgende Untersuchung geht deshalb vom Wortlaut des Musenal-
manachs aus.[7] Ihn stelle ich voran und füge einen Lesarten-Apparat hinzu, der alle späteren Textabweichungen notiert. Einige von ihnen werden auch für die anschließenden Überlegungen interessant. Insgesamt
aber dienen sie der Möglichkeit, Früh- und Spätfassung gegeneinander
abzuwägen. Wer daran nicht interessiert ist, mag diesen Lesarten-
Apparat unbedenklich außer acht lassen[8], sollte den Wortlaut des Gedichts aber doch zur Kenntnis nehmen.

Alexis und Dora

Ach! unaufhaltsam strebet das Schiff, mit jedem Momente,
    Durch die schäumende Fluth, weiter und weiter hinaus!
3 Lange Furchen hinter sich ziehend, worinn die Delphine
    Springend folgen, als flöh ihnen die Beute davon.
5 Alles deutet die glücklichste Fahrt, der ruhige Schiffer
    Ruckt am Seegel, gelind, das sich statt seiner bemüht;
7 Alle Gedanken sind vorwärts gerichtet, wie Flaggen und Wimpel,
    Nur Ein Trauriger steht, rückwärts gewendet, am Mast,
9 Sieht die Berge schon blau, die scheidenden, sieht in das Meer sie
    Niedersinken, es sinkt jegliche Freude vor ihm.
11 Auch dir ist es verschwunden das Schiff, das deinen Alexis,
    Dir, o Dora, den Freund, dir, ach! den Bräutigam raubt.
13 Auch du blickest vergebens nach mir. Noch schlagen die Herzen
    Für einander, doch, ach! nun aneinander nicht mehr.

---

[6] Auch Emil Staigers Urteil über „Alexis und Dora', auf den gleichen Ton gestimmt
wie das der zeitgenössischen Kunstrichter (: Goethe habe mit dieser Dichtung „den
Zenith seiner klassischen Poesie erreicht"), bezieht sich auf die Textgestalt des Erst-
drucks, ohne „die nachträglichen, durch A. W. Schlegel veranlaßten, oft fast unbe-
greiflichen Änderungen" (Goethe. Bd. 2, Zürich/Freiburg i. Br. 1956, S. 231 und 220,
Anm. 1).

[7] Zitiert nach dem ‚Musen-Almanach für das Jahr 1797', S. 1–17. – Diese Frühfassung wird auch in einigen neueren Goethe-Ausgaben mitgeteilt, freilich mit moderni-
sierter Orthographie und regulierter Interpunktion: Berliner (im Wortlaut zuverlässig), Hamburger (korrekt ab 10. Auflage) und Artemis-Ausgabe (mit 4 der Spätfassung folgenden Abweichungen und einem Textfehler).

[8] Einen konkreten Eindruck von der Qualität der Überarbeitung könnte die verglei-
chende Lektüre wenigstens der Verse 8, 15, 17, 27, 83, 116, 123, 157 in ihrer Frühfassung (Text) und ihrer Spätfassung (Lesarten-Apparat) rasch vermitteln.

15   *Nur Ein Augenblick war's in dem ich lebte, der wieget*
        Alle Tage, die sonst kalt mir verschwindenden, auf.
17   *Nur Ein Augenblick war's, der letzte, da stieg mir ein Leben,*
        Unvermuthet in dir, wie von den Göttern herab.
19   *Nur umsonst verklärst du mit deinem Lichte den Aether,*
        Phöbus, mir ist er verhasst dieser alleuchtende Tag.
21   *In mich selber kehr ich zurück, da will ich im stillen*
        Wiederholen die Zeit, als sie mir täglich erschien.
23   *War es möglich, die Schönheit zu sehen und nicht zu empfinden?*
        Würkte der himmlische Reitz nicht auf dein stumpfes Gemüth?
25   *Klage dich Armer nicht an! — So legt der Dichter ein Rätzel,*
        Künstlich mit Worten verschränkt, oft der Versammlung ins Ohr.
27   *Jeden freut die seltne Verknüpfung der zierlichen Bilder,*
        Aber noch fehlet das Wort, das die Bedeutung verwahrt,
29   *Ist es endlich gefunden, dann heitert sich jedes Gemüth auf,*
        Und erblickt im Gedicht doppelt erfreulichen Sinn.
31   *Ach warum so spät, o Amor, nahmst du die Binde,*
        Die du ums Aug' mir geknüpft, warum zu spät mir hinweg?
33   *Lange harrte das Schiff, befrachtet, auf günstige Lüfte,*
        Endlich strebte der Wind, glücklich, vom Ufer ins Meer.
35   *Leere Zeiten der Jugend! und leere Träume der Zukunft!*
        Ihr verschwindet, es bleibt einzig die Stunde mir nur;
37   *Ja sie bleibt, es bleibt mir das Glück! ich halte dich Dora!*
        Und die Hoffnung zeigt, Dora, dein Bild mir allein.
39   *Oefter sah ich dich gehn zum Tempel, geschmückt und gesittet,*
        Und das Mütterchen ging feyerlich neben dir her.
41   *Eilig warst du und frisch, zu Markte die Früchte zu tragen*
        Und vom Brunnen, wie kühn, wiegte dein Haupt das Gefäss.
43   *Da erschien erst dein Hals, erschien dein Nacken vor allen,*
        Und vor allen erschien deiner Bewegungen Maass.
45   *Oftmals hab' ich gesorgt, es möchte der Krug dir entstürzen,*
        Doch er hielte sich stet auf dem geringelten Tuch.
47   *Schöne Nachbarinn! so war ich gewohnt dich zu sehen,*
        Wie man die Sterne sieht, wie man den Mond sich beschaut,
49   *Sich an ihnen erfreut, und in dem ruhigen Busen*
        Nicht der entfernteste Wunsch sie zu besitzen sich regt.
51   *Jahre! so gingt ihr dahin! Nur zwanzig Schritte getrennet*
        Waren die Häusser und nie hab' ich die Schwelle berührt.
53   *Und nun trennt uns die grässliche Woge! du lügst nur den Himmel*
        Welle! dein herrliches Blau ist mir die Farbe der Nacht.
55   *Alles rührte sich schon, da kam ein Knabe gelaufen,*
        An mein väterlich Haus, rief mich zum Strande hinab.
57   *Schon erhebt sich das Segel, so sprach er, es flattert im Winde,*
        Und gelichtet, mit Kraft, trennt sich der Anker vom Sand.

59 *Komm, Alexis, o komm! da drückte der wackre Vater,*
    Segnend, die würdige Hand mir auf das lockige Haupt,
61 *Sorglich reichte die Mutter ein nachbereitetes Bündel.*
    Glücklich kehre zurück! riefen sie, glücklich und reich.
63 *Und so sprang ich hinweg, das Bündelchen unter dem Arme,*
    An der Mauer hinab, fand an der Thüre dich stehn
65 *Deines Gartens, du lächeltest mir und sagtest: Alexis!*
    Sind die lärmenden dort deine Gesellen der Fahrt?
67 *Fremde Gegenden wirst du besuchen und köstliche Waaren*
    Wiederbringen, und Schmuck reichen Matronen der Stadt.
69 *Aber bringe mir auch ein leichtes Kettchen, ich will es*
    Dankbar bezahlen, schon oft hab' ich die Zierde gewünscht.
71 *Stehen war ich geblieben und fragte, nach Weise des Kaufmanns,*
    Erst nach Form und Gewicht deiner Bestellung genau.
73 *Gar bescheiden erwogst du den Preiss, da blickt ich indessen*
    Nach dem Halse, des Schmucks unserer Königin werth.
75 *Immerfort tönte das Rufen der Schiffer, da sagtest du freundlich:*
    Nimm aus dem Garten noch einige Früchte mit dir!
77 *Nimm die reifsten Orangen, die weissen Feigen, das Meer bringt*
    Keine Früchte, sie bringt jegliches Land nicht hervor.
79 *Und so trat ich herein, du brachst nun die Früchte, geschäftig,*
    Und die goldene Last zog das geschürzte Gewand.
81 *Oefters bat ich: es sey nun genug! und immer noch eine*
    Schönere Frucht fiel dir leise berührt in die Hand.
83 *Endlich warst du zur Laube gekommen, da fandst du ein Körbchen*
    Und die Myrthe bog, blühend, darüber sich hin.
85 *Schweigend begannest du nun, geschickt, die Früchte zu ordnen,*
    Erst die Orange, die schwer ruht, als ein goldener Ball,
87 *Dann die weichliche Feige, die jeder Druck schon entstellet,*
    Und mit Myrthe bedeckt ward und geziert das Geschenk.
89 *Aber ich hob es nicht auf, ich ging nicht, wir sahen einander*
    In die Augen und mir ward vor dem Auge so trüb.
91 *Deinen Busen fühlt ich an meinem! den herrlichen Nacken!*
    Ihn umschlang nun mein Arm, tausendmal küsst ich den Hals.
93 *Mir war dein Haupt auf die Schulter gesunken, nun knüpften auch deine*
    Lieblichen Arme das Band um den Beglückten herum.
95 *Amors Hände fühlt ich, er drückt uns gewaltig zusammen,*
    Und aus heiterer Luft donnert es dreymal. Da floss
97 *Häufig die Thräne vom Aug' mir herab, du weintest, ich weinte,*
    Und für Jammer und Glück schien uns die Welt zu vergehn.
99 *Immer heftiger riefen die Schiffer, da wollten die Füsse*
    Mich nicht tragen, ich rief: Dora! und bist du nicht mein!
101 *Ewig sagtest du leise. Da schienen unsere Thränen,*
    Wie durch göttliche Luft, leise vom Auge gehaucht.

103	*Stärker rief's in dem Gäßchen, Alexis! da sah mich der Knabe*
	Durch die Thüre und kam! Wie er das Körbchen empfing!
105	*Wie er mich trieb! Wie ich dir die Hand noch drückte! zu Schiffe*
	Wie ich gekommen! Ich weiß, daß ich ein Trunkener schien!
107	*Und so hielten mich auch die Gesellen, sie schonten den Kranken,*
	Und schon deckte der Hauch trüber Entfernung die Stadt.
109	*Ewig! lispeltest du, o Dora! mir schallt es im Ohre*
	Mit dem Donner des Zevs! ja! sie stand neben dem Thron
111	*Seine Tochter die Göttinn der Liebe, die Grazien standen*
	Ihr zur Seiten! Er ist götterbekräftigt der Bund!
113	*O! so eile denn Schiff, mit allen günstigen Winden!*
	Strebe mächtiger Kiel, trenne die schäumende Fluth!
115	*Bringe dem fremden Hafen mich zu, damit mir der Goldschmied,*
	Aus der Werkstatt, sogleich, reiche das himmlische Pfand;
117	*Warlich es soll zur Kette werden das Kettchen, o Dora!*
	Neunmal umgebe sie dir, locker gewunden, den Hals,
119	*Ausserdem schaff ich noch Schmuck, den mannichfaltigsten, goldne*
	Spangen sollen dir reichlich verzieren die Hand,
121	*Da wetteifre Rubin und Smaragd, der liebliche Saphyr*
	Stelle dem Hiacinth sich gegenüber, und Gold
123	*Halte die herrlichen Steine, in schöner Verbindung, zusammen.*
	O! wie den Bräutigam freut einzig zu schmücken die Braut!
125	*Seh ich Perlen, so denk ich an dich, bey jeglichem Ringe*
	Kommt mir der länglichen Hand schönes Gebild in den Sinn.
127	*Tauschen will ich und kaufen, du sollst das schönste von allem*
	Wählen, ich widmete gern alle die Ladung nur dir.
129	*Doch nicht Schmuck und Juwelen allein verschafft dein Geliebter,*
	Was ein häussliches Weib freuet, das bringt er dir auch.
131	*Feine wollene Decken, mit Purpursäumen, ein Lager*
	Zu bereiten, das uns traulich und weichlich, empfängt.
133	*Stücke köstlicher Leinwand. Du sitzest und nähest und kleidest*
	Mich und dich und auch wohl noch ein drittes darein.
135	*Bilder der Hoffnung, o täuschet mein Herz! o mässiget, Götter!*
	Diesen gewaltigen Brand, der mir den Busen durchtobt.
137	*Aber auch sie verlang ich zurück die schmerzliche Freude,*
	Wenn die Sorge sich kalt, grässlich gelassen, mir naht.
139	*Nicht der Erinnyen Fackel, das Bellen der höllischen Hunde*
	Schreckt den Verbrecher so, in der Verzweiflung Gefild,
141	*Als das gelassne Gespenst mich, das mir die Schöne von Ferne*
	Zeiget: die Thüre steht wirklich des Gartens noch auf!
143	*Und ein anderer kommt! für ihn auch fallen die Früchte!*
	Und die Feige gewährt stärkenden Honig auch ihm!
145	*Lockt sie auch ihn nach der Laube? und folgt er? o macht mich, ihr Götter!*
	Blind, verwischet das Bild jeder Erinnrung in mir.

147 *Ja ein Mädchen ist sie! und die sich geschwinde dem einen*
Giebt, sie kehret sich auch schnell zu dem andern herum.
149 *Lache nicht diesmal, o Zevs! der frechgebrochenen Schwüre!*
Donnere schrecklicher! triff! – halte die Blitze zurück!
151 *Sende die schwankenden Wolken mir nach! im nächtlichen Dunkel*
Treffe dein leuchtender Blitz diesen unglücklichen Mast.
153 *Streue die Planken umher und gieb der tobenden Welle*
Diese Waaren, und mich gieb den Delphinen zum Raub. –⁹
155 *Nun, ihr Musen, genug! vergebens strebt ihr zu schildern,*
Wie sich Jammer und Glück wechseln in liebender Brust.
157 *Heilen könnet ihr nicht die Wunden, die Amor geschlagen*
Aber Linderung kommt einzig, ihr Guten, von euch.

Lesarten-Apparat

Handschriften

*H   Vom vorstehenden Wortlaut des Drucks im Musenalmanach hat Goethe am
5. 3. 1800 eine korrigierende „Abschrift" an August Wilhelm Schlegel geschickt
und weitere „Vorschläge zur Verbesserung" der Metrik erbeten¹⁰. Dieses Manuskript – nach Schlegels Antwort vom 8. 3. 1800 mit „vielen übergeschriebe-
nen Veränderungen und Umstellungen" versehen¹¹ – ist nur erhalten. Seine in
die späteren Drucke nicht eingegangenen Abweichungen von der Musenalma-
nachs-Fassung aber hat Schlegel im Katalog seiner Verbesserungsvorschläge
zitiert.¹² Von dort werden sie in den folgenden Lesarten-Apparat übernommen:
ausgewiesen durch die Chiffre *H.

Schl Die in *H nicht vorgegebenen späteren Abweichungen vom Druck im Musenalmanach, die Goethe für die späteren Drucke wörtlich aus Schlegels Vorschlags-
katalog übernahm, werden im Lesarten-Apparat durch die Chiffre Schl bezeichnet.

H   Von der Hand des Schreibers Geist ist das Folioheft ,Elegien. II.' überliefert, das
auf den Blätter 2–6 eine Abschrift von ,Alexis und Dora' enthält (WA I 1,
S. 424 ff.: H⁵).¹³ Sie berücksichtigt bereits die von Schlegel bezogenen Ände-

---

⁹ Abweichend vom Druck im Musen-Almanach folge ich in der Zeichensetzung
hier dem vom Schreiber Geist angefertigten Manuskript (im Lesarten-Apparat unter
H), in das Goethe zur Verdeutlichung ein Komma nach *Waaren* und einen Gedankenstrich nach *Raub* einfügte.
¹⁰ Vgl. WA IV 15, S. 2 und 33.
¹¹ August Wilhelm und Friedrich Schlegel im Briefwechsel mit Schiller und
Goethe. Hrsg. von Josef Körner und Ernst Wieneke, Leipzig, o. J. [1926], S. 96.
¹² Handschrift im Besitz des Weimarer Goethe- und Schiller-Archivs. Signatur: 25
I, 12,1. – Vollständig wiedergegeben im Apparat der WA (I 1, S. 424 ff.).
¹³ Goethe- und Schiller-Archiv Weimar. Signatur: Goethe-Werke I, 5.

60

rungen und lag vermutlich einer weiteren Abschrift zugrunde, welche dann als Vorlage für den Druck von 1800 diente. Nachträglich aber (eigenhändig) hat Goethe in diese Geist-Handschrift Textvarianten eingebracht, die in den Drukken von 1800 und später nicht (mehr) berücksichtigt wurden [vgl. Seite 63, Abbildung 3 das Faksimile vom Blatt 4^r dieser Handschrift]. Sie erscheint im Lesarten-Apparat unter der Sigle H.

Drucke zu Lebzeiten

1800 Göthe's neue Schriften. Bd. 7, Berlin (Unger) 1800, S. 179–194.

1806 Goethe's Werke. Bd. 1, Tübingen (Cotta) 1806, S. 317–323.

1815 Goethe's Werke. Bd. 1, Stuttgart/Tübingen (Cotta) 1815, S. 273–279.

1827 Goethe's Werke. Vollständige Ausgabe letzter Hand. Bd. 1, Stuttgart/Tübingen (Cotta) 1827, S. 267– 272.

Im nachstehenden Apparat werden die Lesarten dieser Drucke durch das Erscheinungsjahr bezeichnet. Dabei meint die Sigle 1800 allein die Ausgabe dieses Jahres; 1800 f. bzw. 1806 f. die Ausgabe des betreffenden Jahres und sämtliche ihr nachfolgenden (oben genannten) Drucke.

Offensichtliche Druckfehler werden nicht vermerkt, ebensowenig Abweichungen nurmehr der Orthographie und Interpunktion. Aus Gründen der Lesbarkeit des Apparats wird der von einer Änderung des Wortlauts betroffene Vers vollständig angeführt; in Schreibweise und Zeichensetzung folge ich dabei wo möglich dem jeweils frühesten Druck. ⟨Winkelklammern⟩ bezeichnen gestrichene Stellen, (runde Klammern) enthalten erläuternde Angaben.

3	*Lange Furchen hinter ihm her, worin die Delphine*	*H
	Lange furcht sich die Gleise des Kiels, worin die Delphine	1800
	Langhin furcht sich die Gleise des Kiels, worin die Delphine	H (für *Lang⟨e⟩*),
	1806 f.	
5	*Alles deutet auf glückliche Fahrt: der ruhige Bootsmann*	H, 1800 f.
6	*Ruckt am Segel, gelind, das sich für alle bemüht;*	H, 1800 f.
7	*vorwärts dringt der Schiffenden Geist, wie Flaggen und Wimpel:*	H, 1800 f.
8	*Einer nur steht rückwärts, traurig gewendet am Mast,*	H, 1800 f.
12	*Dir, o Dora, den Freund, ach! dir den Bräutigam raubt.*	H, 1800 f.
15	*Einziger Augenblick, in welchem ich lebte! du wiegest*	H, 1800 f.
17	*Ach! nur im Augenblick, im letzten, stieg mir ein Leben,*	H, 1800 f.
20	*Dein alleuchtender Tag, Phöbus, mir ist er verhaßt.*	H, 1800 f.
	Dein alleuchtender Tag, Phöbus, er ist mir verhaßt.	H (durch Versetzungs-
	zahlen über der 1800 f. entsprechenden Wortfolge)	
23	*War es möglich, die Schönheit zu sehn und nicht zu empfinden?*	H, 1800 f.
27	*Jeden freuet die seltne, der zierlichen Bilder Verknüpfung;*	1800 f.
	Jeder ahndet besondern Gehalt im verschränkten Geheimniß	H (handschriftl.
	Eintragung Goethes am unteren Blattrand, ohne Streichung des 1800 f. entsprechenden Verses)	
29	*Ist es endlich entdeckt, dann heitert sich jedes Gemüth auf,*	H, 1800 f.
32	*Die du um's Aug' mir geknüpft, nahmst sie zu spät mir hinweg!*	H, 1800 f.
33	*Lange befrachtet harrte das Schiff auf günstige Lüfte,*	*H
	Lange schon harrte befrachtet das Schiff auf günstige Lüfte;	Schl, 1800 f.

	Lange schon harrte das Schiff befrachtet auf günstige Lüfte,	H (durch Verset-
	zungszahlen über der 1800 f. entsprechenden Wortfolge)	
39	Öfter sah ich zum Tempel dich gehn, geschmückt und gesittet,	H, 1800 f.
43	Da erschien dein Hals, erschien dein Nacken vor allen,	H, 1800 f.
46	Doch er hielt sich stet auf dem geringelten Tuch.	1800 f.
47	Schöne Nachbarinn, ja, so war ich gewohnt dich zu sehen,	Schl, H, 1800 f.
49	Sich an ihnen erfreut, und innen im ruhigen Busen	Schl, H, 1800 f.
53	Und nun trennt uns die gräßliche Fluth! Du lügst nur den Himmel,	H, 1800 f.
57	Schon erhebt sich das Segel, es flattert im Winde: so sprach er;	H, 1800 f.
59	Komm, Alexis, o komm! Da drückte der wackere Vater,	1806 f.
60	Würdig, die segnende Hand mir auf das lockige Haupt,	H, 1800 f.
67	Fremde Küsten besuchest du nun, und köstliche Waaren	H, 1800 f.
68	Handelst du ein, und Schmuck reichen Matronen der Stadt.	H, 1800 f.
70	Dankbar zahlen: so oft hab' ich die Zierde gewünscht!	H, 1800 f.
75	Heftiger tönte vom Schiff das Geschrey; da sagtest du freundlich:	H, 1800 f.
77	Nimm die reifen Orangen, die weißen Feigen; das Meer bringt	1800 (H korri-
	giert in reifsten)	
78	(Keine Früchte, nicht bringt jegliches Land sie hervor.).	H (durch wieder ge-
	strichne Versetzungszahlen)	
83	Endlich kamst du zur Laube hinan; da fand sich ein Körbchen,	H, 1800 f.
84	Und die Myrte bog, blühend, sich über uns hin.	1800 f.
	Da bog Myrtenzweig blühend sich über uns hin.	H (handschriftl. Korrektur
	des 1800 f. entsprechenden Wortlauts durch Goethe)	
89	Aber ich hob es nicht auf; ich stand. Wir sahen einander	H, 1800 f.
93	Mir sank über die Schulter dein Haupt; nun knüpften auch deine	H, 1800 f.
98	Und vor Jammer und Glück schien uns die Welt zu vergehn.	H (aus für Jammer),
		1800 f.
99	Immer heftiger rief es am Strand; da wollten die Füße	H, 1800 f.
103	Näher rief es: Alexis! Da blickte der suchende Knabe	H, 1800 f.
104	Durch die Thüre herein. Wie er das Körbchen empfing!	H, 1800 f.
107	Und so hielten mich auch die Gesellen, schonten den Kranken;	1800 f.
	Und so nahmen mich auch die Gesellen, schonten den Kranken,	H (Goethe
	eigenhändig für (hielten))	
109	Ewig! Dora, lispeltest du; mir schallt es im Ohre	H, 1800 f.
110	Mit dem Donner des Zevs. Stand sie doch neben dem Thron,	H, 1800 f.
116	Aus der Werkstatt, gleich, reiche das himmlische Pfand;	*H
	In der Werkstatt gleich ordne das himmlische Pfand.	H, 1800 f.
117	Warlich! zur Kette soll das Kettchen werden, o Dora!	H, 1800 f.
119	Ferner schaff' ich noch Schmuck, den mannichfaltigsten; goldne	H, 1800 f.
120	Spangen sollen dir auch reichlich verzieren die Hand:	H, 1800 f.
123	Halte das Edelgestein in schöner Verbindung zusammen.	H, 1800 f.
133	Stücke köstlicher Linnen. Du sitzest und nähest und kleidest	*H
	Köstlicher Leinwand Stücke: du sitzest und nähest und kleidest	Schl, H, 1800 f.
135	Bilder der Hoffnung, täuschet mein Herz! O mäßiget, Götter,	H, 1800 f.
141	Als das gelass'ne Gespenst mich schreckt, das die Schöne von fern mir	H, 1800 f.
149	Lache nicht diesmal, Zevs, der frechgebrochenen Schwüre!	H, 1800 f.
157	Heilen könnet die Wunden ihr nicht, die Amor geschlagen;	H, 1800 f.

3. ‚ALEXIS UND DORA', Vers 71–88. Reinschrift durch
Goethes Schreiber Geist.

Tagebuch 12. und 13. Mai 1796: „Alexis und Dora". 14. Mai: „Alexis und Dora geendigt."[14]
Das in diesen Tagen entstandene Gedicht wird von Goethe sogleich verbreitet: wird noch am 14. Mai Knebel angekündigt („ist eine Idylle zu Stande gekommen, die ich dir bald vorzutragen hoffe"[15]), geht an Körner, der bereits am 18. Mai darüber an Schiller berichtet („ ‚Alexis und Dora' können wir nicht aufhören zu lesen und zu hören"[16]), an Wilhelm von Humboldt[17] und wenig später auch an Jacobi[18].

Im Gespräch mit Schiller, der offenbar sogleich eine Abschrift erhielt, wird diese erste Fassung am 28. Mai erörtert[19] und daraufhin überarbeitet. Goethe legt ihm das Ergebnis am 14. Juni wiederum vor[20], Schiller antwortet ausführlich am 18. Juni („beym zweyten Lesen")[21].

Dann setzt der Probelauf im Freundes- und Bekanntenkreis sich fort. Von einem Besuch bei Goethe berichtet Jean Paul am 17. Juni: „Zuletzt las er uns – d. h. spielte er uns – ein ungedrucktes herrliches Gedicht vor"[22], und Schiller teilt am 6. Juli mit, es sei „die Kalbische und Steinische Familie da, man spricht sehr viel von der Idylle"[23]; der Charlotte von Kalb hat Goethe sie selber vorgelesen[24], ebenso in Jena der Karoline Paulus und ihrem Mann[25].

Für Schillers Almanach bestimmt, geht das Gedicht im August in Satz.[26] Aber bevor dieser ‚Musen-Almanach für das Jahr 1797' im November 96 ausgeliefert wird, hat Goethe auch Korrekturfahnen der Idylle noch in Umlauf gesetzt. Er schickt sie an Heinrich Meyer nach Florenz[27] und Marianne von Eybenberg in Teplitz, die sie dem Prinzen von

---

[14] WA III 2, S. 43.
[15] WA IV 11, S. 64.
[16] Schillers Werke. Nationalausgabe Bd. 36/I, S. 209.
[17] WA IV 11, S. 77. – Ausführlicher Antwortbrief vom 25. 6. 96 in: Briefe an Goethe. Hrsg. von Karl Robert Mandelkow. Bd. 2, Hamburg 1969, S. 225 ff.
[18] WA IV 11, S. 87.
[19] WA III 2, S. 44.
[20] WA IV 11, S. 94.
[21] Wie Anm. 16, Bd. 28, S. 227 f.
[22] Sämtliche Werke. Hrsg. von Eduard Behrend. 3. Abt., Bd. 2, Berlin 1958, S. 212.
[23] Wie Anm. 16, Bd. 28, S. 248.
[24] Wie Anm. 1.
[25] Heinrich Eberhard Gottlob Paulus und seine Zeit, dargestellt von Karl Alexander Freiherrn v. Reichlin-Meldegg. Bd. 1, Stuttgart 1853, S. 335 f.
[26] Schiller, 12. 8. 96: Der neue Almanach „wird erstaunlich reich werden, und von dem vorjährigen völlig verschieden. Wenn ich Ihre Idylle gegen die Epigramme im vorigen Jahr abrechne, so wird der dießjährige wohl den Preiß davon tragen." (Nationalausgabe Bd. 28, S. 282.)
[27] WA IV 11, S. 164, s. auch S. 246 u. 266. – Antwort vom 13. 10. 96 in: Goethe's Briefwechsel mit Heinrich Meyer. Hrsg. von Max Hecker. Bd. 1, Weimar 1917, S. 363.

Ligne weitergibt (der „sagte, er sey tief beschämt, beuge seine Knie vor Ihnen, er habe versucht, es zu übersetzen, es ginge aber nicht").[28] Deren Freundin Rahel Levin wiederum schreibt am 21. August aus Teplitz an David Veit in Leipzig: „Sie wird Ihnen eine Idylle von Goethe zeigen, welche im künftigen ‚Musen-Almanach' stehen wird"[29]. Humboldt schließlich berichtet aus Berlin am 1. Oktober an Schiller, daß ebenso „Prof. Sander hier ein Paar Correcturbogen" in Händen habe. Und fügt hinzu: „Die Idylle ist hier überhaupt auch schon früher durch Leute, die von Karlsbad und Töplitz zurückkommen, wo sie beständig cursirt haben soll, sehr bekannt gewesen."[30]

Diese Daten, die man sich gewiß durch weitere, nicht bezeugte Vorlesungen, Manuskriptversendungen, Abschriften aus zweiter Hand ergänzt denken muß, geben nicht allein ein anschauliches Bild davon, wie lebhaft poetische Erzeugnisse noch in der Goethezeit neben oder vor ihrer Vermittlung durch den Druck mündlich und handschriftlich verbreitet wurden. Sie erweisen nicht nur die engagierte Aufnahmefreude und Mitteilungslust, die in solchen literarisch interessierten Gruppen herrschte. Sie zeigen zugleich doch ein ungewöhnliches, geradezu ungeduldiges Verlangen des Autors nach dem Echo der ihm bekannten oder befreundeten Hörer und Leser. Das aber hatte seinen Grund offenbar in einer spezifischen Eigenart dieses Gedichts: Wer Rätsel stellt, wartet auf Lösungen.

Schiller: „Die Idylle hat mich beym zweyten Lesen so innig, ja noch inniger als beym ersten bewegt. Gewiß gehört sie unter das schönste, was Sie gemacht haben, so voll Einfalt ist sie, bey einer unergründlichen Tiefe der Empfindung. Durch die Eilfertigkeit, welche das wartende Schiffsvolk in die Handlung bringt, wird der Schauplatz für die zwey Liebenden so enge, so drangvoll und so bedeutend der Zustand, daß dieser Moment wirklich den Gehalt eines ganzen Lebens bekommt. Es würde schwer seyn, einen zweyten Fall zu erdenken, wo die Blume des Dichterischen von einem Gegenstande so rein und so glücklich abgebrochen wird. Daß Sie die Eifersucht so dicht daneben stellen, und das Glück so schnell durch die Furcht wieder verschlingen laßen weiss ich vor meinem Gefühl noch nicht ganz zu rechtfertigen, obgleich ich nichts befriedigendes dagegen einwenden kann. Dieses fühle ich nur, daß ich die glückliche Trunkenheit, mit der Alexis das Mädchen verläßt und sich einschifft, gerne immer festhalten möchte."[31]

---

[28] WA IV 18, S. 75. – Antwortbrief vom 5. 9. 96 in: Goethe-Jahrbuch, Bd. 14, 1893, S. 31.

[29] Goethe in vertraulichen Briefen seiner Zeitgenossen. Zusammengestellt von Wilhelm Bode. Bd. 1, Berlin 1921, S. 567.

[30] Wie Anm. 16, Bd. 36/I, S. 334.

[31] Brief vom 18. 6. 1796 (wie Anm. 16, Bd. 28, S. 227).

Damit setzt die Rezeptionsgeschichte des ‚*Alexis und Dora*'-Gedichtes ein, und diese vielzitierten Briefsätze vom 18. Juni 1796, mit denen Schiller sich nach Staigers Urteil „als der berufenste Leser erwies"[32], haben ihren Gang entschiedener bestimmt als Goethes Verse selbst.

Vorbehalte gegen die Eifersuchtswut des Alexis und den zweifelhaften Ausgang seiner Liebesgeschichte waren nicht der einzige Einwand, der sich in Goethes Umkreis erhob. Schiller verschwieg ihm nicht, was man auch an den Versen

> *Sorglich reichte die Mutter ein nachbereitetes Bündel.*
> *Glücklich kehre zurück! riefen sie, glücklich und reich.*
> *Und so sprang ich hinweg, das Bündelchen unter dem Arme* (61–63)

meinte bemängeln zu müssen. „Trotz aller Entzückung", schrieb er, „scandalisierte sich doch die Familie Kalb an dem Päckchen, das dem Helden nachgetragen würde, welches sie für einen großen Fleck an dem schönen Werke hält. Das Produkt sey so reich, und der Held führe sich doch wie ein armer Mann auf".[33] Drei Jahrzehnte später noch grollte der alte Goethe im Gespräch mit Eckermann, man habe damals verlangt, „daß die Elegie sanft und ruhig ausgehen solle, ohne jede eifersüchtige Aufwallung", und „daß ich dem Alexis hätte einen Bedienten beigeben sollen, um sein Bündelchen zu tragen" (25. 12. 1825). Die auf standesgemäßen Wandel des Helden bedachte Charlotte von Kalb hat er ausdrücklich genannt, den nach anhaltend-glücklicher Trunkenheit verlangenden Schiller gewiß doch mitgemeint, als er ihm am 7. Juli 1796 zur Antwort gab: „Ich hatte die Idylle Knebeln gegeben, um sie in Umlauf zu setzen, einige Bemerkungen, die er mir ins Haus brachte, sowie die, welche Sie mir mittheilen, überzeugen mich wieder aufs neue, daß es unsern Hörern und Lesern eigentlich an der Aufmerksamkeit fehlt, die ein so obligates Werk verlangt. Was ihnen gleich einleuchtet das nehmen sie wohl willig auf, über alles woran sie sich nach ihrer Art stoßen, urtheilen sie auch schnell ab, ohne vor noch rückwärts, ohne auf den Sinn und Zusammenhang zu sehen, ohne zu bedenken, daß sie eigentlich den Dichter zu fragen haben, warum er dieses und jenes so und nicht anders machte?"[34] Als er, nach solchen Erfahrungen mit dem durch Vorlesungen und Abschriften verbreiteten Text, das Gedicht zum ersten Mal drucken ließ, stand im gleichen ‚Musen-Almanach für das Jahr 1797' unter den ‚Tabulae votivae' auch sein Distichon ‚Das gewöhnliche Schicksal':

---

[32] Emil Staiger (wie Anm. 6), S. 223.
[33] Brief vom 6. 7. 1796 (wie Anm. 31, S. 248 f.).
[34] WA IV 11, S. 119 f.

Hast du an liebender Brust das Kind der Empfindung gepfleget,
Einen Wechselbalg nur gibt dir der Leser zurück.[35]

Was an Leserbemerkungen über ,*Alexis und Dora*', Kommentaren und Interpretationen seither mitgeteilt worden ist, schränkt die Gültigkeit dieser Goetheschen Rezeptionskritik nicht im mindesten ein. Ein lehrreicher Fall. Denn er erweist den Aberwitz einer Rezeptionsästhetik, die im Blick auf die „sukzessive Entfaltung eines im Werk angelegten, in seinen historischen Rezeptionsstufen aktualisierten Sinnpotentials" den Anspruch erhebt, „Sinn und Form des literarischen Werks in der geschichtlichen Entfaltung seines Verständnisses zu begreifen."[36] Worüber Rezeptionsgeschichte uns belehrt, scheint eher doch ,der Herren eigner Geist, in dem die Werke sich bespiegeln'.

Nennt Goethe ,*Alexis und Dora*' ein „obligates Werk", meint das einen streng geregelten, kunstvoll durchkomponierten, enggeführten Text, der eben deshalb hohe Ansprüche stellt an die Aufmerksamkeit des Lesers.[37] Sein Brief an Schiller bringt auf den Begriff, was das Gedicht mit anderen Worten sagt; wiederholt die Forderung, die er ihm selber eingeschrieben hatte:

– *So legt der Dichter ein Rätzel,*
Künstlich mit Worten verschränkt, oft der Versammlung ins Ohr,
Jeden freut die seltne Verknüpfung der zierlichen Bilder,
Aber noch fehlet das Wort, das die Bedeutung verwahrt,
Ist es endlich gefunden, dann heitert sich jedes Gemüth auf,
Und erblickt im Gedicht doppelt erfreulichen Sinn. (25–30)

Diese Verse dem Monolog des Alexis zuzurechnen, sie also gesprochen zu denken von dem, den das Schiff da hinwegführt und dem in Ent-

---

[35] WA I 5/1, S. 312.
[36] Hans Robert Jauß: Literaturgeschichte als Provokation. 4. Aufl. Frankfurt a. M. 1974, S. 186, 189.
[37] Diese vom Normalgebrauch abweichende Wortbedeutung geben andere Verwendungsfälle zu erkennen (die ich der Hamburger Arbeitsstelle für das Goethe-Wörterbuch verdanke). 1797 schreibt Goethe über ein italienisches Gemälde: „Die Stellung der Figuren, die Richtung der Glieder, die Austheilung der Extremitäten, sind schon sehr obligat" (WA IV 12, S. 18); 1798 über das Versmaß der Stanze: „gar zu obligat und gemessen periodisch" (WA IV 13, S. 71) und ähnlich 1802 über ein Theaterstück: „diese äußerst obligaten Sylbenmaße" (WA IV 16, S. 83); 1800 über Voltaires ,Mahomet': „so obligat und in sich selbst zusammengearbeitet" (WA IV 15, S. 20); 1801 über das Sujet ,Befreiung der Andromeda durch Perseus': daß es „sich in's Enge ziehen und plastisch-symbolisch behandeln läßt, von einem Künstler, der eine ganz obligate Composition zu liefern, und mit dem Werth weniger Figuren auszulangen sich getraut" (WA I 48, S. 48). – Unzulänglich also die Bedeutungsangabe „unerläßlich, erforderlich" (in: HA Goethes Briefe Bd. 2, S. 576 und 571).

zückung und Verzweiflung doch nichts anderes vor Augen steht als das zurückgebliebene Mädchen, widerspricht dem Bedürfnis jedenfalls heutiger Leser nach psychologischer Plausibilität. Aber offenbar haben die Zeitgenossen so doch gelesen. Friedrich Schlegel schreibt an seinen Bruder: „Eine kleine Ungeschicklichkeit fühlte ich gleich darin, daß Alexis noch so nahe am Ufer redend eingeführt wird, und doch mit so ruhiger Sorgfalt ausmahlt, wie das Gleichniß vom Räthsel [...] gegen die Wahrheit scheint mir jenes ein kleiner Verstoß"[38]; Charlotte von Kalb an Jean Paul: „Der Jüngling ist ein Dichter und kein Liebhaber"[39]; Körner an Schiller: „Ein liebender Jüngling wird als Dichter dargestellt".[40] Daß hier tatsächlich nicht mehr der „Liebhaber" spreche (– der sollte „an Dichter, Hörerkreis, verschränkte Worte und zierlich verknüpfte Bilder habe denken können?"), vielmehr der „Dichter" selbst sich einschalte in den Alexis-Monolog, hat erst Pickering 1958 als angemessene Lesung vorgeschlagen. Dem ‚Epilog' der Verse 155–158 entsprechend, mit denen der Erzähler (wieder) das Wort nimmt, –

Nun, ihr Musen, genug! vergebens strebt ihr zu schildern,
Wie sich Jammer und Glück wechseln in liebender Brust.
Heilen könnet ihr nicht die Wunden, die Amor geschlagen
Aber Linderung kommt einzig, ihr Guten, von euch.

– hat er die Rätsel-Verse als „versetzten Prolog" bestimmt.[41]
    Eben erst, im Augenblick des Abschieds erst waren dem Alexis die

---

[38] 15. 6. 1796. Wie Anm. 3, S. 284.
[39] 9. 7. 1796. Wie Anm. 1.
[40] 11. 10. 1796. Wie Anm. 16, Bd. 36/I, S. 340 f. – Selbst die Schlußverse (155 ff.) denkt sich Körner, zu Unrecht, noch von Alexis gesprochen: Er erscheine da „wieder als Dichter und lös't die Dissonanz mit der Stimmung auf, in der er das Gedicht anhub."
[41] F. P. Pickering: Der zierlichen Bilder Verknüpfung. Goethes ‚Alexis und Dora' – 1796. In: Euphorion 52, 1958, S. 341 ff., hier S. 343. – Pickering beruft sich nur auf das sprecherpsychologische Wahrscheinlichkeitsargument (s. o.). Aber (ich nehme einen Einwand von Christian Wagenknecht auf): Weshalb sollte Goethe nicht auch hier jenes homerisch autorisierte Kunstmittel epischer Beruhigung einsetzen, das den Fortgang der Rede durch ein Gleichnis aus dem Munde des Redenden selbst für eine Weile anhält (wie in ‚Hermann und Dorothea', wenn die Ringe gewechselt werden, an Dorotheas Bericht über ihren verschollenen ersten Verlobten ein solches Gleichnis anschließt: „O, verzeih, mein trefflicher Freund, daß ich, selbst an dem Arm dich / Haltend, bebe! So scheint dem endlich gelandeten Schiffer / Auch der sicherste Grund des festesten Bodens zu schwanken." – WA I 50, S. 267)? Pickerings Vorschlag scheint mir plausibel nicht allein wegen des absetzend-einleitenden (den Sprecherwechsel markierenden) Gedankenstrichs im Vers 25 und nicht nur im Hinblick auf die Ausführlichkeit des dann folgenden Gleichnisses, die denn doch ein irritierend hohes Maß an epischer Geduld und elegisch distanzierter Besonnenheit voraussetzte, wenn man den vom Sturm der Affekte hin und her gerissenen Alexis als Sprecher dieser Verse verste-

Augen aufgegangen für das schöne Nachbarsmädchen, das er so lang
doch schon kannte.

In mich selber kehr ich zurück, da will ich im stillen
Wiederholen die Zeit, als sie mir täglich erschien.
War es möglich, die Schönheit zu sehen und nicht zu empfinden?
Würkte der himmlische Reitz nicht auf dein stumpfes Gemüth? (21–24)

Diesem Selbstvorwurf des Liebenden antwortet der Erzähler, wenn er
mit dem 25. Vers ihm ins Wort fällt:

Klage dich Armer nicht an! – So legt der Dichter ein Rätzel,
Künstlich mit Worten verschränkt, oft der Versammlung ins Ohr [.]

Die Fiktionsschranke brechend, vergleicht sein *So* freilich Unvergleichli-
ches: die rhetorischen Alexisfragen nach dem Grund seines langen Lie-
besversäumnisses, die nicht auf Antwort rechnen sondern Klageformeln
darstellen, mit wirklichen Hörer- oder Leserfragen nach der *Bedeutung* eines rätselhaften Gedichts.[42] Die ein wenig angestrengte Analogie be-
mäntelt in Wahrheit den Adressatenwechsel, welchen der Gedankenstrich des 25. Verses markiert. Was ihm folgt, ist – anscheinend noch immer dem Alexis zugesprochen – tatsächlich doch direkt ans Publikum
gerichtet, allein den Hörern oder Lesern zugedacht. Für den Armen, den
Klagenden bleibt es belanglos; wenn der nach dieser Zwischenrede wieder einsetzt:

Ach warum so spät, o Amor, nahmst du die Binde,
Die du ums Aug' mir geknüpft, warum zu spät mir hinweg? (31 f.)

schließt er damit bruchlos an die letzten eignen Worte (21–24) wieder an.
Notdürftig nur verdeckt die Vergleichspartikel die Fuge zwischen Ale-

---

hen wollte. Sie dem „Dichter" selbst zuzuschreiben, legt vor allem auch dessen Epilog
(155 ff.) nahe, den Goethe in der Handschrift (s. o.) gleichfalls durch einen Gedankenstrich absetzte und dem der „versetzte Prolog" also korrespondiert. Die letzten Zweifel aber, meine ich, räumt erst die (im folgenden unternommene) Probe aufs Exempel
aus: Schreibt man die Verse 25–30 dem „Dichter" zu, versteht man sie folglich als Leseanweisung für das Gedicht und hält also Ausschau nach jenem *Wort, das die Bedeu-*
tung verwahrt, so müßte dessen Entdeckung im nachhinein auch diesen Ansatz rechtfertigen.

[42] Dazu, unscharf, Pickering (S. 344): „der Dichter vergleicht in diesen Zeilen den
Gemütszustand des Alexis mit der Unsicherheit eines Hörerkreises, dem ein Rätsel
aufgegeben worden ist." – Kaum förderlich auch Peter Pfaff, der die Rätselverse noch
immer dem Alexis-Monolog zurechnen möchte: „Indessen spricht ja Alexis vom ‚Rätsel' in Form eines Vergleichs: er beklagt die Stumpfheit seiner Sinne, die zu spät Doras
Schönheit entdeckten, wie vielleicht der Hörer eines Gedichts Mühe hat, dessen Geist
zu erraten" (Das Glücksmotiv im Jugendwerk Goethes. In: Beihefte zum Euphorion, 2,
1965, S. 26).

xis-Monolog und „versetztem" Erzähler-Prolog, die störend sichtbar
würde, wenn statt des kaschierenden *So* das der Sache eigentlich angemessene ‚Es' erschiene. Um den Preis dieses leichten Konstruktionsfeh-
lers aber wird die Verschiebung des Prologs eingehandelt, ein vorreden-
freier Eingang des Gedichts also ermöglicht und der große elegische
Einsatz gewonnen:

> *Ach! unaufhaltsam strebet das Schiff, mit jedem Momente,*
> *Durch die schäumende Fluth, weiter und weiter hinaus!* (1 f.)

Der „versetzte", der heimliche Prolog dann – eingebracht unter dem
Vorwand beschwichtigenden Zuspruchs für den Alexis und zu diesem
Zweck ausgegeben als gleichnishafter Fall, der *oft* sich ereigne – ist in
Wahrheit nichts anderes doch als eine Poetologie des hier vorgelegten
„obligaten Werkes" selber und damit zugleich eine nachgetragene Le-
seanweisung:

> *So* [Es!] *legt der Dichter ein Rätzel,*
> *Künstlich mit Worten verschränkt, oft* [hier!] *der Versammlung ins Ohr,*
> *Jeden freut die seltne Verknüpfung der zierlichen Bilder,*
> *Aber noch fehlet das Wort, das die Bedeutung verwahrt,*
> *Ist es endlich gefunden, dann heitert sich jedes Gemüth auf,*
> *Und erblickt im Gedicht doppelt erfreulichen Sinn.* (25–30)

Erstaunlich: keine der zahlreichen, in Briefen oder Gesprächsaufzeichnungen überlieferten Hörer- und Leserreaktionen aus Goethes
Umkreis bezieht sich auf diese Verse.[43] Die einzige, von der wir überhaupt erfahren, daß da ein *Rätzel* ihr aufgegangen sei und sie beschäftigt
habe, ist Karoline Paulus, die (unter dem Pseudonym ‚Eleutheria Hol-
berg' selbst mit dichterischen Versuchen befaßte) Frau eines Jenaer
Theologen, der dazu berichtet hat: „Noch besitze ich die erste Reinschrift
von Alexis und Dora, wie er sie uns vor einem solchen Abendessen [ver-
mutlich am 14. Mai 1796] überraschend vorlas, und darauf der dem Geheimnisse der sinnreichen Darstellung nachforschenden Hörerin [Karo-
line] zur wiederholten Erwägung zum Geschenke machte."[44] Paulus'

---

[43] Zum Vers 101 (*ich rief: Dora! bist du nicht mein! / Ewig, sagtest du leise*) hat Schiller
immerhin bemerkt, daß „das Geheimniß des Herzens in diesem einzigen Worte auf
einmal und ganz, mit seinem unendlichen Gefolge, heraus stürzt. Dieses einzige
Wort, an dieser Stelle, ist statt einer ganzen langen Liebesgeschichte" (Brief vom
3. 7. 1796. Wie Anm. 16, Bd. 28, S. 243). Aber hätte er dabei wirklich den 28. Vers im
Sinn gehabt, *Ewig* also verstehen wollen als das *Wort, das die Bedeutung verwahrt*, so ge-
nügte diese Lösung den Bestimmungen der Rätsel-Verse doch keinesfalls. Vom Worte *Ewig* in der Dora-Rede kann weder gelten, daß es *endlich gefunden* sei, noch ist es irgend geeignet, *im Gedicht doppelt erfreulichen Sinn* aufzudecken.
[44] Wie Anm. 25. – Nach Auskunft des Goethe- und Schiller-Archivs in Weimar
vom 16. 5. 1980 ist die erwähnte Abschrift des Gedichts „heute verschollen".

Worte von „der dem Geheimnisse der sinnreichen Darstellung nachforschenden Hörerin" beziehen sich offensichtlich auf die Rätsel-Verse, nähern sich der Variante zum Vers 27 (*Jeden freut die seltne Verknüpfung der zierlichen Bilder*), die Goethe eintrug in die vom Schreiber Geist verfertigte Abschrift des Gedichts: *Jeder ahndet besondern Gehalt im verschränkten Geheimniß*. Aber was die einzig aufmerksame Hörerin damals vermutet haben mag, bleibt ungesagt; der Autor selber hat, hier wie sonst, das *Geheimniß* nicht gelüftet.

Ein erster Lösungsvorschlag stammt von Düntzer (1896): Alexis (dessen Monolog die Rätsel-Verse stillschweigend zugerechnet werden) müsse es doch als „ein Räthsel erscheinen, daß er so lange solche Schönheit in seiner Nähe sehn konnte, ohne etwas für sie zu fühlen. Aber Amor [...] legt Alexis eine Binde um die Augen, daß er die Reize der schönen Nachbarin nicht erkennt. Die Schuld lag nicht an ihm, sondern an Amor, der ihm einen Streich gespielt, das ist das Räthsel, das sich endlich gelöst hat."[45] Einen zweiten Vorschlag hat Staiger gemacht (1956): „der Augenblick des Abschieds ist der Schlüssel seines Daseins, das sonst unverständlich bleiben müßte", erklärt er vom Alexis, zitiert dann die Rätsel-Verse und schließt ohne weitere Begründung: „Die Lösung des Rätsels sind die Küsse, die Alexis und Dora tauschen."[46] Doch von jenem Wort, das – *endlich gefunden* (entschiedener noch bestimmt es die Spätfassung als *endlich entdeckt*) – *im Gedicht doppelt erfreulichen Sinn* erblicken ließe, heißt es in den Rätsel-Versen, daß es *die Bedeutung verwahrt*. Wie ein rätsellösendes Wort den eigentlichen Sinn von Rätselworten zu verstehen gibt, müßte also dies Schlüsselwort eine Bedeutung des Gedichts erkennen lassen, die über das Primärverständnis seiner Verse hinausführt: *Jeden freut die seltne Verknüpfung der zierlichen Bilder, / Aber noch fehlet das Wort, das die Bedeutung verwahrt*. Daß Düntzers „Amor" und Staigers „Küsse" solcher Forderung sowenig genügen wie Schillers „Ewig"[43], bedarf wohl weiterer Erläuterung nicht.

Einen dritten Vorschlag hat deshalb Pickering (1958) geliefert.[47] Woll-

---

[45] Heinrich Düntzer: Erläuterungen zu den deutschen Klassikern. Abth. 1, Bd. 24, S. 164 f. – Peter Pfaff, der Düntzers Vorschlag offenbar nicht kannte, hat das ohne bessere Begründung 1965 wiederholt: „Pickering, der die Rätsel-Verse als eine Einleitung des Dichters verstand und aus dem Zusammenhang der Elegie herausnahm, übersah dadurch das so naheliegende Lösungswort [...]. Während das Kunsträtsel mit dem Wort Amor gelöst ist – an drei bedeutsamen Stellen erschien der Name des Gottes: hier als der entdeckende [31 f.: *Ach warum so spät, o Amor, nahmst du die Binde, / Die du ums Aug' mir geknüpft, warum zu spät mir hinweg?*], im Liebesaugenblick als der handelnde, am Ende als der verletzende Gott –, wird das Lebensrätsel des Alexis durch Amor erst geknüpft, und zwar fast unlösbar." (wie Anm. 42, S. 26 f.)
[46] Wie Anm. 6, S. 224.
[47] Wie Anm. 41, insbesondere S. 344–348.

71

te Goethe in seiner Entgegnung auf Schillers Einwand „die Eifersucht am Ende" damit rechtfertigen, daß „jedes unerwartete und unverdiente Liebesglück die Furcht des Verlustes unmittelbar auf der Ferse nach sich führt"[48], so schließt Pickering nun von diesem Briefwort „Liebesglück" und dem mit ihm verbundenen Unglück (der „Furcht des Verlustes") auf die Göttin des Glücks, glaubt diese hier kontaminiert mit der Göttin der Gelegenheit und erklärt daraufhin ‚Fortuna-Occasio' zum endlich gefundenen Wort, *das die Bedeutung verwahrt*. Alexis' Liebesbegegnung mit dem schönen Nachbarsmädchen im Augenblick seines Abschieds wird damit als verrätselte, „in keinem Wort genannte, rein in Handlung und Gebärde aufgelöste" Begegnung mit der Glücks- und Gelegenheitsgöttin gesehen; Dora selbst in der Rolle jener altüberlieferten allegorischen Figur, deren über die Stirn herabfallendes Haar man (‚die Gelegenheit beim Schopfe packend') im Augenblick der Begegnung ergreifen muß, weil die Enteilende am geschorenen Hinterkopf nicht mehr zu fassen ist und dem, der die Gelegenheit verkannt hat, nur Reue über das Versäumte noch bleibt.[49]

Pickerings eigene Beweisführung freilich erweist diese These als ebenso haltlos wie kühn: „Alexis verkennt seine Gelegenheit nicht[!], aber er meint, er müsse sich von dem Glück des Augenblicks trennen lassen. Gleich folgen Reue (und Sehnsucht) der zwei Liebenden.[50] Dora hat versprochen, wie es Occasio nie [!] gewillt war, *ewig* auf Alexis zu warten. Sonst muß sie sich in die Rolle fügen: nicht [!] enteilen, aber enteilen lassen. Man sucht in dem Gedicht vergebens [!] nach dem Wort ‚Gelegenheit' und umsonst [!] nach auch nur einer Anspielung auf das fliegende Haupthaar der Occasio: [...] kein Wort von ihrem Haar! So sehr ist Dora in die Rolle der Occasio gedacht, daß bewußte, wehmütige Ironie das kennzeichnende Merkmal der Rolle unterdrückt."[51] Die Nichtexistenz aller nur erdenklichen Entsprechungsindizien in einem logischen Salto mortale als Identitätsnachweis auszugeben, heißt aber mit einem Verdrängungsmechanismus argumentieren, der schlechthin jede Rollen-

---

[48] Brief vom 22. 6. 1796 (WA IV 11, S. 106).

[49] So ja tatsächlich in Goethes IV. Römischer Elegie: „Diese Göttin, sie heißt Gelegenheit; lernet sie kennen! / Sie erscheinet euch oft, immer in andrer Gestalt. [...] Einst erschien sie auch mir, ein bräunliches Mädchen, die Haare / Fielen ihr dunkel und reich über die Stirne herab, / Kurze Locken ringelten sich ums zierliche Hälschen, / Ungeflochtenes Haar krauste vom Scheitel sich auf. / Und ich verkannte sie nicht, ergriff die Eilende [...]". (WA I 1, S. 237 f.)

[50] Anders als im Occasio-Modell gibt es hier in Wahrheit keinerlei „Reue" hinsichtlich einer versäumten Gelegenheit; Alexis bereut nicht einmal (wie Pickering unterstellt) die Trennung von Dora, sondern beklagt seine frühere Blindheit gegenüber dem schönen Nachbarskind.

[51] Wie Anm. 41, S. 348.

gleichung zu behaupten erlaubte, wenn sie nur zureichend unbeweisbar bliebe. Auf solche Weise ist das Rätsel sicher nicht zu lösen.[52]

Als *Künstlich mit Worten verschränkt* hat der Prolog es bezeichnet. Was das meint, wird deutlicher, wenn man bedenkt, in welchem Sinn Goethe bei anderer Gelegenheit von ‚Verschränkung‘ spricht. Bezogen auf Baukunst und Gartenarchitektur, Sprachkunst und Poesie, vor allem auf die Verbindung von Tonkunst und Dichtung im Gesang, erscheint dieser Begriff bei ihm als kompositionstechnischer Terminus.[53] Die „künstlich verschränkte Weise" steht dabei im Gegensatz zu einer „natürlichen Ordnung"[54], indem sie thematisch Zusammengehöriges trennt, versetzt und variiert, Verschiedenartiges kunstvoll mischt, verknüpft und verzahnt – so daß Goethe von der „buntverschränkten Welt" der Dichtung Jean Pauls als Leser sich angeregt sah, „die wunderlich aufgegebenen Räthsel zu lösen".[55] Die Wörter oder Wortfolgen nun, die im ‚*Alexis und Dora*'-Gedicht auf solche Weise sein *Geheimniß* verschränken (ausnahmsweise transitiv hier), zugleich also verdecken und bezeichnen, erläutert der Folgevers als eine *seltne* [seltsam-ungewöhnliche] *Verknüpfung der zierlichen Bilder.* Mustert man, aufmerksam gemacht auf solche Fügungen, den Wortbestand der Elegie, so fallen wohl die Wörter *Hals* und *Nacken* ins Auge. Die erscheinen zum ersten Mal, wenn Alexis zurückdenkt an seine frühen Begegnungen mit Dora. Als sie zum Markt ging, als sie vom Brunnen kam – *Da erschien erst dein Hals, erschien dein Nacken vor allen.* (43) Das in der Tat sind ja ungewöhnliche Angaben.[56] Nicht ihr Gesicht, ihre Augen etwa oder ihr Haar haften in seiner Erinnerung, sondern *Hals* und *Nacken vor allen.* Jetzt, wenn die Schiffer schon nach ihm rufen und er zum Hafen eilt, findet er Dora an der Tür ihres Gartens stehen; sie bittet, ein Kettchen ihr mitzubringen von der Handelsreise – *Gar bescheiden erwogst du den Preiss, da blickt ich indessen / Nach*

<hr />

[52] Daran ändert auch der Zusatzvorschlag nichts, den Horst Rüdiger unterbreitet hat (Göttin Gelegenheit. Gestaltwandel einer Allegorie. In: arcadia 1, 1966, hier S. 154 f.). Er akzeptiert Pickerings These als „den einen Teil von des Rätsels Lösung" und fügt hinzu, daß Goethes Entwurf zur IV. Römischen Elegie (‚Edelknabe und Wahrsagerin', WA I 5/2, S. 373) den Keim enthalte sowohl für das Occasio-Mädchen in deren endgültiger Fassung (vgl. oben Anm. 49) wie für die Dora. So erwägenswert das in entstehungsgeschichtlicher Hinsicht sein mag: Werden die im Entwurf noch enthaltenen Merkmale der Occasio-Rolle für Dora dann „unterdrückt", wird ihr diese Rolle eben nicht mehr zugeschrieben.

[53] Vgl. beispielsweise WA I 27, S. 274; WA IV 44, S. 207; WA I 31, S. 217; WA I 28, S. 169; WA I 2, S. 17; WA I 25/1, S. 66; WA I 12, S. 207 und 215; WA I 18, S. 348. (Ich verdanke die Belegstellen der Hamburger Arbeitsstelle für das Goethe-Wörterbuch.)

[54] WA II 2, S. 178.

[55] WA I 7, S. 114.

[56] So wird das diesen Sachverhalt überdeutlich bezeichnende *erst* des 43. Verses in der Spätfassung denn auch (ersatzlos) getilgt.

dem Halse, des Schmucks unserer Königin werth. (73 f.) Einmal war so vom
Hals und *Nacken,* einmal nur vom *Hals* die Rede. Dann treten die beiden
in den Garten ein, kommen zur Laube, erkennen einander und – *Deinen
Busen fühlt ich an meinem! den herrlichen Nacken! / Ihn umschlang nun mein
Arm, tausendmal küsst ich den Hals.* (91 f.) Wieder ist es seltsam doch, wie
er vom *Nacken* da redet, und daß er nicht ihren Mund, tausendmal aber
den *Hals* geküßt. Und wieder, wie v o r der Liebesbegegnung, folgt dem
dann eine Rede, die allein den *Hals* benennt, auch diesmal in Verbindung
mit dem Kettchen – *Warlich es soll zur Kette werden das Kettchen, o Dora! /
Neunmal umgebe sie dir, locker gewunden, den Hals* (117 f.). Diese *seltne Verknüpfung* zeigt die *zierlichen Bilder* von *Hals* und *Nacken* in symmetrischer
Verschränkung um den Punkt geordnet, an dem ihre Bedeutung um-
schlägt: um den *Augenblick,* an dem sie hinübertreten in den Kontext der
Liebe. Es ist die Gartenszene (75–90), die sie auf solche Weise umstellen.
Und will man jenes *Wort, das die Bedeutung verwahrt,* nicht außerhalb des
Textes suchen, wie Pickering, sondern in ihm selbst entdecken, wie der
heimliche Prolog es nahelegt, so müßte es hier doch *endlich gefunden* wer-
den.

Ein Kettchen ihr mitzubringen, bittet die an der Gartentür stehende
schöne Nachbarstochter den zum Hafen eilenden Alexis. Früchte dann,
mitzunehmen auf die Reise, bietet sie ihm an. So folgt er ihr in den Garten, kommen sie (*Endlich!*) zur Laube –

Und die Myrthe bog, blühend, darüber sich hin.

⏑   ×́| ⏑ ×|⏑ ∧|×́ ×   ×|×́ × × |⏑

Dieser Vers im Zentrum des Gedichts (84) scheint nun in mehrfacher
Hinsicht bemerkenswert. Zweisilbig nur sind hier die beiden ersten Pen-
tametertakte gefüllt: *Und die / Myrthe* (was in den 79 Distichen der Elegie
insgesamt nicht häufiger als dreimal geschieht: 38, 84, 120; in der Spätfassung 38, 46, 84, 116).[57] Zusätzlich wird dieser Vers durch ein sehr ent-
schiedenes inneres Enjambement nach der 3. Hebung beschwert, wo die
Pentameter-Zäsur den sinngemäßen Satzfluß gegen die 4. Hebung
staut: *bóg / blühend* (unter den genannten Fällen nur in 84 und 120; in der
Spätfassung allein 84). Von allen zweifach-zweisilbig eröffneten Penta-
metern schließlich ist allein der auf das Myrten-ü gestimmte 84. Vers
(*Myrthe / blühend / darüber*) überdies noch hervorgehoben durch die sel-

---

[57] Häufigkeitsverteilung bei der Füllung der beiden ersten Takte (der einzigen Position also, wo der Pentameter Variationen erlaubt): 50 mal 2silbig / 3silbig (Trochäus /
Daktylus); 20 mal 3silbig / 3silbig (Daktylus / Daktylus); 6 mal 3silbig / 2silbig (Daktylus / Trochäus); 3 mal 2silbig / 2silbig (Trochäus / Trochäus). In der Spätfassung entsprechend 49, 18, 8, 4 Verwendungsfälle.

ten eingesetzte[58] eindrucksmächtige Alliteration seiner starktonigen Doppelhebungs-Silben: *bog / blühend*. Diese rhythmischen und melodischen Auszeichnungen fangen das Sprechtempo ab und erhöhen den Nachdruck der Worte, heben den 84. Vers merklich aus seinem Kontext und geben ihm die Aura des Ungewöhnlich-Bedeutsamen –

Endlich warst du zur Laube gekommen, da fandst du ein Körbchen
Und die Myrthe bog, blühend, darüber sich hin.
Schweigend begannest du nun, geschickt, die Früchte zu ordnen [.]

Auch die entstehungsgeschichtlichen Indizien zeigen, daß Goethe diesen Myrthen-Vers mit außerordentlicher Aufmerksamkeit behandelt, ihn nämlich mehrfach umgeschrieben hat. Abweichend von der hier zugrunde liegenden Musenalmanach-Fassung

Und die Myrthe bog, blühend, darüber sich hin

heißt es in der späteren Abschrift des Schreibers Geist[59] [vgl. Seite 63, Abbildung 3]:

Und die Myrthe bog blühend sich über uns hin.

Durch Bleistifteintragungen in diese Handschrift hat Goethe noch einmal eine andere Möglichkeit erprobt:

Da bog Myrthen Zweig blühend sich über uns hin.

Dies offenbar als unerwünscht deutlich empfundene Eingangssignal des zugleich lokalen und temporalen Adverbs *Da* wurde zugunsten des unauffälligeren *Und* wieder gestrichen, ebenso der *Myrthen Zweig* zugunsten der ursprünglichen unspezifischen Bezeichnung *Myrthe*. Anders aber als in der Frühfassung, wo die Worte *bog, blühend, darüber sich hin* das Mißverständnis ermöglichen konnten, daß die Myrte (wie im Vers 88) nur das Früchtekörbchen schmücke, blieb sie in der Spätfassung mit dem *über uns hin* ausdrücklich bezogen auf die in die Laube Eingetretenen. Über diese beiden biegt sich blühend die Myrte. Denn dort, wo Alexis und Dora einander begegnen, in diesem imaginären Griechenland, über das Phöbus Apollon die Sonne Homers heraufführt (20), Zeus den Donner rollen läßt (96, 110) und seine Blitze schleudert (150), da ist die Myrte der *Göttin der Liebe* geweiht, die, von den Grazien umgeben, hier neben dem Thron des Göttervaters steht (111).

Was man aus der antiken Mythologie und Religionsgeschichte darüber wußte[60], faßte für das 18. Jahrhundert Hederichs altertumswissen-

---

[58] In beiden Fassungen nur 30, 62, 66, 84, 102.
[59] Vgl. oben S. 60 f. unter H.
[60] Vgl. insbes. Plin. nat. XII 3 u. 120 f.; Verg. ecl. 7,62. – Zur Rolle der Myrte im Kult der Aphrodite und des mit ihr gepaarten Hermes, dessen Glied mit Myrtenzweigen

schaftliches Standardwerk zusammen: „Myrtus, Myrte, war der Veneri gewidmet, entweder weil sich die Venus, da sie nackend aus dem Meer empor gekommen, sich in den Myrten-Sträuchern versteckt; oder weil die Myrten wohl riechen, woran die Venus einen Gefallen hatte; oder weil es ein zerbrechliches Gewächs ist, wie die Liebe unbeständig; oder *weil die Myrten dienlich seyn sollen, die Liebe zu wege zu bringen.*"[61]

Die „Liebe zu wege zu bringen", meint hier ganz entschieden (auch) den körperlichen Akt. Und daß der Myrten-Vers tatsächlich d i e s e *Bedeutung verwahrt*, macht Goethes Wortgebrauch gewiß. Stehen, üblicher Verwendung entsprechend, in seinen Schriften „Myrte", „Myrtenkranz", „Myrtengebüsch", „Myrtenwäldchen" oder „Myrtenhain" häufiger auf eine nicht näher bestimmte Weise im Kontext der Liebe[62], so werfen doch zwei der Elegie vorausgegangene Dichtungen auf das in ‚Alexis und Dora' Gemeinte ein deutliches Licht. Im Buch ‚Anette' (1767) wird in der Erzählung ‚Kunst, die spröden zu fangen' (II) berichtet, wie Amors Pfeile unbemerkt in einen Becher fallen, aus dem die auf Abwehr ihres Liebhabers bedachte Charlotte nun mit dem Wein das Gift der Liebe trinkt. Die kleine Rokoko-Szene, die unzweifelhaft mit der Hingabe des Mädchens endet, setzt ein mit einer Schilderung des Ortes, an dem das geschieht: „Einst sasen wir unter dem Schatten einer überhangenden Myrthe, ein Becher mit Weine und ein Körbchen mit Obst stand vor uns; wir redeten von Freundschaft. Schnell flog Amor aus einer jungen Rose heraus, die halb aufgeblüht, wie ein Mädgen von funfzehn Jahren, sich die Myrthe hinaufgeschlungen hatte."[63] – Die 1795 erschienene XII. Römische Elegie dann beschreibt als das kultische Geheimnis der Eleusinischen Mysterien, daß im hochzeitlichen Ährenbett Demeter dem Kreterkönig „Ihres unsterblichen Leibs holdes Verborgne gönnt." Wie einst der Myste (von dem es heißt: „Voll Erstaunen vernahm der Eingeweihte das Mährchen, / Winkte der Liebsten –"), spricht da am Ende der Liebende:

---

umhüllt wird, Stellenhinweise in Pauly/Wissowas Realencyclopädie der classischen Altertumswissenschaft. Bd. XVI 1, Sp. 1180.

[61] Benjamin Hederich: Gründliches Antiquitäten-Lexikon. Leipzig 1743, Sp. 1946. Hederichs Beleg für den hier kursiv gesetzten letzten Satz: „Purnut. de N. D. c. 24" meint L. Annäus Cornutus' ‚De natura deorum' (Rom, Mitte 1. Jhd. n. Chr.), wobei er offensichtlich der lateinischen Übersetzung folgt: „Inter plantas myrtus Veneri dedicata est, quia et haec planta facit ad amores conciliandos." Weniger ausgeprägt der griechische Original-Wortlaut: τῶν γε μὲν φυτῶν ἡ μὲν μυρσίνη, διὰ τὴν φιλοφροσύνην, Ἀφροδίτης εἶναι διείληπται. (Nach der Ausgabe: Opuscula Mythologica Physica et Ethica graece et latine. Amsterdam 1688, S. 199, die wahrscheinlich auch Hederich benutzt hat.)

[62] Zeitlich der Elegie nahestehend beispielsweise WA I 21, S. 86 (‚Lehrjahre') und WA I 2, S. 302 zu V. 82 (‚Deutscher Parnaß').

[63] WA I 37, S. 24.

Verstehst du nun, Geliebte, den Wink?
Jene buschige Myrte beschattet ein heiliges Plätzchen![64]

Auch solche Zeitgenossen Goethes, möchte man denken, die sein Buch ‚Anette' nicht mehr, die ‚Römischen Elegien' noch nicht kannten, hätten den Myrten-Vers des Prologs doch ebensowenig übersehen oder verkennen sollen, wie halbwegs belesene spätere ‚Rezipienten'. Denn es gab mehr als genug, was ihnen die Augen hätte öffnen können für das, was Myrten „zu wege bringen". Aus der Fülle möglicher Belege im zeitlichen Umkreis der Elegie notiere ich, auf unterschiedliche Provenienz bedacht, vier handfeste Fälle, die gleichermaßen den Sinn des Goetheschen Myrten-Verses zu erkennen geben und die von ihm geübte Dezenz:

Johann Peter Uz (1755) in ‚An die Deutschen', über einen aus der Art geschlagenen Jüngling:

> Entkräftet vor der Zeit in Amors Myrthensträuchen,
> Baut er die Nachwelt an mit Kindern, die ihm gleichen,
> An einer gleichen Gattinn Brust,
> Die sorglos, unter eitler Lust,
> Nur ihren Putz und Schooshund liebet,
> Und ihren Witz beym Spieltisch übet.[65]

Hölty (1772) in ‚Leander und Ismene' (II), wo die Liebenden bei Nacht „durch den Myrthenhain" gehen und „Bedeckt von Myrthenästen" sich niederlassen:

> Sie ruhten, Brust an Brust gedrückt,
> Und was sie weiter thaten,
> Der schöne Vollmond hat's erblickt,
> Ich kann es nicht errathen.
> Ein süßes, klatschendes Getön
> Scholl aus den Myrthenbüschen,
> Die Vögel sangen wunderschön
> Ein Minnelied dazwischen.[66]

Karl Ernst von Reitzenstein (?–1775) in ‚Lotte bey Werthers Grab', wo die Liebende sich in Gedanken vor Gottes Richterstuhl stehen sieht und „süssen Trieben / gern begegnet die sie hier verwarf – / vor den Engeln ihren Werther lieben – / und ihr Albert nicht mehr zürnen darf":

---

[64] WA I 1, S. 248. – In der Reinschrift dafür zunächst: „Folge mir eilig ins Rohrgebüsch unten am Weinberg"; dazu eigenhändig, mit der Datumsangabe „8 8b 90", der Entwurf: „Uns hat Amor die Laube mit buschigen Myrthen umzogen"! (WA I 1, S. 418).

[65] Sämtliche Poetische Werke. Hrsg. von A. Sauer. Stuttgart 1890, S. 125.

[66] Ludwig Christoph Heinrich Hölty's Sämtliche Werke. Hrsg. von Wilhelm Michael. Bd. 1, Weimar 1914, S. 73 f.

Und der Richter wird Versöhnung winken.
Ruh empfängst du nach der langen Pein
und in jener Myrrthen-Laube, trinken
Wir die Seligkeit des Himmels ein.[67]

Heine (1824) in ‚Die Harzreise':

Aus den Myrtenlauben bey Rauschenwasser sah ich zwey hoff-
nungsvolle Jünglinge hervorreiten. Ein Weibsbild, das dort sein ho-
rizontales Handwerk treibt, gab ihnen bis auf die Landstraße das
Geleit, klätschelte mit geübter Hand die mageren Schenkel der
Pferde, lachte laut auf, als der eine Reuter ihr hinten, auf die breite
Spontaneität einige Galanterien mit der Peitsche überlangte, und
schob sich alsdann gen Bovden.[68]

Myrthe also? Die Rätsel-Verse des „versetzten Prologs" geben sehr genaue Auskunft darüber, welcher Bedingung das Wort genügen müßte,
das die Bedeutung verwahrt:

Ist es endlich gefunden, dann heitert sich jedes Gemüth auf,
Und erblickt im Gedicht doppelt erfreulichen Sinn.

Der Lösungsvorschlag für das *Rätzel, / Künstlich mit Worten verschränkt*,
hätte also dadurch sich auszuweisen, daß er die *zierlichen Bilder* im Licht
einer neuen Bedeutung erkennen läßt, sie als Rätselworte in ihrem eigentlichen Sinn erst zu verstehen gibt. Das allein könnte zugleich die Bemühung rechtfertigen, die ich hier unternommen habe. Denn gewiß
doch ließe der Myrten-Vers, für sich genommen, auch auf unverbindli-
chere Weise sich lesen; und der indezente Versuch, auszuspähen, was
hier in der Myrtenlaube denn allenfalls könnte geschehen sein, setzte
voraus, daß hinter den Worten des Gedichts ein realer Vorgang stünde,
von dem sie nur ungenaue Nachricht gäben: wäre ein lächerlich sinnlo-
ses Unternehmen – wenn die Bedeutung, die der Myrten-Vers verwahrt,
nicht tatsächlich für die Worte des Gedichtes selber eine neue Leseanweisung enthielte.

Das nachzuweisen, beginne ich mit dem *Kettchen*, um das Dora den
zum Hafen Eilenden bittet und das ihm wieder in den Sinn kommt, wenn
auf dem Schiff die *Bilder der Hoffnung* sein Herz bewegen:

Warlich es soll zur Kette werden das Kettchen, o Dora!
Neunmal umgebe sie dir, locker gewunden, den Hals (117 f.).

---

[67] In Klaus R. Scherpe: Werther und Wertherwirkung. Bad Homburg v. d. H. 1970
(Faksimiledruck, S. 6 f.).
[68] Heinrich Heine. Hist.-krit. Gesamtausgabe der Werke, Bd. 6, Hamburg 1973,
S. 86. – „Rauschenwasser" ein Flecken vor Göttingen. „Bovden" = Bovenden, ein näher der Stadt gelegenes Dorf, in der „Myrtenlauben" nicht zugelassen waren.

Im Licht des Myrten-Verses gibt sich das zweifellos als eine Nachricht zu erkennen, die mit ihrer verfänglichen Zahlenangabe mehr und anderes meint als die Kettenlänge (welche das *locker gewunden* noch vorschützen will). Diese Kette *warlich* bindet das Mädchen. Und nichts mehr meint sie, was Alexis erst von der Handelsreise mitbringen könnte. Unter der Myrte schon hat er sie Dora um *Hals* und *Nacken* gelegt.

Blickt man nun, Goethes Forderung an die Leser dieses Gedichts entsprechend, vor und rückwärts und sieht auf „Sinn und Zusammenhang"[69], dann argwöhnt man wohl auch hinter den Worten, mit denen das an der Gartentür wartende Mädchen den Reisenden allererst aufhielt und sich *ein leichtes Kettchen* bestellte, jetzt ein anderes Verlangen, ein (mag sein: ihr selber unbewußtes) andres Eingeständnis und Versprechen:

> ich will es
> *Dankbar bezahlen, schon oft hab' ich die Zierde gewünscht* (69 f.)

Deutlicher wird diese Rolle der Dora im Spiel um *Orangen* und *Feige.* Mag die sexualsymbolische Konnotation des Trennungs-Verses 58 (*Und gelichtet, mit Kraft, trennt sich der Anker vom Sand*) noch zweifelhaft erscheinen, so nun die der Früchte in Doras Garten gewiß nicht mehr.[70]

> *Nimm aus dem Garten noch einige Früchte mit dir!*
> *Nimm die reifsten Orangen, die weissen Feigen* (76 f.)

fordert sie ihn auf, wenn die Kettchen-Bestellung erledigt ist und die Rufe der Schiffer ertönen. So herangereift sind ihre Früchte jetzt, daß sie *leise berührt* schon fallen. Es scheint, als spiegele sich darin das Mädchen selbst, das Alexis lang doch schon kennt; das ihm entzogen blieb durch jene *Binde,* die Amor ihm um die Augen legte (31 f.); das jetzt – ‚herangereift' zu dem, was die Myrten „zu wege bringen" –, vom Myrtenzauber der Liebe berührt, im Augenblick schon ‚fällt'. Wirklich legen im nachhinein die Eifersuchts-Verse diesen Bezug dann frei:

> *Und ein anderer kommt! für ihn auch fallen die Früchte!* (143)

Doppeldeutig bleiben Doras Worte weiterhin beim Früchtespiel. Nur hier in ihrem Garten, nicht mehr auf dem Schiff, auch nicht überall auf seiner Reise kann er bekommen, was sie ihm schenken will:

> *Nimm die reifsten Orangen, die weissen Feigen, das Meer bringt*
> *Keine Früchte, sie bringt jegliches Land nicht hervor.* (77 f.)

---

[69] Vgl. oben S. 66.

[70] Pickering (wie Anm. 41, S. 354), auf ‚Fortuna-Occasio' fixiert, bemerkt das, ohne dem weiter nachzugehen: „die übermäßige Menge der Früchte […] darin kann man Sinnbilder sowohl der erotischen Liebe wie auch der Fortuna sehen, die oft mit Hebe oder Ceres in Beziehung gebracht wird".

Und als ahnte er, worum es da geht, wozu die früchtebrechende neue Eva
ihn bringt, sucht Alexis der Versuchung Herr zu werden:

Oefters bat ich: es sey nun genug! und immer noch eine
Schönere Frucht fiel dir leise berührt in die Hand. (81 f.)

Was das Mädchen da in sein Körbchen ordnet:

Erst die Orange, die schwer ruht, als ein goldener Ball,
Dann die weichliche Feige, die jeder Druck schon entstellet, (86 f.)

gibt so der Myrten-Vers als Sexualsymbole zu erkennen. Bezeichnet die
Feige von altersher den weiblichen Schoß[71], so weisen die Orangen, diese oft als Früchte des Paradiesbaums dargestellten Aurantien (wie in der
griechischen Mythologie die Granatäpfel der Hera, die Liebesäpfel der
Aphrodite, die goldenen Äpfel im Garten der Hesperiden) auf die weibliche Brust. Mit diesen Früchten *lockt* das Mädchen Alexis in ihren Garten; sie fallen für ihn in der Myrtenlaube.[72] Was die Verse der Gartenszene in solcher Weise aufzufassen jedenfalls nahelegen, machen wiederum die Eifersuchts-Verse gewiß, die die *Feige* nun unzweideutig zum
Geschlechtssymbol erklären und überdies mit der jetzt aufgetanen (von
Alexis geöffneten) *Thüre* im nachhinein versichern, durch welche Gartenpforte die wartende Dora ihn mit ihren Früchten unter die der chtho-
nischen Gartengöttin Aphrodite geweihte Myrte lockt:

die Thüre steht wirklich des Gartens noch auf!
Und ein anderer kommt! für ihn auch fallen die Früchte!
Und die Feige gewährt stärkenden Honig auch ihm! (142–144)[73]

Pickering, dem die Binde der ‚Fortuna-Occasio‘ den Blick verdeckt, hat
zu den Eifersuchts-Versen immerhin angemerkt: „Alexis glaubt jetzt,

---

[71] Vgl. Vinzenz Buchheit: Feigensymbolik im antiken Epigramm. In: Rheinisches
Museum für Philologie. NF Bd. 103, 1960, S. 200 ff. – Auch: Handwörterbuch des
deutschen Aberglaubens. Bd. 2, Berlin/Leipzig 1929/30, Sp. 1306.

[72] Parallelstelle in Goethes Knabenmärchen ‚Der neue Paris‘: Das Mädchen Alerte
(die neue Helena), nachdem es mit ihm getanzt hat vor den drei Göttinnen (der neuen
Hera, Athene, Aphrodite), führt den neuen Paris in ihre Gemächer – „in dem einen, wo
sie wohnte, setzte sie mir Orangen, Feigen, Pfirschen und Trauben vor, und ich genoß sowohl Früchte fremder Länder, als auch die der erst kommenden Monate mit
großem Appetit." (‚Dichtung und Wahrheit‘ I 2. – WA I 26, S. 91)

[73] Miteinander verbunden erscheinen die verfänglichen Sinnbilder *Myrthe* und
Orange außerhalb der Elegie nur ein einziges Mal in Goethes Schriften (ich verdanke
diese Feststellung der Hamburger Arbeitsstelle für das Goethe-Wörterbuch). Am
14. 6. 1778 hat er der Charlotte von Stein geschrieben: „Von Tiefurt bring ich Ihnen das
Myrtenreis und die Orange, denn mehr mogt ich nicht von fremdem Tische Ihnen geben. […] Heut will ich allein seyn im Herrn, und um Mittag bey Ihnen. Adieu. Sie werden zärtlich geliebt." (WA IV 3, S. 230) – Was mag er, mag sie dabei sich gedacht haben?

daß er damals in den Garten gelockt wurde. Die Szene V. 64 f. war (man darf es aber erst jetzt sagen) eine diskret verschleierte Verlockungsszene. Fortuna winkt ihren Günstlingen (Opfern). Sie galt als Verführerin oder gar als Meretrix (V. 147)."[74] Rüdiger dann bestätigt und verstärkt diesen Eindruck, indem er die Dora-Figur vorgebildet sieht in der dirnenhaften ‚Occasio' des Goetheschen Entwurfs zur IV. Römischen Elegie[75]:

> Kennt ihr die Dirne mit lauerndem Blick und raschen Geberden?
> Die Schalkin, sie heißt Gelegenheit; lernt sie nur kennen! […]
> Einst erschien sie dem Knaben, ein bräunliches Mädchen, die Arme,
> Nacken und Busen und Leib nicht allzu sittig verhüllt.

Aber gerade das ist Dora nicht, oder ist sie nicht mehr. Keine lauernd-absichtsvolle, sondern eine arglos-unbewußte Verführerin lockt den Alexis hier zur Laube. Und ihre Orangen, diese Paradiesäpfel einer neuen Eva, fallen noch nicht (oder: fallen nicht mehr) unter das biblische Verdikt. Denn hier geschieht das gleichermaßen Natürlich-Notwendige, Menschlich-Schöne und Göttlich-Gebilligte. Schon wenn am Ende der der Aphrodite geheiligte Zweig das Körbchen mit ihren Früchten schmückt,

> *Und mit Myrthe bedeckt ward und geziert das Geschenk* (88),

scheint das Geschenk der körperlichen Hingabe verherrlicht und gutgeheißen zugleich durch die Göttin der Liebe. Wenn aber über den Liebenden auch noch dreifach der Donner ertönt (96, 110), mit dem der homerische Göttervater sein glückverheißendes Zustimmungszeichen gibt[76], wird damit, unzweifelhaft nun, diese Gartenszene zugleich als antikisierende Kontrafaktur zur Bibelerzählung vom Sündenfall bezeichnet, nach dem die Beschämten sich unter den Bäumen des Paradiesgartens doch verbergen mußten vor dem Angesicht des Herrn.

Wie die *Bilder der Hoffnung* (135), so entspringen auch die Eifersuchtsimaginationen des Davonfahrenden (139–145) dem, was in der Myrtenlaube geschah; *doppelt erfreulichen Sinn* gibt das *Wort, das die Bedeutung verwahrt,* auch noch den letzten Versen des Alexis-Monologs:

> *Ja ein Mädchen ist sie! und die sich geschwinde dem einen*
> *Giebt, sie kehret sich auch schnell zu dem andern herum.*

---

[74] Wie Anm. 41, S. 355.
[75] Vgl. Anm. 52.
[76] Vgl. Odyssee XX, 98 ff., auch Pindar, Pythien IV, 23 und 193 f. oder Vergil, Aeneis VII, 141 f. – Dazu Manfred Beller: Jupiter Tonans. Studien zur Darstellung der Macht in der Poesie. Heidelberg 1979, insbesondere S. 22.

Lache nicht diesmal, o Zevs! der frechgebrochenen Schwüre!
Donnere schrecklicher! triff! – halte die Blitze zurück!
Sende die schwankenden Wolken mir nach! im nächtlichen Dunkel
Treffe dein leuchtender Blitz diesen unglücklichen Mast.
Streue die Planken umher und gieb der tobenden Welle
Diese Waaren, und mich gieb den Delphinen zum Raub. (147–154)

Alexis weiß, was man vom Göttervater berichtet. Der über die Heiligkeit der Verträge wacht und den Meineid mit seinem Donnerkeil bedroht, ist doch geneigt, den Treubruch der Liebenden lächelnd hinzunehmen.

aut fallat blanda sordida lingua fide.
etsi perque suos fallax iuravit ocellos
Iunonemque suam perque suam Venerem,
nulla fides inerit: periuria ridet amantum
Iuppiter et ventos inrita ferre iubet

heißt es bei Tibull.[77] Und das soll diesmal nicht gelten. Den Donner, der zuvor ihren Liebesbund bekräftigte (96, 110), und den Blitzschlag des Göttervaters fleht Alexis jetzt als schreckliche Strafe auf das Haupt des Mädchens herab, das er in Eifersuchtsverzweiflung schon dem nächsten zugewendet sieht. Aber mitten im Pentameter noch, gleichsam im letzten Augenblick, reißt er den auf die Treubrüchige niederfahrenden Donnerkeil herüber auf das eigene Schiff:

Donnere schrecklicher! triff! – halte die Blitze zurück!
Sende die schwankenden Wolken m i r nach! im nächtlichen Dunkel
Treffe dein leuchtender Blitz diesen unglücklichen Mast. (150–152)

Allererst die Leseanweisung, welche der Myrten-Vers birgt, gibt zu verstehen, worum Alexis jetzt bittet. So hat die Rezeptionsgeschichte dieser Elegie, die das *Rätzel* ungelöst ließ, hier folgerichtig in ein groteskes Mißverständnis geführt. Schiller meinte, es habe der Autor in der Eifer-

---

[77] Tibull III 6, 46 ff. (Tibull und sein Kreis. Übersetzt von Wilhelm Willige. München 1960, S. 111: ,Leiht eines schmeichelnden Munds trügendem Wort nicht Gehör! / Hat sie euch auch bei den eigenen Augen heuchelnd geschworen, / Ob sie auf Juno sich gar oder auf Venus beruft, / Treue gibt's nicht dabei: es belacht der Liebenden Meineid / Juppiter, ja, er befiehlt, daß ihn die Winde verwehn.') – in der ,Ars amatoria' (I 631 ff.) hat Ovid das wiederholt: „nec timide promitte: trahunt promissa puellas; / pollicito testes quoslibet adde deos. / Iuppiter ex alto periuria ridet amantum / et iubet Aeolios inrita ferre Notos." (Publius Ovidius Naso. Liebeskunst. Übersetzt von W. Herzberg. München 1964, S. 51: ,Sei im Versprechen nicht scheu; mit Versprechungen lockt man die Mädchen. / Ruf zu Zeugen des Schwurs Götter, so viel du nur willst. / Jupiter lacht aus der Höh' ob des Meineids eines Verliebten, / Läßt vom Äolischen Süd wehn in die Lüfte den Schwur.') – Vgl. auch Erasmus, Adagia II 4, 90 (,Venereum iusiurandum') und Shakespeare, ,Romeo and Juliet' II ii, 92 f.

suchtswut des Alexis „das Glück so schnell durch die Furcht wieder verschlingen laßen"[78], und diese wirkungsmächtige These verhinderte offenbar jene „sukzessive Entfaltung eines im Werk angelegten [...] Sinnpotentials", auf die die Rezeptionsästhetik baut[79]:

Düntzer (1858) – „Aber wie könnte er [Alexis] Verderben auf das geliebte Mädchen, was sie auch immer verbrochen, herabrufen! ihn möge dann eher sammt dem Schiffe der Blitzstrahl vernichten."[80]

Schallehn (1930) – „Zuvor hat Zeus aus heiterer Luft gedonnert, glückverheißend, zur Bekräftigung der Liebeschwüre; jetzt soll er schrecklicher donnern, als Rächer der ‚frechgebrochenen Schwüre'. So ist es zunächst Ausdruck höchster Eifersucht, die dann, in Verzweiflung umschlagend, die eigene Vernichtung begehrt."[81]

Vietor (1949) – „Wie das Schiff nun den Einsamen immer weiter von der Geliebten entführt, wächst sein Verlangen, das verlorene kurze Glück, das ihn so unerwartet betroffen hat, zu halten, es zu sichern als Bräutigam, als Ehemann. Aber nun erwacht die Sorge, die Eifersucht, und droht ihn zu zerreißen; und das ist eine neue, äußerste Steigerung, die zur Verzweiflung, zum Tode drängt."[82]

Liest man die Verzweiflungs-Verse so aufmerksam, wie es der Autor für sein „obligates Werk" verlangte, bemerkt man unschwer, daß von alledem hier gar nicht die Rede ist. Sehr dezidierte Wünsche richtet der Eifersüchtige an den Donnergott: Die *schwankenden Wolken* zwar soll er ihm nachsenden, aber den Blitz dann auf den Schiffsmast schleudern; den tobenden Wellen soll er zwar die Waren des Handelsschiffs preisgeben, aber auch nur die Waren –: *und mich gieb den Delphinen zum Raub.*

Kunstvoll *verschränkt* wiederholt sich damit im Schlußwort des Alexis das Eingangsmotiv des Gedichts:

Ach! unaufhaltsam strebet das Schiff, mit jedem Momente,
   durch die schäumende Fluth, weiter und weiter hinaus!
Lange Furchen hinter sich ziehend, worinn die Delphine
   Springend folgen, als flöh ihnen die Beute davon. (1–4)

Was hier, aus der Perspektive der am Land Zurückgebliebenen gesprochen, noch als Sinnbild i h r e r verlangenden Sehnsucht erscheint, steht

---

[78] Wie Anm. 31.
[79] Wie Anm. 36.
[80] Heinrich Düntzer: Goethes lyrische Gedichte. Elberfeld 1858, Bd. 2, S. 67.
[81] Franz Schallehn: Ursprung und Entstehung der Elegie ‚Alexis und Dora'. In: Jahrbuch der Goethe-Gesellschaft, Bd. 16, 1930, S. 180. – Ebenso Hermann Baumgart (Goethes lyrische Dichtung in ihrer Entwicklung und Bedeutung. Bd. 2, Heidelberg 1933, S. 101): „Er ruft die Rache der Götter auf die Ungetreue herab; nein! ihn selbst sollen sie vernichten."
[82] Karl Vietor: Goethe. Dichtung, Wissenschaft, Weltbild. Bern 1949, S. 159.

nun am Ende der Elegie für des Alexis Verlangen – das doch beileibe nicht „zum Tode drängt" und „die eigene Vernichtung begehrt." Ein einziges Mal in Goethes Schriften findet sich ein Delphin-Bericht, der dem Sinn der Eingangsverse entspricht. Von seiner Seereise Messina – Neapel (13. Mai 1787) berichtet er, daß Delphine das Schiff begleiteten: „Mich deucht, sie hatten das aus der Tiefe und Ferne ihnen als ein schwarzer Punct erscheinende Schwimmgebäude für irgendeinen Raub und willkommene Zehrung gehalten. Vom Schiff aus wenigstens behandelte man sie nicht als Geleitsmänner, sondern wie Feinde: einer ward mit dem Harpun getroffen, aber nicht herangebracht."[83] Aber im Ernst hat dieser Seefahrer doch niemals den Delphin mit einem Haifisch verwechselt. Aus den mittelmeerischen Sagen wußte er sehr wohl, was es heißt, schiffbrüchig „Delphinen zum Raub" zu fallen. Eine Federzeichnung von seiner Hand, wohl bald schon nach der Italienreise entstanden[84], zeigt einen nackten Jüngling – rittlings auf dem Delphin [vgl. nebenstehende Abbildung 4]. Nach dem Muster einer Tarentiner Münze stellt sie wahrscheinlich den Taras dar, Namensgeber und Schutzpatron von Tarent, der nach einer weit verbreiteten Legende vom Delphin aus einem Schiffbruch gerettet und an die Küste getragen wird.[85] Vielfach haben griechische Märchen und Sagen von solchen Rettungswundern berichtet.[86] Die Erzählung vom Enalos, der sich aus Sehnsucht nach seiner Geliebten ins Meer stürzt und den ein Delphin dann nach Lesbos

---

[83] Italienische Reise. WA I 31, S. 224 f.

[84] Datierungsindizien: Goethes handschriftliche Notizen auf diesem Folioblatt stehen im Zusammenhang mit seinem ‚Versuch die Metamorphose der Pflanzen zu erklären' (1790). Auf der Rückseite: Entwurf zur V. Römischen Elegie (vgl. Gerhard Femmel: Corpus der Goethezeichnungen. Bd. VI A, Leipzig 1970, S. 18).

[85] Zu den Tarentiner Delphinreiter-Münzen in Goethes Besitz vgl. Christian Schuchardt: Goethe's Kunstsammlungen. 2. Theil, Jena 1848, S. 242, Nr. 20/21. – Die Taras-Zuschreibung bei Hermann Kuhn: Geprägte Form. Goethes Morphologie und die Münzkunst. Weimar 1949, S. 29. Möglich auch, daß alte Münze und Zeichnung den Phalanthos meinen, der nach einer anderen Version das alte Taras (Tarent) gegründet hat und von dem die gleiche Rettung durch einen Delphin berichtet wird (dazu Peter R. Franke und Max Hirmer: Die Griechische Münze. München 1964, Tafeln 102–109 und Text S. 80 f.). Offenbar unrichtig die Deutung des Goetheschen Delphinreiters als Darstellung des Arion durch Johannes Walther (der die Zeichnung auf Goethes Aufnahme in die Kaiserl. Leopoldinische Deutsche Akademie der Naturforscher zu Halle bezog, bei der er 1818 den Beinamen ‚Arion' erhielt: Goethe als Seher und Erforscher der Natur. Leipzig 1930, S. 6), ebenso durch Ludwig Münz (Goethes Zeichnungen und Radierungen. Wien 1949, S. 70) und wieder durch Femmel (wie Anm. 84). – Ich habe diese Hinweise Horst Umbach und der Hamburger Arbeitsstelle für das Goethe-Wörterbuch zu danken.

[86] Stellenangaben in Pauly/Wissowas Realencyclopädie der classischen Altertumswissenschaft. Bd. IV 2, Sp. 2505 f.

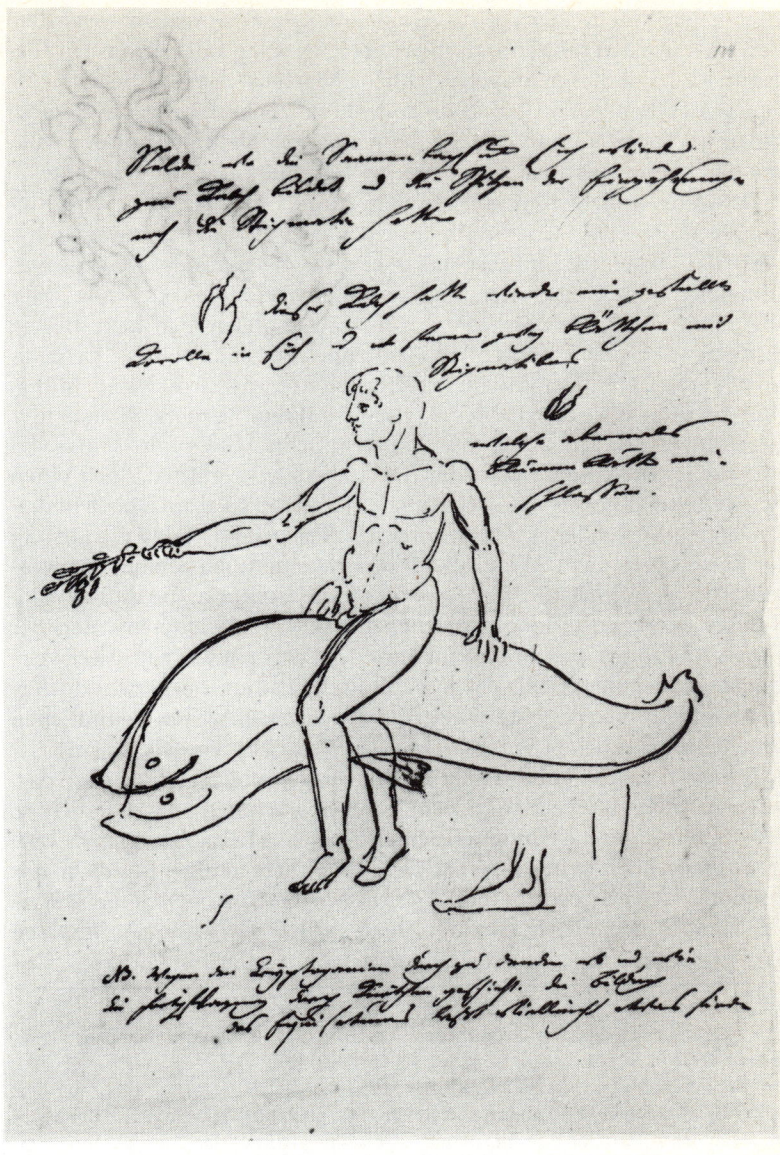

4. DELPHINREITER. Goethesche Federzeichnung, mit Notizen
zur ‚Metamorphose der Pflanzen‘, wohl 1789/90.

trägt[87], mag Goethe gar vor Augen gehabt haben. Gewiß aber war dem Verfasser wie den zeitgenössischen Lesern der Elegie die Arion-Sage bekannt, nach der dieser „unvergleichliche Musicus", den die Schiffsleute und seine Diener mit dem Tode bedrohten, „behertzt mit samt seiner Cithar ins Meer" sprang, „da ihn denn einer der Delphine auf den Rükken nahm, und also an das Taenarische Vorgebürge ans Land brachte."[88]

Daß Alexis solche Kenntnis mit dem Autor teile, verrät die Elegie mit keinem Wort. Hätte Goethe aber gewollt, daß man die Verzweiflungs-Verse des Liebenden im Ernst als Todeswunsch verstünde, käme dessen Stoßgebet zum Göttervater, ausgerechnet *den Delphinen zum Raub* überantwortet zu werden, einem Kunstfehler gleich, den man diesem Autor mit dem „realistischen Tic" kaum doch zutrauen sollte.[89] Denn allemal verheißt der Delphin im Schiffbruch Rettung, nicht Vernichtung. Und er wußte, daß seine Leser das wissen mußten.[90] Unterstellt man hingegen, daß der theatralische Selbstvernichtungsdonner seines im Eifersuchtsparoxysmus rasenden Liebhabers in Wahrheit doch einen verzweifelten Rettungswunsch signalisiere, dann wird auch noch in diesen letzten Versen jener *doppelt erfreuliche Sinn* offenbar, den die Lösung des Rätsels verspricht. Wenn aber Rückkehr eigentlich gemeint ist, weshalb dann *den Delphinen zum Raub?* Erst die Irritation, die diese Worte anfangs bewirken, ermöglicht jenen Prozeß des Verstehens, den der „versetzte Prolog" beschreibt: Erkennt der Leser am Ende im Verzweiflungsausbruch des Alexis das hyperbolische Pathos, im Bericht des Erzählers die Ironie verstellter Rede und durchschaut so den freundlichen Sinn des schrecklichen Verses – *dann heitert sich jedes Gemüth auf* (29).

Zehn Jahre nach der Elegie hat Goethe im Festspiel ‚Pandora' eben das, wonach Alexis hier verlangt, dem Sohn des Prometheus zugedichtet, dem Phileros, der die Pandora-Tochter Epimeleia liebt. *Er ist götterbekräftigt der Bund,* heißt es in ‚Alexis und Dora' (112); „ein heil'ger Bund", in der ‚Pandora', „er ist geschlossen."[91] *Ja ein Mädchen ist sie! und die sich geschwinde dem einen / Giebt,* fürchtet Alexis, *sie kehret sich auch schnell zu dem andern herum* (147 f.); „Was sie innig gereicht", wiederholt Phileros, „Ge-

---

[87] Plutarch, conv. sept. sap. c. 20; de soll. anim. c. 36.

[88] Benjamin Hederich: Gründliches Lexicon Mythologicum. Leipzig 1724, Sp. 349 f. – Von Goethe benutzt; 1796 in seinem Besitz.

[89] An Schiller, 9. 7. 1796 (WA IV 11, S. 121).

[90] Tatsächlich bemerkt hat das, soweit ich sehe, doch nur Pickering, und der bleibt unentschlossen: „Alexis überbietet sich – Delphine als Raubtiere ist wohl eine Umkehrung ihrer herkömmlichen Rolle. Fällt Alexis den Delphinen zum Raub, dann müßten sie ihn wohlbehalten wieder ans Land bringen. Darin und in dem ans Bänkelsängerische streifenden Bild des treulosen Weibs erblicke ich schon eine nicht unbedeutende ‚Abbiegung des Tragischen'." (wie Anm. 41, S. 355, zu V. 150 f.)

[91] WA I 50, S. 321, V. 520 f. – Die folgenden ‚Pandora'-Zitate werden nur durch ihre Verszahl bezeichnet.

währt sie dem Zweiten – dem Dritten vielleicht." (459 f.) Er, scheint es, hat im Garten wahrhaftig gesehen, was dem eifersüchtigen Alexis nur die *Sorge* vor Augen rückt. Epimeleia:

Angelehnt war ihm die Gartenpforte,
Das gesteh' ich, warum sollt' ich's leugnen?
Unheil überwältigt Scham. – Ein Hirte
Stößt die Tür an, stößt sie auf, und forschend,
Still verwegen, tritt er in den Garten,
Findet mich, die Harrende, ergreift mich,
Und im Augenblick ergreift ihn jener,
Auf dem Fuß ihm folgend. (542 ff.)

Rasend vor Verzweiflung, sucht Phileros die vermeintlich Treubrüchige zu töten, jagt sie mit dem Beil in der Hand durch den Garten, bis die Väter sie in ihren Schutz nehmen; eilt dann zum Meer herab, wo er

verzweiflend, liebetrunken,
Rachetrunken, schwer gescholten
In die nachtumhüllten Fluten
Sich vom Felsen stürzete. (981 ff.)

Aber der hier tatsächlich „die eigene Vernichtung begehrt" (Phileros: „ich suche den Tod", 486), hebt sich wieder aus den Wellen. Fischer suchen ihm zu helfen –

Ja Delphine drängen gleitend
Zu der Schar sich, der bewegten,
Tauchen auf und heben tragend
Ihn, den schönen Aufgefrischten.
Alles wimmelnde Gedränge
Eilet nun dem Lande zu. (1009 ff.)

Und den von den menschenfreundlichen Delphinen Geretteten vereint am Ende die Liebe wieder mit Epimeleia:

Aus den Fluten schreitet Phileros her,
Aus den Flammen tritt Epimeleia;
Sie begegnen sich, und eins im andern
Fühlt sich ganz und fühlet ganz das andre. (1053 ff.)

Eingebettet in andere Zusammenhänge, transformiert in eine andere Gattung, übersetzt in andere Verse und offenbar deshalb nicht wahrgenommen, verdeutlicht diese bemerkenswert genaue Wiederholung der ‚Alexis und Dora'-Konstellation die verschwiegene Absicht am offenen Ausgang der Elegie. Um eben das, was dem Phileros zuteil wird, ruft in Wahrheit auch der liebend-verzweifelte Alexis hier den Göttervater an.

Diese Delphine aber, auf die er in Blitzschlag und Schiffbruch vertraut, die ihn zurückretten müßten ans Land, in den Garten, in die Arme des Mädchens, sind der dem Meer entsprungnen Aphrodite zugeordnet in der griechischen Mythologie[92]: die heiligen Tiere der Myrtengöttin. Gibt so der vermeintliche Todeswunsch des Alexis als das Verlangen nach Rückkehr zu Dora sich zu erkennen, erfüllt sich tatsächlich, was der Prolog verspricht, und *heitert sich jedes Gemüth auf.* Wie die *Bilder der Hoffnung*

> *Warlich es soll zur Kette werden das Kettchen, o Dora!*
> *Neunmal umgebe sie dir, locker gewunden, den Hals* (117 f.)

> *Du sitzest und nähest und kleidest*
> *Mich und dich und auch wohl noch ein drittes darein* (133 f.)

so zeigen sich am Ende die Eingebungen der *Sorge*

> *Und ein anderer kommt! für ihn auch fallen die Früchte!*
> *Und die Feige gewährt stärkenden Honig auch ihm!* (143 f.)

und schließlich der von *Hoffnung* und *Sorge* hervorgetriebene, verzweifelte Rückkehrwunsch

> *Streue die Planken umher und gieb der tobenden Welle*
> *Diese Waaren, und mich gieb den Delphinen zum Raub* (154 f.)

gleichermaßen begründet aus dem, was in der Laube geschah. Folgt aber der *doppelt erfreuliche Sinn,* der das ganze Gedicht nun bestimmt, auf diese Weise aus dem Myrten-*Wort, das die Bedeutung verwahrt,* bestätigt sich damit am Ende die Lösung des *künstlich mit Worten verschränkten* Rätsels.

„Das ‚Urteil der Jahrhunderte' über ein literarisches Werk ist mehr als nur ‚das angesammelte Urteil anderer Leser, Kritiker, Zuschauer und sogar Professoren', nämlich die sukzessive Entfaltung eines im Werke angelegten, in seinen historischen Rezeptionsstufen aktualisierten Sinnpotentials, das sich dem verstehenden Urteil erschließt, sofern es die ‚Verschmelzung der Horizonte' in der Begegnung mit der Überlieferung kontrolliert vollzieht."[93] Dieser Kernsatz des Jauß'schen Entwurfs einer Rezeptionsästhetik erscheint mir revisionsbedürftig – es sei denn, die vage Bedingung, daß das verstehende Urteil die „Begegnung mit der Überlieferung" (gemeint: vorausgehender Urteile über ein Werk) „kon-

---

[92] Vgl. Pauly/Wissowa (wie Anm. 86), Sp. 2509. – Ein Delphin hat die Liebesgöttin nach ihrer Geburt bei Paphos ans Land getragen (Nonnos Dionysiaka XIII 439 f.); bei Ovid verwandelt sie selbst sich in den Fisch (met. V 331).
[93] Wie Anm. 36, S. 186.

trolliert"zu vollziehen habe, beziehe sich auf dieses Werk als Kontrollinstanz. Und ob das hier noch gemeint sei, ist mir zweifelhaft. Wenn Jauß an anderer Stelle zum „Spektrum der Reaktionen des Publikums und des Urteils der Kritik" auch ein „allmähliches oder verspätetes Verständnis" rechnet, bleibt unbestimmt, ob damit nicht nurmehr ein ‚Verständnis für', ein vages Zustimmungsverhältnis zu einem Werk bezeichnet ist. Eindeutig formuliert er hingegen, daß die rezeptionsästhetische Theorie es erlaube, „Sinn und Form des literarischen Werks in der geschichtlichen Entfaltung seines Verständnisses zu begreifen."[94] Er versteht, in Anlehnung an Gadamers Hermeneutik, den Sinn eines Textes als ein im Werk angelegtes „Sinnpotential", das sich allererst im Akt des Hörens oder Lesens realisiert. Bestimmt er daraufhin aber die Rezeptionsgeschichte als dessen „sukzessive Entfaltung", läßt sich das zwar mit dem Vorgang des in irgendeinem Sinn adäquaten Verstehens theoretisch vereinbaren. An der Möglichkeit des Mißverständnisses durch einen Rezipienten und dessen sukzessiver Entfaltung jedoch scheitert das Verständnis der Rezeptionsgeschichte als der Entfaltung eines „im Werke angelegten" Sinnpotentials.[95]

Eckhard Lobsien[96] hat „die These von der Entfaltung des Sinnpoten-

---

[94] Wie Anm. 36, S. 177 und 189. – In einem Aufsatz ‚Geschichte der Kunst und Historie' (wie Anm. 36, S. 243) hat Jauß 1970 eine Bemerkung nachgetragen, die das hier aufgeworfene Problem berührt. Die jetzt halbherzig zugestandene „anfängliche Bedeutung oder Problemstruktur des Werks, durch die als ihr inhaltliches Apriori alle später erfüllten Bedeutungen bedingt sind und vor der als ihrer ersten Instanz sie sich ausweisen müssen", wird jedoch ausdrücklich zu einer „allen Transformationen vorausliegenden Sprach- und ‚Literaturfähigkeit' " zurückgestuft – vor deren „Instanz" sich „ausweisen" zu müssen, auch den Mißverständnissen keine Mühe machen dürfte.

[95] Hans-Georg Gadamer (Wahrheit und Methode. 4. Aufl. Tübingen 1975) hat im Zusammenhang seiner Erörterung der Schleiermacherschen Hermeneutik das Problem ‚Mißverständnis' zwar berührt (S. 173 ff.) und an anderer Stelle erklärt: „Alle rechte Auslegung muß sich gegen die Willkür von Einfällen und die Beschränktheiten unmerklicher Denkgewohnheiten abschirmen und den Blick ‚auf die Sachen selber' richten (die beim Philologen sinnvolle Texte sind, die ihrerseits wieder von Sachen handeln)." (S. 251) Aber daß Hannelore Link (Rezeptionsforschung. Stuttgart 1976, S. 125) ihm die „Gleichsetzung des Sinnes mit der Summe historisch erfolgender Sinngebungen" unterstellt, wird durch seine „Erhebung der Geschichtlichkeit des Verstehens zum hermeneutischen Prinzip" (S. 250 ff.) jedenfalls nahegelegt. Nicht zuletzt wohl über seine Rehabilitation des Vorurteils (S. 263 f.) tritt ihm die Möglichkeit fortgesetzten Mißverstehens eines Werkes aus dem Blick; „Die Ausschöpfung des wahren Sinnes aber, der in einem Text oder in einer künstlerischen Schöpfung gelegen ist," erscheint als ein „unendlicher Prozeß. Es werden nicht nur immer neue Fehlerquellen ausgeschaltet, so daß der wahre Sinn aus allerlei Trübungen herausgefiltert wird, sondern es entspringen stets neue Quellen des Verständnisses, die ungeahnte Sinnbezüge offenbaren." (S. 282)

[96] Die rezeptionsgeschichtliche These von der Entfaltung des Sinnpotentials. Am Beispiel der Interpretationsgeschichte von James Joyces ‚Ulysses'. In: Rezeptionsge-

tials als einen Angelpunkt der Rezeptionsgeschichte" bezeichnet, mit
vollem Recht, und das in ihr beschlossene Theorem mit den Sätzen entfaltet: „Was der Text ist, wird erst im Laufe seiner Rezeptionsgeschichte
sichtbar, [...] alles in allem gewinnt er so etwas wie eine Identität erst im
Durchgang durch die Folge seiner Auslegungen." Läßt man einen Text
aber Identität erst dadurch gewinnen, daß sich im Textverständnis der
Rezipienten konkretisiert oder artikuliert, „was in den Texten zwar angelegt, aber so nicht explizit gemacht ist", dann muß man schließen, daß
ein Text identisch sei mit der Summe seiner Auslegungen. In dieser
Theorie hat die Möglichkeit des Mißverständnisses keinen Raum. Lobsien spricht zwar noch von denkbaren „Fehlentwicklungen und Umwe-
gen" bei der Entfaltung des Sinnpotentials. Aber er reduziert sie auf bloße Irritationen, indem er dekretiert, die Zahl „der abwegigen Konkretisationen [...] dürfte zwar mit dem Umfang des Volumens der Interpretationen wachsen; zugleich müßten sich diese Störelemente aber durch die
Ausbildung reflexiver Mechanismen in Form von Rezeptionsgeschich-
ten bestimmter Rezeptionen wiederum mit wachsender Sicherheit aus-
sondern lassen." Wie man sich freilich am eigenen Zopf aus dem Sumpf
ziehen sollte, durch welches Verfahren nämlich die „abwegigen Konkretisationen" als solche noch festgestellt und ausgesondert werden könnten, nachdem man auf den allererst in solchen Konkretisationen zu seiner Identität gelangten Text zu deren Überprüfung folgerichtig nicht
mehr reflektieren kann, bleibt notwendigerweise offen. Im übrigen för-
dert in Lobsiens nachgestellter Probe aufs Exempel die Interpretationsgeschichte (Beispiel: ‚Ulysses') genau das doch zutage, was ein auf die
These von der Entfaltung des Sinnpotentials gegründeter rezeptions-
theoretischer Ansatz verspricht. Sie stößt auf wechselseitig einander
ausschließende Deutungen, die den im Text angelegten Sinn „keineswegs entfalten, sondern jeweils neu und mit einem deutlichen Anspruch
auf hermeneutische Alleinvertretung auf Kosten ihrer Vorläufer formu-
lieren", also durchaus nicht „zu einer vernünftigen Summe addiert oder
auf einen gemeinsamen Nenner reduziert werden können, was in Konsequenz der Entfaltungsthese möglich sein müßte": „Die Rezeptionsgeschichte qua Interpretationsgeschichte zeigt nicht, was der Text ist, sondern was mit ihm alles zu machen ist."
   Eine Rezeptionstheorie aber, welche die Kontrollinstanz des vorgegebenen Werkes verabschiedet und die Kategorien ‚Unverständnis' und
‚Mißverständnis' folglich nicht mehr einbringt in ihr System[97], müßte

---

schichte oder Wirkungsästhetik. Hrsg. von Heinz-Dieter Weber. Stuttgart 1978,
S. 11 ff. Die folgenden Zitate dort S. 14 und 25 f.
[97] Theoretische Ansätze und empirische Bemerkungen dazu bei Gunter Grimm:
Rezeptionsgeschichte. Grundlegung einer Theorie. München 1977, insbes. S. 239 ff.

am Ende die Gleich-Gültigkeit aller Deutungen vor dem Werk dekretieren. Gerade diese Egalisierungstendenz des rezeptionsästhetischen Ansatzes mag freilich einen seiner Empfehlungsgründe darstellen; es entspreche „die Aktualität der Wirkungsgeschichte dem heutigen Abbau des Autoritätsprinzips zugunsten einer Demokratisierung in allen Lebensbereichen", weiß Mandelkow zu rühmen; „Der bisher als außerwissenschaftlich oder vorwissenschaftlich diskreditierten Rezeption der Literatur wird das ihr durch die Literaturwissenschaft vielfach abgestrittene Recht der Mitsprache eingeräumt."[98] Aber wer immer da mitspricht: ist es ‚im Grund der Herren eigner Geist, in dem die Werke sich bespiegeln', dann erscheint die kritische Analyse von Rezeptionsgeschichte als Mittel des Einblicks in den Geist einer Zeit vornehmlich dort doch aufschlußreich, wo sie aufs Unverständnis oder Mißverständnis ihr Augenmerk richtet. Denn wie ein angemessenes Verständnis uns in der Regel eher über das Werk belehrt, belehren Mißverständnisse und deren externe Ursachen vor allem über die Leser.

Setze ich für die hier vorgetragene Lösung des ‚Alexis und Dora'-Rätsels Zustimmungszwang voraus, erscheint es nahezu unbegreiflich, daß über fast zwei Jahrhunderte hin in keinem der zahlreichen, durch Gesprächsaufzeichnungen und Briefe, Untersuchungen und Kommentare überlieferten Rezeptionszeugnisse die Elegie auf diese Weise verstanden worden ist. Das mag zwar damit zusammenhängen, daß man die Rätsel-Verse 25–29 nicht etwa (wie erst Pickering 1958 vorschlug) als „versetzten Prolog", sondern (wie von Schlegel, Charlotte v. Kalb und Körner bezeugt[99]) als Rede des Alexis aufgefaßt, nur eine „kleine Ungeschicklichkeit" darin gesehen und sie deshalb keiner sonderlichen Beachtung für wert gehalten hat. Es fehlte wohl tatsächlich, wie Goethe meinte, „Hörern und Lesern eigentlich an der Aufmerksamkeit [...], die ein so obligates Werk verlangt."[100] Aber das allein reicht zur Erklärung kaum aus. „Das Mißverstehen ist entweder Folge der Übereilung oder der Befangenheit", heißt es in Schleiermachers ‚Hermeneutik', wo diese Rezeptionskategorie sehr wohl noch bedacht wurde; „Jene ist ein einzelner Moment. Diese ist ein Fehler, der tiefer steckt. Es ist die einseitige Vorliebe für das, was dem einzelnen [gemeint offenbar: eigenen] Ideenkreis naheliegt, und das Abstoßen dessen, was außer demselben liegt."[101] In der Tat erweist die Rezeptionsgeschichte der Elegie, daß die Einsicht in den hier dargelegten Sachverhalt blockiert wurde durch eine

---

[98] Karl Robert Mandelkow: Probleme der Wirkungsgeschichte. In: Jahrbuch für Internationale Germanistik, Jg. 2, 1970, S. 84.

[99] Vgl. oben S. 68.

[100] Vgl. oben S. 66.

[101] F. D. E. Schleiermacher: Hermeneutik und Kritik. Hrsg. von Manfred Frank. Frankfurt a. M. 1977, S. 93.

dezidierte Fehldeutung, die schwerlich anders als durch solche „Befangenheit" erklärt werden kann.

Auch sie hat offenbar in Schillers folgenreicher Äußerung ihren Ursprung. „Die Idylle hat mich beym zweyten Lesen so innig, ja noch inniger als beym ersten bewegt", schrieb er am 18. Juni 1796. „Gewiß gehört sie unter das schönste, was Sie gemacht haben, so voll Einfalt ist sie, bey einer unergründlichen Tiefe der Empfindung. [...] Es würde schwer seyn, einen zweyten Fall zu erdenken, wo die Blume des Dichterischen von einem Gegenstande so rein und glücklich abgebrochen wird."[102] Das war nichts anderes, als die kurzgefaßte Anwendung seiner (im Jahr zuvor veröffentlichten) Schrift ‚Ueber naive und sentimentalische Dichtung' auf den praktischen Fall einer ‚naiven Idylle'. Mit „Innigkeit", so hatte er dort erklärt, „mit der wärmsten Empfindung" fassen wir eine auf „möglichst vollständige Nachahmung des Wirklichen" gegründete „poetische Darstellung unschuldiger und glücklicher Menschheit" auf, die durch „innere Nothwendigkeit", „Wahrheit" und „Schönheit", durch „Unschuld und Einfalt" bestimmt ist.[103] Diese Schillerschen Kategorien haben das ‚Alexis und Dora'-Verständnis der Späteren präformiert. Herausgelöst aus dem theoretischen Zusammenhang seiner Reflexionen, der sie terminologisch definierte, verloren sie dabei ihre spezifische Bedeutung und förderten mit dem Gewicht der Schillerschen Autorität nun eine Auffassung der Elegie, welche die Einsicht in den vom Myrten-Vers verwahrten doppelt erfreulichen Sinn des Gedichts gründlich verstellte. Hehns Kommentar von 1911 ist dafür sehr bezeichnend. Mit ‚Alexis und Dora', erklärt er, „befinden wir uns, wie gesagt, ganz in jener naiven, unbefleckt humanen Sitten- und Empfindungssphäre, in der ‚Hermann und Dorothea' atmet."[104] Schiller hatte in seiner Abhandlung die dichterische Darstellung dessen, was nach den Vorstellungen seiner Zeit „gegen die guten Sitten" und „Gesetze des Anstands" verstieß, noch keineswegs grundsätzlich verworfen, hat sie vielmehr dort als „schön, edel, und ohne Rücksicht auf alle Einwendungen einer frostigen Decenz beyfallswürdig" begriffen und „Freyheiten dieser Art" dort zugebilligt, wo das menschliche Verhalten den „naiven Ausdruck wahrer und schöner Natur" bildet.[105] Sein darauf gemünzter Begriff einer „natürlichen Unschuld" aber hat sich aus der „naiven unbefleckt humanen Sitten- und Empfindungssphäre" Hehns verloren. Allemal bestimmen „Gesetze des Anstands" nicht nur die Werturteile über Dichtungen, sondern regeln

---

[102] Wie Anm. 31.
[103] Wie Anm. 16, Bd. 20, S. 430, 437, 467, 414, 417, 428, 429 u. ö.
[104] Viktor Hehn: Über Goethes Gedichte. Stuttgart/Berlin 1911, S. 283.
[105] Wie Anm. 16, Bd. 20, S. 462, 464.

sie auch ihr Verständnis. Und da man sich über die *seltne Verknüpfung der zierlichen Bilder* doch freuen konnte, auch ohne das Wort zu entdecken, *das die Bedeutung verwahrt,* hinderten sie hier die Wahrnehmung dessen, was offensichtlich als Verstoß „gegen die guten Sitten" erschien. Im Unverständnis des Myrten-Verses übte man die gleiche Verdrängungspraxis, die Kleinpaul 1888 am Beispiel des hochzeitlichen Myrtenschmucks begriffen hat: „Wenn ein Myrtenkranz das Zeichen der Braut an ihrem Hochzeitstage ist, so soll derselbe nicht etwa die Jungfrauschaft oder die Keuschheit der Braut anzeigen. Umgekehrt, die Blume der Venus soll bedeuten, dass das junge Weib bereit ist, auf dem Altar der Liebesgöttin die Jungfrauschaft zu opfern [...]. Unsere jungen Damen fühlen diese Symbolik, durchdringen sie aber nicht, und so gelingt es ihnen, durch die Blume Dinge zu sagen, die, gerade herausgesagt, gelindes Entsetzen bereiten würden."[106]

Schillers Rezeptionsvorgabe ist für das 20. Jahrhundert wirksam geblieben. Als „noch völlig naive Menschen" hat Korff 1930 Alexis und Dora aufgefaßt. Der Zauber dieser „völlig unproblematischen Menschen", meint er, „liegt in ihrer noch unzerstörten Unschuld, ihrer Gesundheit, ihrer Naturgesetzlichkeit, ihrer Normalität."[107] Staiger dann, 1956, rückt ‚*Alexis und Dora*‘ von den ‚Römischen Elegien‘ ab (jetzt habe „sich Goethe ein höheres Ziel gesetzt") und erklärt: „Es fällt zunächst auf, wie viel zarter nun wieder, neuzeitlicher Sitte angemessener, alles Erotische angerührt wird. Die Freude am Nackten und an heidnisch-unproblematischer Sinnlichkeit [...] hat sich beruhigt". Das damit Gemeinte zu verdeutlichen, zieht er Goethes Anmerkung zu ‚Diderots Versuch über die Malerei‘ heran: „die Begattung und Fortpflanzung kostet dem Schmetterlinge das Leben, dem Menschen die Schönheit"[108], und sagt voraus, was den Liebenden künftig geschehen werde: „wenn das Paar verbunden ist, wird eine Spur von Sättigung auf dem Gesicht des Alexis sichtbar sein, und auf dem Antlitz Doras lischt der Reiz des Unberührten aus. [...] Die zartere Sittlichkeit der neuen Elegie bedeutet so im Rahmen Goethescher Ästhetik den reinsten künstlerischen Gewinn."[109]

---

[106] Rudolf Kleinpaul: Sprache ohne Worte. Idee einer allgemeinen Wissenschaft der Sprache. Leipzig 1888, S. 29.

[107] Hermann August Korff: Geist der Goethezeit. Bd. 2, Leipzig 1930, S. 331. Korff fügt ausdrücklich hinzu, diese Dichtung sei „ihrem Wesen nach so durchaus Idylle, daß ganz genau die Definition auf sie paßt, die Schiller von der Idylle gegeben hat, daß sie nämlich eine Dichtung sei, deren Zweck darin bestehe, „den Menschen im Stand der Unschuld, d. h. der Harmonie und des Friedens mit sich selbst und von außen darzustellen" – als hätte er die Eifersuchts-Verse nicht einmal gelesen, geschweige denn verstanden.

[108] WA I 45, S. 268.

[109] Wie Anm. 6, S. 220, 220 f., 226, 227.

Diesen Rezeptionskonsens zu festigen, dienen bemerkenswerterweise nun auch die entstehungsgeschichtlichen Zusammenhänge, in die man ‚Alexis und Dora' gerückt hat. In der „naiven, unbefleckt humanen Sitten- und Empfindungssphäre, in der ‚Hermann und Dorothea' atmet", sucht nicht allein Hehn die Elegie zu lokalisieren. Immer wieder sind diese beiden unmittelbar nacheinander entstandenen Werke auch zu nah verwandten erklärt worden. Noch Staiger bezieht ins ‚Hermann und Dorothea'-Kapitel seines Goethebuches ein, was er über ‚Alexis und Dora' schreibt; versteht die Elegie als „Vorspiel" zu diesem idyllischen Epos.[110] Hier wie dort wohl „die Idylle einer Verlobung".[111] Aber die eine ist eher doch als Gegenentwurf denn als Gleichung der anderen zu verstehen: Dora mit den Orangen und der Feige in ihrem Körbchen unvergleichbar der Dorothea, die mit dem Säbel in der Hand ihre Unschuld verteidigt; Alexis, hingerissen von Liebesglück und Eifersuchtswut, unvergleichbar dem in bürgerlicher Gesittung „gehaltenen Jüngling"; die Szene im Früchtegarten und in der Myrtenlaube das Gegenstück zu der im nächtlichen Weinberg, wo die Strauchelnde in Hermanns Arme fällt („An die Brust ihm das Mädchen noch vor der Verlobung gedrückt"), und er steht

Starr wie ein Marmorbild, vom ernsten Willen gebändigt,
Drückte nicht fester sie an[112].

In die gleiche Richtung geht Loepers Bemühung um einen lebensgeschichtlichen Ursprungsnachweis: „So wird auch die Elegie nach Italien zurückweisen, wenigstens der Keim, woraus sie erwachsen: wie im Drange der Trennung ‚das Innere zweier sich nur halbbewußt Liebender' plötzlich hervorbricht. Etwas Ähnliches hatte Goethe an den Treppen des bewegten Tiberhafens zu Rom beim Abschiede von der schönen Mailänderin erfahren: ‚Es war ein wunderbares, durch inneren Drang abgenöthigtes lakonisches Schlußbekenntniß der unschuldigsten und zartesten wechselseitigen Gewogenheit.' "[113] Hier wie dort ein Abschied. Aber Goethes eigene, auf Maddalena Riggi bezogene Worte, die Loeper da zitiert[114], machen die Unvergleichbarkeit beider Vorgänge doch deutlich.

---

[110] Wie Anm. 6, S. 232.
[111] Erich Trunz: Goethes Werke. Hamburger Ausgabe, Bd. 2, ab 10. Aufl.: S. 668.
[112] WA I 50, S. 254 (VIII 71); 256 (IX 3); 255 (VIII 94 f.).
[113] Goethe's Werke. Bd. 1. Mit Einleitung und Anmerkungen von G. von Loeper. 2. Ausgabe, Berlin 1882, S. 421 f.
[114] Zweiter Römischer Aufenthalt. WA I 32, S. 335. – Freilich gleicht Loeper durch Kontextmanipulation das eigentlich begründende Zitat dem ‚Alexis und Dora'-Geschehen an. Nicht daß „‚das Innere zweier sich nur halbbewußt Liebender' plötzlich hervorbricht", heißt es bei Goethe, sondern daß das Gespräch es „offenbarte".

Nicht anders steht es um Schallehns Versuch, „Alexis und Dora' auf die durch Martin von Cochem bearbeitete Legende vom heiligen Alexius zurückzuführen, von der in Goethes ‚Briefen aus der Schweiz' berichtet wird, daß am 11. November 1779 eine Walliser Herbergswirtin sie ihm und dem Herzog erzählt habe und beide sie dann in Cochems Sammlung nachgelesen hätten. Schallehn faßt die Lebensbeschreibung dieses Heiligen dahingehend zusammen, daß Alexius seinen vornehmen und reichen Eltern in Rom „in Frömmigkeit und Wohltun nachgeeifert, ihnen auch in der Wahl einer schönen und vornehmen Jungfrau zur Ehegattin gehorcht, diese aber nach geschehener Trauung um seiner gelobten Liebe zu Gott willen verlassen habe, eilends ein Schiff bestiegen und gen Asien gefahren, wo er als Bettler gelebt, dann auch von dort geflohen und, durch einen Sturm verschlagen, wieder nach Rom zurückgekehrt, als Bettler unter der Treppe des väterlichen Hauses gelebt und schließlich verstorben sei; erst nach seinem Tode sei das entsagungsvolle Leben des heiligen Mannes durch wunderbare Erweisungen recht erkannt worden." Er zieht daraus den Schluß: „Es scheint ein weiter Weg von der Heiligenlegende zu der idyllischen Elegie. Die mannigfachsten Berührungspunkte lassen jedoch keinen Zweifel: von der Trennung im ersten Augenblick der Angehörigkeit, hier der Neuvermählten, dort der soeben Verlobten, von der schicksalentscheidenden Meerfahrt bis zu der gewählten Form der Darstellung, in der äußere Vorgänge einer kurz abrollenden Gegenwart als Umrahmung und Einteilung eines ganzen Lebensbildes [...] sich vereinen, alles wirkt überzeugend: die Legende ist die Chrysalide, aus deren Puppenstande ausschlüpfend die Elegie ihre leuchtenden Schmetterlingsflügel zu muntertätigem Lebensfluge entfaltet hat."[115] Hier wie dort eine Trennung, Abreise zu Schiff. Aber alles, was in der Legende breit ausgeführt ihr folgt, findet keinerlei Entsprechung im Gedicht. Und was ihr dort vorausgeht, steht so entschieden im Widerspruch zu allem, was hier mit Alexis geschieht, daß man die Elegie geradezu als Gegenentwurf, als eine Kontrafaktur der alten Legende verstehen kann. Von der Alexius-Erzählung seiner frommen Quartierwirtin berichtend, hat Goethe nämlich mitgeteilt (was Schallehn übergeht): Der Heilige „habe sich in der Stille Gott ganz und gar geweiht, und Christo eine ewige Keuschheit angelobet. Als ihn in der Folge seine Eltern an eine schöne und treffliche Jungfrau verheirathen wollen, habe er zwar sich ihrem Willen nicht widersetzt, die Trauung sei vollzogen worden; er habe sich aber, anstatt sich zu der Braut in die Kammer zu begeben, auf ein Schiff das er bereit gefunden gesetzt, und sei damit nach Asien übergefahren."[116] Goethe mag, wie Schallehn unterstellt, durch diese Legen-

---

[115] Wie Anm. 81, S. 170 und 173.
[116] WA I 19, S. 281 f.

de (im Winter 1779) an seine Trennung von Lili Schönemann (1775) erinnert worden sein. Aber daß er 1795 noch einmal einen Gruß von ihr erhielt und 1796 dann in den ‚Horen' sein Schweizer Reisebericht erschien, bessert für die entstehungsgeschichtliche These einer Präfiguration des Alexis durch den heiligen Alexius die Beweislage nicht. Dabei bleibt es, wenn schließlich Alfred Zastrau die biographische Herleitung aus der Trennung von Lili wiederholt und daraufhin das Gedicht als „Abglanz der selbsterfahrenen, augenblicklichen Gleichzeitigkeit von Erfüllung und Entsagung" ausgibt[117]: Goethes ‚Entsagenden' zugerechnet, hat Alexis es nun nicht mehr weit zum neuen Heiligen.

Was immer diese entstehungsgeschichtlichen Recherchen ergeben haben (die Behauptung, *Alexis und Dora* stehe ‚Hermann und Dorothea' nahe oder beziehe sich auf Goethes Abschied von der schönen Mailänderin oder halte sich an das Muster der Alexius-Legende und der als Trauma nachwirkenden eigenen Trennung Goethes von seiner Verlobten), trägt zum Verständnis der Elegie wenig oder gar nichts bei. Aufschlußreich aber wird es als rezeptionsgeschichtliches Indiz. Indem solche haltlosen Parallelkonstruktionen die Figuren des Gedichts in die Nähe bürgerlicher Sittsamkeit, feinfühliger Zurückhaltung und gar noch frommer Entsagung rücken, wirkt, was als Beitrag zur Entstehungsgeschichte sich darstellt, zweifellos auch so gemeint war, in Wahrheit allein doch als Stützargument für eine Textauslegung, die übersieht oder übergeht, was man an einem der großen klassischen Werke dieses Autors offensichtlich nicht wahrnehmen mochte. Die Rezeptionsgeschichte erweist sich als „sukzessive Entfaltung" eines Mißverständnisses, welches in den „historischen Rezeptionsstufen" zweier Jahrhunderte sich nurmehr verfestigt und nicht das „Sinnpotential" des Kunstwerks zum Vorschein bringt, sondern die ideologisch-moralischen Scheuklappen einer von traditionell-bürgerlichen Wertvorstellungen bestimmten Leserschaft und ihr aus solcher „Befangenheit" resultierendes Sinnverkennungspotential.

Deshalb blieb das Myrten-Rätsel ungelöst. Durchs bloße Unverständnis oder Mißverständnis konnte für den Kanon der klassischen Werke eines bürgerlichen Zeitalters hier gerettet werden, was dort, wo es nicht als Rätseltext, sondern in eindeutiger Fassung unübersehbar vor Augen trat, den gewundenen Vorbehalt oder strikte Ablehnung nötig machte. Goethes XII. Römische Elegie zeigt diese andere Möglichkeit. Der Myrten-Vers, mit dem sie schließt, ließ den Ausweg der unverbindlichen Lesung nicht zu (vgl. oben S. 76 f.):

Voll Erstaunen vernahm der Eingeweihte das Märchen,
  Winkte der Liebsten – Verstehst du nun, Geliebte, den Wink?

---

[117] Goethe Handbuch. 2. Aufl. Bd. 1, Stuttgart 1961, Sp. 133.

Jene buschige Myrte beschattet ein heiliges Plätzchen!
Unsre Zufriedenheit bringt keine Gefährde der Welt.

Was 1863 Heller darüber eingestand, bringt den Geist der Zeit, in dem das Kunstwerk sich spiegelte, vorbehaltlos deutlich zur Sprache: „Auch hier kann ich nicht umhin, aufmerksam zu machen, daß eine so unglaubliche Naivetät, wie der Goethesche Liebhaber der Geliebten sie vorschlägt, der Liebe im Freien zu pflegen (ὥστε πρόβατα sagt Herodot), auf modernem Boden (außer bei Bauerknechten und Thiergarten-Vagabunden) nicht vorzukommen pflegt, sondern daß Goethe sich hier ganz auf den antiken Boden stellt (oder vielmehr, wenn man will, legt). Bei den elegischen Dichtern der Römer und in der griechischen Mythenpoesie kommt so etwas häufig vor."[118] Ohne daß die Rezipienten eigentlich begriffen, was sie in ihrer „Befangenheit" taten, hat die Rezeptionsgeschichte dieses Urteil in indirekter Form auch über ‚Alexis und Dora' gefällt und so nicht das Kunstwerk, sondern seine Leser uns kenntlich gemacht.

Schiller: „Daß Sie die Eifersucht so dicht daneben stellen, und das Glück so schnell durch die Furcht wieder verschlingen laßen weiss ich vor meinem Gefühl noch nicht ganz zu rechtfertigen, obgleich ich nichts befriedigendes dagegen einwenden kann. Dieses fühle ich nur, daß ich die glückliche Trunkenheit, mit der Alexis das Mädchen verläßt und sich einschifft, gerne immer festhalten möchte." „Das", hat Staiger gemeint, „dürfte auch Lesern unserer Tage aus dem Herzen gesprochen sein."[119] Aber weniger doch vor seinem „Gefühl" als vor seiner Theorie wußte Schiller „nicht ganz zu rechtfertigen", woran er da Anstoß nahm. Was er mit jener „glückliche[n] Trunkenheit, mit der Alexis das Mädchen verläßt und sich einschifft, gerne immer festhalten möchte", ist in Wahrheit sein eignes Idyllen-Gesetz. Hatte er in der Abhandlung ‚Ueber naive und

---

[118] H. J. Heller: Die antiken Quellen von Goethe's elegischen Dichtungen. In: Neue Jahrbücher für Philologie und Paedagogik. 2. Abt., Jg. 9, Leipzig 1863, S. 420. – Ich nutze H.s Bemerkung zu einem Hinweis auf gleichem Niveau: Wer in der Darstellung der Gartenszene von ‚Alexis und Dora' Anstoß nehmen sollte am 89. Vers der Spätfassung (Und mit Myrthe bedeckt ward und geziert das Geschenk. / Aber ich hob es nicht auf; ich stand. Wir sahen einander / In die Augen), möge in seine Überlegungen einbeziehen, daß es in der Frühfassung hier doch hieß: Aber ich hob es nicht auf, ich ging nicht.

[119] Wie Anm. 6, S. 230. – Die Irritation durch Alexis' Eifersuchtswut und den zweifelhaften Ausgang seiner Liebesgeschichte, der Schiller Ausdruck gibt, bleibt folgerichtig auch bei ihm im Spiel, wird mit einem unbeirrten Zustimmungsbedürfnis freilich versöhnt: „Beklagen wir uns nicht! Vielleicht daß diese so musterhafte, so höchst vorbildliche Dichtung ohne dieses bereits in ihrem Plan begründete kleine Gebrechen beinah allzu schön und bis zur Unwahrscheinlichkeit vollkommen wäre." (S. 231)

sentimentalische Dichtung' die Idylle als „poetische Darstellung unschuldiger und glücklicher Menschheit" definiert und erklärt, es sei ihr
einziger Zweck, „den Menschen im Stand der Unschuld, d. h. in einem
Zustand der Harmonie und des Friedens mit sich selbst und von aussen
darzustellen", dann mußte er die Eifersuchtsraserei in der Tat als einen
Verstoß gegen die in dieser Dichtungsart „herrschende Empfindungs-
weise" bewerten. Von der „Simplicität und strengen Wahrheit des Aus-
drucks", die er der Idylle zugeschrieben und also vorgeschrieben hatte,
war der verzweifelte Alexis gewiß doch „in demselben Verhältniß, wie
von der Einfalt der Gesinnungen abgekommen".[120]
    Wohl um solchen aus gattungstheoretischen Prinzipien abgeleiteten,
von gattungsorientierten Vorerwartungen bestimmten Einwänden
Wind aus dem Segel zu nehmen, hat Goethe das in den Briefen der Ent-
stehungszeit und noch im Untertitel des Musenalmanach-Druckes
,Idylle' genannte Gedicht später unter seine ,Elegien' eingereiht.[121]
Denn auch wenn man seine eigenen Bestimmungen der ,Idylle' zugrunde legt, bleibt die ursprüngliche Gattungsbezeichnung des Gedichts
problematisch. Gewiß, „menschlich natürliche, ewig wiederkehrende,
erfreuliche Lebenszustände einfach wahrhaft vorgetragen", wie er über
der Betrachtung von ,Wilhelm Tischbeins Idyllen' später formulierte,
„abgesondert von allem Lästigen, Unreinen, Widerwärtigen, worein wir

---

[120] Wie Anm. 16, Bd. 20, S. 467, 449, 426. – Den auf seine Idyllen-Definition einge-
schworenen Theoretiker konnte deshalb unmöglich überzeugen, was Goethe ihm „zur
Rechtfertigung des unerklärlichen Instinctes, durch welchen solche Dinge hervorgebracht werden", damals entgegnet hat: „Für die Eifersucht am Ende habe ich zwey
Gründe. Einen aus der Natur: weil wirklich jedes unerwartete und unverdiente Liebesglück die Furcht des Verlustes unmittelbar auf der Ferse nach sich führt, und einen aus
der Kunst: weil die Idylle durchaus einen pathetischen Gang hat und also das leidenschaftliche bis gegen das Ende gesteigert werden mußte". (22. 6. 1796. WA IV 11,
S. 106.) Beide Argumente hatte Schiller schon in seiner Abhandlung zurückgewiesen.
Als das Kunstgesetz der Idylle nämlich hat er dort keineswegs den „pathetischen
Gang" festgestellt, sondern im Gegenteil den „Begriff eines völlig aufgelösten Kamp-
fes sowohl in dem einzelnen Menschen, als in der Gesellschaft, einer freyen Vereinigung der Neigungen mit dem Gesetze," so daß „aller Streit der Empfindungen aufhö-
re." (wie Anm. 16, Bd. 20, S. 472.) Und „Wirkliche Natur", hatte er erklärt, „ist jeder,
noch so gemeine Ausbruch der Leidenschaft, er mag auch wahre Natur seyn, aber eine
wahre menschliche ist er nicht [...]; denn diese kann nie anders als edel seyn."
(S. 476 f.)
[121] Zur Gattungsfrage überliefert Schlegel eine Mitteilung Körners: „es hat erst
sollen eine Heroide werden" (wie Anm. 38). In Ovids ,Heroiden' taucht das Eifer-
suchtsmotiv tatsächlich sehr häufig auf, und Werner Richter (Alexis und Dora, Phyllis
und Demophoon. In: Jahrbuch der Goethe-Gesellschaft 5, 1928, hier S. 103 ff.) hat gezeigt, daß insbesondere die Eifersuchtsverse der Phyllis, die dem Demophoon liebend
sich hingegeben hatte, ehe er dann zu Schiff sie verließ und sein Rückkehrversprechen
brach (her. II 91–110), den Alexis-Versen außerordentlich nahe stehen.

sie auf Erden gehüllt sehn"[122], stellt das Gedicht seinem Leser vor. Bleibt aber nicht dabei. Die rasende Verzweiflung, der würgende Verdacht, ein Entsetzen, das gräßlicher ihn schreckt als *der Erinnyen Fackel, das Bellen der höllischen Hunde* (139), drängen sich in die Gedanken, die Verse des Alexis, wenn er den begrenzten, befriedeten Schauplatz von Kindheit und Jugend verläßt: das Land, über dem der Göttervater thront und der Sonnengott seine Bahn zieht, die Sterne stehen und der Mond, wo man zum Tempel geht und zum Markt mit den Früchten, Mädchen vom Brunnen die Wasserkrüge tragen, Orangen reifen und Feigen, die Myrtenlaube grünt. ,Idylle' ist dies Gedicht – insofern es deren Gattungsgrenze überschreitet. Idyllisches zeigt diese Elegie – als das, was verlorengeht. Das Paradies, zur Stunde der Vertreibung.

„Die Eifersucht liegt hier so nahe und ist so in der Sache, daß dem Gedicht etwas fehlen würde, wenn sie nicht da wäre", sagte der alte Goethe im Gespräch mit Eckermann (25. 12. 1825), nach drei Jahrzehnten noch immer gegen den Schillerschen Einwand sich auflehnend; „Ich habe selbst einen jungen Menschen gekannt, der in leidenschaftlicher Liebe zu einem schnell gewonnenen Mädchen ausrief: Aber wird sie es nicht einem andern ebenso machen wie mir?" Es verhält sich, wie er es sagte: diese Eifersucht liegt „in der Sache", ist angelegt schon in dem, was in der Laube die Myrten „zu wege bringen". Aber tatsächlich hervorgebracht wird sie doch allererst durch die Trennung der Liebenden. Nicht Ursache der ,Vertreibung' sind die *Sorge* und ihre Schreckensvorstellungen; sie folgen ihr nach: zeigen sie an. Nicht von innen, heißt das, sondern von außen her wird die Idylle hier aufgehoben. 1802, in einer Rezension der Voß'schen Gedichte[123], hat Goethe seine Darstellung der idyllischen Existenz mit der Frage beschlossen, ob nicht diese „sanfte, ruhige, gefaßte Natur", die „mit sich selbst, mit Gott, mit der Welt in Frieden" steht, ob nicht „ein so heiteres Leben [...] öfter von außen bestürmt, verletzt und zu leidenschaftlicher Bewegung aufgeregt werden?" Eben das gilt für seine Elegie.

Dora verharrt am Ufer, bleibt. Alexis verläßt sie, ihn treibt es in die Ferne. Als einen aus den ,Urformen' weiblich-beständigen und männlich-unsteten Verhaltens resultierenden Konflikt mag man das empfinden. Aber eine Handelsreise führt zur Trennung der Liebenden, welche dann die *höllischen Hunde* freisetzt und die Idylle aufhebt. Kaufmann ist Alexis. Und wenn man dem versuchsweise einmal Beachtung schenkt, stellt man mit Überraschung fest, welch bedeutende Rolle das doch spielt in Goethes Myrten-Gedicht. (Um zu verdeutlichen, lese ich jetzt mit Kaufmannsaugen, nehme an diesen Versen nur wahr, was ins Kom-

---

[122] WA I 49/1, S. 315.
[123] WA I 40, hier S. 270.

merzielle zu rechnen wäre. So muß man sie nicht lesen, aber so, denke
ich, kann man sie auch verstehen.) Eine Geschäftsbeziehung stellt Dora
her in der ersten Phase der Liebesbegegnung. Die Lächelnde an der Gartenpforte weiß, mit wem sie's zu tun hat:

> *Fremde Gegenden wirst du besuchen und köstliche Waaren*
> *Wiederbringen*[124]*, und Schmuck reichen Matronen der Stadt.*
> *Aber bringe mir auch ein leichtes Kettchen, ich will es*
> *Dankbar bezahlen, schon oft hab' ich die Zierde gewünscht.*
> *Stehen war ich geblieben und fragte, nach Weise des Kaufmanns,*
> *Erst nach Form und Gewicht deiner Bestellung genau.* (67–72)

Schon wird das Segel des Kaufmannsschiffes gehißt, sein Anker gelichtet, hat ein Bote ihn zum Hafen gerufen; eine letzte *Bestellung* noch aufzunehmen, hält der Eilige inne. Wie Dora sich dabei verhält, zahlungs-
willig aber preisbewußt, also anders wohl als die *reichen Matronen der*
Stadt, die ihm doch reicheren Gewinn versprechen mußten, wird im Er-
innerungsbericht mit deutlicher Zustimmung wahrgenommen. Fast als
würde da ein näheres Interesse des Handelsmanns berührt als das gegenüber der Kundin. Und dadurch vermittelt erst, fällt sein Blick auf ihren *Hals,* klingt im Spiel der *zierlichen Bilder* der erotische Unterton an, der
den Weg zur Myrtenlaube weist:

> *Gar bescheiden erwogst du den Preiss, da blickt ich indessen*
> *Nach dem Halse, des Schmucks unserer Königin werth.* (73 f.)

Wenden sich Alexis' Verse von dem, was unter der Myrte geschieht,
dann den *Bildern der Hoffnung* zu, wird wiederum der Kaufmann sprechen. Die Kette natürlich will er besorgen, aber viel mehr noch an
Schmuck und Juwelen *verschafft* er in seinen Gedanken, häuft Gold und
kostbare Steine auf, Rubin, Smaragd, Saphir und Hyazinth, Perlen und
purpurgesäumte Decken für die Geliebte. Jene bürgerliche Kaufmanns-
ethik, die Wilhelm Meisters Schwager Werner im 1795 erschienenen
5. Buch der ‚Lehrjahre' vertritt[125], die auf ostentativen Konsum verzichtet und dem kapitalistischen Sparzwang ‚innerweltlicher Askese' gehorcht, läßt sich diesen Versen (116–133) gewiß nicht ablesen, und sie in
ideologiekritischer Begeisterung als Rückfall in eine verschwendungs-
freudige feudal-aristokratische Repräsentationsgesinnung zu deuten,
wäre dem Kontext höchst unangemessen. Ein Liebender baut hier seine
wunderbaren Luftschlösser. Aber ein liebender Kaufmann doch:

---

[124] Die Spätfassung verstärkt noch den kommerziellen Akzent, setzt dafür *Handelst*
du ein.
[125] WA I 22, S. 142 ff. – Dazu Dieter Borchmeyer: Höfische Gesellschaft und französische Revolution bei Goethe. Adliges und bürgerliches Wertsystem im Urteil der
Weimarer Klassik. Kronberg/Ts. 1977, S. 15 ff.

Tauschen will ich und kaufen, du sollst das schönste von allem
Wählen, ich widmete gern alle die Ladung nur dir. (127 f.)

Diese kommerzielle Gesinnung nun bestimmt seine Rede und sein Verhalten auch dort, wo es eigentlich nicht mehr ums Kaufen und Tauschen geht. Dora bietet ihre Orangen ihm an und die Feige:

Und so trat ich herein, du brachst nun die Früchte, geschäftig,
Und die goldene Last zog das geschürzte Gewand.
Oefters bat ich: es sey nun genug! und immer noch eine
Schönere Frucht fiel dir leise berührt in die Hand. (79–82)

Wie ein Einkäufer redet er, den das Übermaß des Angebots verängstigt, der sein Konto nicht überziehen will und rasch schon den Preis überschlägt, den die Geschäftige ihm schließlich abfordern wird. Auch noch die Eifersuchtswut am Ende scheint auf solche Weise anzudeuten, wes Geistes Kind dieser Verzweifelte sei. Von Dora, die er *zu Markte die Früchte* tragen sah (41), spricht er als von der Ungetreuen, die dem einen wie dem andern sich hingibt, – folgt das nicht eben den Gesetzen des freien Marktes, wo käufliche Ware feilgeboten wird für jedermann? Den Schwurgott ruft er an, der die Meineide straft, – hat Dora, die *Dankbar bezahlen* wollte (70) nicht einen Kaufvertrag gebrochen?

Ja ein Mädchen ist sie! und die sich geschwinde dem einen
Giebt, sie kehret sich auch schnell zu dem andern herum.
Lache nicht diesmal, o Zevs! der frechgebrochenen Schwüre!
Donnere schrecklicher! triff! – (147–151)

Was die äußere Entfernung des Alexis von Dora ‚zuwege bringt' und damit die „von allem Lästigen, Unreinen, Widerwärtigen" abgesonderten, „menschlich natürlichen, ewig wiederkehrenden, erfreulichen Lebenszustände" der Idylle aufhebt, ist seine Verhaftung in dieses Handelswesen: daß ein mit Waren beladenes Schiff ihn fortträgt, kann man gewiß nicht als bloßes Mittel der Trennung verstehen, zufällig-beliebig und ohne Eigenbedeutung. Was die arglosen, ahnungslosen Eltern dem Sohn zum Abschied wünschen,

Glücklich kehre zurück! riefen sie, glücklich und reich (62),

erweist sich vielmehr als das schlechthin Unvereinbare für den, der in die Myrtenlaube eingetreten war. Reich zu werden, muß er gehen; glücklich zu sein aber, müßte er bleiben. Die letzten Worte des Verzweifelten bezeichnen, genau besehen, sehr genau diese Antinomie, den Riß, der durch die Welt dieser Elegie geht – und den zu schließen der Göttervater hier angerufen wird:

Sende die schwankenden Wolken mir nach! im nächtlichen Dunkel
Treffe dein leuchtender Blitz diesen unglücklichen Mast.
Streue die Planken umher und gieb der tobenden Welle
Diese Waaren, und mich gieb den Delphinen zum Raub. (152–155)

Nicht der liebende Alexis wünscht hier seinen Tod. Ihn sollen die menschenfreundlichen Idyllentiere zurückretten an das Land, aus dem er kam, und zu Dora, die ihn liebt. Alle anderen *Bilder der Hoffnung* übersteigt noch dieser letzte, wirklich rücksichtslose Wunsch. Denn die Wiederherstellung der Idylle hätte ihren Preis in einem buchstäblich ‚revolutionären' Akt: im Schiffbruch, in der Vernichtung des Handelsschiffes. Den Kaufmann soll der Gott, der die Geschicke der Menschen lenkt, zugrunde richten. Das meint: die *Waaren* vernichten in der *tobenden Welle.*

Daß diese Lesung nicht nur im Wortlaut der Elegie einen Rückhalt findet, sondern sich außerdem auf eine überraschende Parallele der thematischen Konstellation in ‚Wilhelm Meisters Lehrjahren' stützen kann, will ich wenigstens andeuten. Das im Jahr vor *‚Alexis und Dora'* erschienene 1. Buch des Romans[126] erzählt von Wilhelms Liebe zu der schönen Mariane, die freilich zugleich eine andre Beziehung unterhält. „Norberg, ein junger reicher Kaufmann", der auf eine Handelsreise gegangen ist und ihr ein Paket „mit der Post geschickt hatte, um zu zeigen, daß er auch in der Entfernung seiner Geliebten gedenke", übernimmt ein Stück weit den Part des Alexis, liefert „ein feines Stück Nesseltuch und die neuesten Bänder für Marianen", wie jener *Feine wollene Decken, mit Purpursäumen* und *Stücke köstlicher Leinwand* für Dora mitbringen will (131 ff.). Ihn, den Abwesenden („Vierzehn Tage! Welche Ewigkeit!"), betrügt das Mädchen mit Wilhelm – der freilich selber auch einen Teil der Alexis-Rolle spielt. Mariane: „Ja, ich will mich ihm um den Hals werfen! ich will ihn fassen, als wenn ich ihn ewig halten wollte. Ich will ihm meine ganze Liebe zeigen, seine Liebe in ihrem ganzen Umfang genießen." Wilhelm: „Ich liebe dieses zärtliche, gute, liebliche Geschöpf so sehr, daß mich jeder Augenblick meines Lebens verdrießt, den ich ohne sie zugebracht habe." Und wie in Alexis' Liebesversen vom seligen *Augenblick* her zugleich das Vergangne erfaßt und in den *Bildern der Hoffnung* das Künftige entworfen wird, erklärt der Held des Romans im Liebesgespräch mit Mariane: „unaussprechlich glücklich fühl' ich mich jetzt, da ich in diesem Augenblicke mit dir von dem Vergangnen rede, weil ich zugleich vorwärts in das reizende Land schaue, das wir zusammen Hand in Hand durchwandern können." Was Alexis dann imaginiert:

Nicht der Erinnyen Fackel, das Bellen der höllischen Hunde
Schreckt den Verbrecher so, in der Verzweiflung Gefild,

---

[126] Die folgenden Zitate nach WA I 21, S. 3, 6, 30, 16, 112 f., 5, 46, 51, 53, 55, 52 f.

Als das gelassne Gespenst mich, das mir die Schöne von Ferne
Zeiget: die Thüre steht wirklich des Gartens noch auf!
Und ein anderer kommt! für ihn auch fallen die Früchte! (139–143)

– das wird, bei Norbergs Rückkehr, Wilhelm tatsächlich erleben: „endlich [...] kam es ihm vor, als wenn Marianens Thüre sich öffnete und eine dunkle Gestalt sich herausbewegte. [...] Und wie ein Gespenst der Mitternacht, das ungeheure Schrecken erzeugt, in folgenden Augenblicken der Fassung für ein Kind des Schreckens gehalten wird, und die fürchterliche Erscheinung Zweifel ohne Ende in der Seele zurückläßt, so war auch Wilhelm in der größten Unruhe". Aber ehe das noch geschieht, schickt dieser „Kaufmannssohn" sich schon an, „Seines Vaters Haus, die Seinigen zu verlassen". Und in der Auseinandersetzung mit dem zur Abreise entschlossenen Liebhaber der Mariane rühmt nun im 10. Kapitel der ‚Lehrjahre' Werner den „Geist eines echten Handelsmannes", „doppelte Buchhaltung" und die „Lust zu sparen und zu erwerben", „Waare" und „Handel" und den „Anblick eines Schiffes, das von einer glücklichen Fahrt wieder anlangt"; sucht der künftige Schwager ihn im Geist der Kaufmannschaft zu befestigen: „wenn du zurück kommst, wirst du dich gern zu denen gesellen, die durch alle Arten von Spedition und Speculation einen Theil des Geldes und Wohlbefindens, das in der Welt seinen nothwendigen Kreislauf führt, an sich zu reißen wissen. Wirf einen Blick auf die natürlichen und künstlichen Producte aller Welttheile, betrachte, wie sie wechselweise zur Nothdurft geworden sind! Welch eine angenehme geistreiche Sorgfalt ist es, alles, was in dem Augenblicke am meisten gesucht wird und doch bald fehlt, bald schwer zu haben ist, zu kennen, jedem, was er verlangt, leicht und schnell zu verschaffen [...]. Besuche nur erst ein paar große Handelsstädte, ein paar Häfen, und du wirst gewiß mit fortgerissen werden."

Will man diese Vorgänge in den ‚Lehrjahren' als Parallelaktion zur Elegie gelten lassen, so bestätigen sie zweifellos die Möglichkeit, auch ‚Alexis und Dora' sub sensu commerciali zu lesen und die *Waaren* als das entscheidende Oppositionsmotiv zur *Myrthe* aufzufassen. Was in der figurenreichen großen Erzählung noch verteilt ist auf die Romanfiguren Norberg, Wilhelm Meister, Werner, wird im enggeführten Gedicht auf Alexis zusammengezogen, entwickelt so *in liebender Brust* seine ungeheure Sprengkraft und zerreißt ihn in *Jammer und Glück* (157), hebt durch eine Selbstvertreibung die Idylle auf.

Wieviel Überzeugungskraft man diesem Deutungsversuch auch zubilligen mag, er bewegt sich auf einer anderen Ebene der Verständnisbemühungen als die eingangs vorgeschlagene Lösung des *Rätzels*, die im Myrten-Vers jenes Wort entdeckt, *das die Bedeutung verwahrt*, und bis hin zu den Delphinen den *doppelt erfreulichen Sinn* der *zierlichen Bilder* aufweisen kann. Nur diese Rätsellösung befaßt sich, vom „versetzten Prolog" dazu autorisiert, mit dem, was in striktem Sinn ,der Autor denn eigentlich gemeint hat'. Hingegen gehört der auf den kommerziellen Aspekt gerichtete Auslegungsversuch zu jenen Bemühungen eines Lesers um das Textverständnis, die auf die Absicht des Dichters prinzipiell keine Rücksicht nehmen.[127] Er fragt, welche Möglichkeiten des Verstehens der Wortlaut des Gedichts zulasse, und räumt grundsätzlich ein, daß dabei Einsichten denkbar seien, die dem Autor selbst entzogen waren, obgleich sein Text sie doch erlaubt.[128] Die Bedeutung, die ich dem merkantilen Motiv-Komplex hier zuschreibe, mag also jenseits der Intentionen des Autors liegen; trotz der Parallelen zum ,Wilhelm Meister', wo diese gleichlautenden Signale zweifellos nicht absichtslos gesetzt worden sind, halte ich das für möglich. Zwar schließt das die Frage nicht aus, welchen Zeichenwert sie unter der Hand hier entwickeln. Aber gegenüber dem *Rätzel*, bei dem es um die richtige oder falsche Lösung geht, verschiebt es den möglichen Geltungsgrad der Antwort, die ich im folgenden versuche, auf die gleitende Skala der Akzeptabilität.

Es habe dieses Gedicht, meinte Staiger, nicht nur mit der Goetheschen „Lebensgeschichte, sondern mit aller Zeit überhaupt [...] nichts zu schaffen", zeige vielmehr die „jenseits allen geschichtlichen Wandels dauernden Züge des Daseins".[129] Das scheint mir so ausgemacht nicht. Der Schauplatz der Idylle, mittelmeerische Urlandschaft, ein imaginäres Sizilien oder Griechenland, zeigt kein spezifisches Lokalkolorit und, für sich genommen, gewiß keinen eindeutigen Zeitbezug. Aber damit, daß

---

[127] Zur Unterscheidung einer textbezogen oder textintern mitgeteilten ,Autorintention' von einer ,Textintentionalität' vgl. Gunter Grimm (wie Anm. 97, S. 49 ff.). Sein generalisierender Satz: „Die Intention eines realen Autors kann schlechterdings niemals ausschließlich aus dem zu interpretierenden fiktionalen Text gewonnen werden" (S. 52), stellt freilich, wie der hier vorgelegte Fall erweist, keine unverbrüchliche Regel dar.

[128] Zu diesem alten Problem, ob und inwiefern der Leser den Autor ,besser' verstehe, als er sich selbst (vgl. Schleiermachers auf Friedrich Schlegel gegründetes hermeneutisches Postulat, „die Rede zuerst ebensogut und dann besser zu verstehen als ihr Urheber" – „denn in ihm ist vieles dieser Art unbewußt, was in uns ein bewußtes werden muß", wie Anm. 101, S. 94 u. 104), hat Gadamer bemerkt: Der Leser verstehe insofern mehr als der Autor, „als das ausdrückliche – und damit abhebende – Verständnis einer Meinung gegenüber dem inhaltlichen Vollzug derselben ein Mehr an Erkenntnis einschließt" (wie Anm. 95, S. 180), und weil infolge der wirkungsgeschichtlichen Bestimmtheit des historischen Bewußtseins „die unwillkürlichen und nicht beliebigen, sondern alles tragenden Voraussetzungen, die sein eigenes Verstehen leiten", andere sind als diejenigen, die das Schreiben des Textes bestimmten. (S. 284) – „Nicht nur gelegentlich, sondern immer übertrifft der Sinn eines Textes seinen Autor." (S. 280)

[129] Wie Anm. 6, S. 221 f.

dieser Schauplatz jedenfalls weit entfernt zu denken ist von Raum und Zeit ebenso der damaligen wie der späteren Leser dieses deutschen Gedichts, scheint ein indirekter Bezug doch gesetzt. Das Paradies, zur Stunde der Selbstvertreibung: eine Sehnsuchtslandschaft wird da sichtbar, in den Farben der Antike gemalt, die im Ersehnten zugleich abbildet, was man gegenwärtig vermißt, und also spiegelverkehrt gewiß doch Gegenwärtiges zu erkennen gibt. Schiffahrt und Handel andererseits, Gewinnstreben und Besitzverlangen sind, für sich genommen, gleichermaßen unspezifische Unternehmungen und Ziele wirtschaftender Menschen, historisch unterscheidbar nur in ihren jeweiligen Erscheinungsformen und jedenfalls der alten mediterranen Kultur, deren Züge Goethes ‚Idylle' leiht, durchaus zugehörig. Aber indem das Gedicht sie als zerstörende Potenz einführt in die ursprünglich-idyllische Existenz, gewinnen sie einen sehr entschiedenen Zeitbezug, werden erkennbar als Sinnzeichen für Gegenwärtiges.

Dem bürgerlichen Zeitalter, das gleichermaßen geneigt war, zu tabuisieren, was die Myrten „zu wege bringen", und zu heiligen, was den Erwerbstrieb befriedigen mag, hat Goethe am Beispiel ‚Alexis und Dora', mit dem Widerspruch zwischen der den Mythen einer alten Welt entliehenen Liebessymbolik und einem die moderne Welt bezeichnenden Kaufmannsvokabular zu verstehen gegeben, welch universaler Widerspruch das tatsächliche Handeln der Menschen in ihrer und an ihrer Welt von dem doch trennt, was der Mensch und seine Welt sein sollten. Da ist keine Versöhnung gedichtet. Ginge die Alexisbitte an den Göttervater hier in Erfüllung, führte ein deus ex machina also den Schiffbruch herbei, in dem *die Waaren* vernichtet würden und aus dem die Delphine ihn wieder zur Myrtenlaube an die verlassene Küste trügen, wäre das buchstäblich jene Rückkehr nach Arkadien, die Schiller zu Recht als einen reaktionären Selbstbetrugsversuch des modernen Menschen verstanden hat (nicht: „rückwärts in unsere Kindheit", hieß seine Losung, nicht: „nach Arkadien zurück", sondern: „bis nach Elysium"!).[130] Und der ‚Alexis und Dora'-Dichter wußte, daß der Mensch das Verlorene und Ersehnte (wahrhaft „menschlich natürliche, ewig wiederkehrende, erfreuliche Lebenszustände") nicht hinter sich suchen kann; daß sie nirgendwo anders zu finden sein würden als vor ihm.

Nun, ihr Musen, genug! vergebens strebt ihr zu schildern,
  Wie sich Jammer und Glück wechseln in liebender Brust.
Heilen könnet ihr nicht die Wunden, die Amor geschlagen
  Aber Linderung kommt einzig, ihr Guten, von euch. (156–159)

Was die Klage des Menschen, die zur Sprache kommt im elegischen Vers, lindern mag, aber nicht heilen kann, ist eine tiefere Wunde zu-

---

[130] Wie Anm. 16, Bd. 20, S. 472.

gleich als die vom Amor geschlagene. Der für Goethes Dichtung sehr ungewöhnliche offene Schluß gibt nicht nur die „glückliche Trunkenheit" auf, die Schiller hier festzuhalten wünschte, sondern damit auch allen illusionären Vorgriff auf eine geheilte Welt; läßt nicht allein das Schicksal der Liebenden im Ungewissen, sondern fügt sich damit zugleich der übergreifenden Wahrheit, daß der Gang der Geschichte unabsehbar bleibt. Fern von aller realitätsblinden, trügerischen Harmonisierungstendenz, die man der Klassik vorzuwerfen sich angewöhnt hat, hält Goethes klassische Elegie die Hoffnung wach auf das dem Menschen zugedachte *Glück* und schärft unsern *Jammer* um das vorenthaltene zugleich. „Züge des Daseins" bildet sie ab, die „jenseits allen geschichtlichen Wandels" zweier Jahrhunderte gerade deshalb dauern, weil sie mit der Zeit der Entstehung dieses Gedichts etwas „zu schaffen" hatten, was unsere Welt bis heute bestimmt.

3

Walpurgisnacht

„Sie mögen mich nicht! Das matte Wort! Ich mag sie auch nicht!"
Goethes Unmutsäußerung über sein Verhältnis zu den Deutschen, die
Johannes Falk überliefert hat (wahrscheinlich aus dem Sommer 1808),
mutet bitterer an und scheint tiefer begründet als die Publikumsbe-
schimpfungen, mit denen spätere Schriftsteller ihre Leser oder Theater-
besucher anzulocken suchten: „Ja, wenn ich es nur je dahin noch bringen
könnte, daß ich ein Werk verfaßte – aber ich bin zu alt dazu – daß die
Deutschen mich so ein funfzig oder hundert Jahre hintereinander recht
gründlich verwünschten und aller Orten und Enden mir nichts als Übels
nachsagten; das sollte mich außer Maßen ergetzen. Es müßte ein präch-
tiges Product seyn, was solche Effecte bei einem von Natur völlig gleich-
gültigen Publicum wie das unsere, hervorbrächte. Es ist doch wenigstens
Charakter im Haß, und wenn wir nur erst wieder anfingen und in irgend
etwas, sei es, was es wolle, einen gründlichen Charakter bezeigten, so
wären wir auch wieder halb auf dem Wege, ein Volk zu werden. [. . .] Sie
mögen mich nicht! Das matte Wort! Ich mag sie auch nicht! Ich habe es
ihnen nie recht zu Danke gemacht! Vollends, wenn mein Walpurgissack
nach meinem Tode sich einmal eröffnen und alle bis dahin verschlosse-
nen, stygischen Plagegeister, wie sie mich geplagt, so auch zur Plage für
Andere wieder loslassen sollte; [. . .] das, denke ich doch, vergeben sie
mir sobald nicht!"[1]
Auf Goethes Wandel unter den Deutschen wirft dieser Gesprächsbe-
richt ein anderes Licht als das, was wahrzunehmen wir gewohnt sind.
Kein Wunder, daß sich, Riemer voran[2], die Nachlaßverwalter und Denk-
malspfleger des Statthalters unserer Nationalliteratur bemühten, die
Glaubwürdigkeit der Aufzeichnungen, die Falk als „geordnete, gewis-
senhafte Auszüge aus meinem sorgfältig geführten Tagebuche" nach

---

[1] Goethe aus näherm persönlichen Umgang dargestellt. Ein nachgelassenes Werk
von Johannes Falk. Leipzig 1832, S. 91 f. – Zur Datierung des zitierten Gesprächs: Falk
gibt „August" an (S. 88); eine unmittelbar anschließende Passage dann bezieht sich
auf den 1808 gedruckten ersten Teil des ‚Faust'.
[2] Friedrich Wilhelm Riemer: Mittheilungen über Goethe. Berlin 1841, Bd. 1,
S. 19 ff. Falk wird als „unerträglicher Schwätzer" und Kompilator charakterisiert, dem
solche „Offenbarungen von Seiten Goethens" kaum zuteil geworden sein könnten. –
Dazu Siegmar Schultze: Falk und Goethe. Halle 1900, S. 1–15.

Goethes Tod veröffentlichen ließ, nach Kräften zu diskreditieren. Am Wortlaut seiner Mitteilungen zu zweifeln, gibt es durchaus Anlaß, aber die inhaltliche Authentizität der hier zur Rede stehenden Äußerung in Frage zu stellen, kaum doch zureichenden Grund. Falk berichtet, er habe gefragt, was es eigentlich auf sich habe mit diesem „Walpurgissack"; Goethe habe ihn daraufhin beschrieben als „eine Art von infernalischem Schlauch, Behältniß, Sack, oder wie Ihr's sonst nennen wollt, ursprünglich zur Aufnahme einiger Gedichte bestimmt, die auf Hexenscenen im ‚Faust', wo nicht auf den Blocksberg selbst, einen nähern Bezug hatten. Nach diesem, wie es zu gehen pflegt, erweiterte sich diese Bestimmung ungefähr, so wie die Hölle auch von Anfang herein nur Einen Aufenthalt hatte, späterhin aber die Limbusse und das Fegefeuer als Unterabtheilungen in sich aufnahm. [. . .] Es brennt da unten ein unverlöschliches Fegefeuer, was, wenn es um sich greift, weder Freund noch Feind verschont. Ich wenigstens will Niemand rathen, ihm allzunahe zu kommen. Ich fürchte mich selbst davor!"[3]

Als Falk das notierte (wohl 1808), als er seine Aufzeichnungen druckfertig machte (1824) und als sie schließlich nach seinem und Goethes Tod veröffentlicht wurden (1832), waren solche Texte, „die auf Hexenscenen im ‚Faust', wo nicht auf den Blocksberg selbst, einen nähern Bezug hatten", niemand, von dem wir wüßten, bekannt. Wohl aber war 1808 der ‚Faust I' im Druck erschienen – mit jenen Passagen, auf die Goethe anspielt im Falk-Gespräch. Den Szenen ‚Am Brunnen', ‚Zwinger', ‚Nacht' und ‚Dom', die Gretchens Fall offenbar machen, den Tod ihrer Mutter und die Ermordung ihres Bruders, folgt dort die ‚Walpurgisnacht' mit dem ‚Walpurgisnachtstraum', bevor dann die Gretchen-Szenen ‚Trüber Tag. Feld', ‚Nacht. Offen Feld' und ‚Kerker' den ersten Teil des Dramas beschließen. Den „nähern Bezug" der in den „infernalischen Schlauch" versenkten „Gedichte" zur damals veröffentlichten und fortan kanonischen Fassung der „Hexenszenen" aufzuklären, werfe ich zunächst (rekapitulierend) einen Blick auf diese ‚Walpurgisnacht'.

Die kam ins Spiel schon mit der ‚Hexenküche'-Szene (Erstdruck 1790 im ‚Faust'-Fragment), wo Mephisto – zum Dank für das Aphrodisiakum, mit dem die zauberkundige Alte den Faust verjüngt – der lüsternen Hexe, deutlich genug für Eingeweihte, als Incubus sich anbot:

Und kann ich dir was zu Gefallen thun,
So darfst du mir's nur auf Walpurgis sagen. (2589 f.)[4]

---

[3] Falk (wie Anm. 1), S. V und 93 f. – „Limbus" ist nach katholischer Lehre der zweigeteilte Aufenthaltsort in der Unterwelt für die vorchristlichen Frommen und die ungetauften Christenkinder.

[4] Alle Goethe-Texte werden nach der Weimarer Ausgabe zitiert (im folgenden abgekürzt: WA), ‚Faust'-Zitate (nach WA I 14 und 15) nur mit Angabe der Verszahlen.

Angekündigt wird „Walpurgis" dann in der Valentin-Szene ‚Nacht' (Erstdruck 1808). Wieder durch Mephisto, wieder in Verbindung mit dem, was in der Hexenküche zur Sprache kam:

Ein bißchen Diebsgelüst, ein bißchen Rammelei.
So spukt mir schon durch alle Glieder
Die herrliche Walpurgisnacht.
Die kommt uns übermorgen wieder (3659 ff.)

Und das Doppelthema, das der erste dieser Verse benennt, wird mit der Symbolik von Gold und Geschlechtlichkeit die folgende ‚Walpurgisnacht'-Szene regieren.

Deren Überschrift macht eine Zeitangabe, bezeichnet die Nacht vom 30. April auf den 1. Mai (Tag der heiligen Walpurga), in der nach dem alten Volksglauben die Unholden zum Blocksberg zogen. Ortsangaben werden nachgetragen: *Harzgebirge. Gegend von Schierke und Elend.* Zwei kleine Dörfer sind das[5], in deren Nähe Mephisto jetzt den Faust durchs unwegsame Gelände zum Brocken führt. Mit seinen ersten Worten schon eröffnet der Geleitsmann das Hexenthema: bietet bequemere, verfänglichere Transportmittel an als den wackeren Knotenstock, den der Naturfreund an seiner Seite bevorzugt –

Verlangst du nicht nach einem Besenstiele?
Ich wünschte mir den allerderbsten Bock. (3835 f.)

Nacht ist es. Der Mond steigt herauf. Nicht das „reine" Gestirn, das in der Szene ‚Wald und Höhle' Faust „Besänftigend" vor Augen stand und ihm „Der Vorwelt silberne Gestalten" zur Erscheinung brachte (3235 ff.). Das wird erst in der ‚Klassischen Walpurgisnacht' des zweiten Teils wiederkehren, wo es, über den Felsbuchten des ägäischen Meers „im Zenit verharrend", das aus den Wogen aufsteigende mythologische Getümmel der griechischen Vorwelt erleuchtet (8040 f.). Hier im nordischen Gebirge erscheinen andere Gestalten, unter einem anderen Mond. Mephisto:

Wie traurig steigt die unvollkommne Scheibe
Des rothen Monds mit später Gluth heran,
Und leuchtet schlecht.   (3851 ff.)

Ein Irrlicht leitet die beiden bergauf. Ins Groteske, Dämonische verzerren sich Felsen, Bäume und gespenstisches Nachtgetier in seinem Flackerschein. In wirbelnde Drehung löst die festgefügte Erscheinungswelt chaotisch sich auf:

---

[5] Heute im grenznahen Sperrbezirk der DDR gelegen; passierbar wirklich nur noch für den, der auf Besenstielen oder Ziegenböcken durch die Luft ritte.

In die Traum- und Zaubersphäre
Sind wir, scheint es, eingegangen. (3871 f.)

In der Tiefe glühen die Goldadern, mit denen Mammon, der Geldteufel, den unterirdischen Satanspalast des Gebirges jetzt festlich erleuchtet. Dann fliegen mit dem rasenden Nachtsturm auf Gabeln, Besen und Bökken die wilden Schwärme der Hexen und Hexenmeister heran, lassen sich nieder auf den Hängen, drängen in wüstem Tumult zum Blocksberggipfel herauf. Nach *droben* verlangt es auch den Faust. Aber Mephisto hält ihn zurück, führt ihn an der Peripherie des Geschehens zu den Randfiguren, die schwatzend, kochend und trinkend, tanzend und liebend an Feuerstellen unterhalb des Gipfels sich aufhalten. Vier alte Herren (General und Minister, Parvenu, Autor) sitzen da nörgelnd um verglimmende Kohlen. Eine Trödelhexe bietet ihre Ware an. Lilith erblickt man, Adams legendenhafte erste Frau. Zwei Hexen gleich darauf, von denen Mephisto die wüste alte, Faust die schöne junge sich zum Tanz greift. Der Proktophantasmist (After-Geisterseher) mischt mißmutig sich ein. Dann in der Ferne ein *blasses schönes Kind* (4184). Faust glaubt Gretchen zu erkennen und läßt die nackte Hexe fahren. Als bloßes Trugbild aber sucht Mephisto die Erscheinung abzutun, führt Faust (*der aus dem Tanz getreten ist*) einen Hügel herauf, wo ein Theatergerüst aufgeschlagen ist und jetzt der Vorhang sich öffnet.

Damit mündet die Szene ‚*Walpurgisnacht*‘ in den als ‚Intermezzo‘ bezeichneten ‚Walpurgisnachtstraum oder Oberons und Titanias goldne Hochzeit‘: in ein Spiel im Spiele, das in sich wiederum ein Spiel (in dritter Potenz) enthält. Denn das Versöhnungsfest des Elfenkönigspaares, dargestellt auf dem Blocksbergtheater vor dem als Zuschauer zu denkenden Faust, bildet Anlaß und Rahmen für eine Revue typenhafter Figuren, deren anspielungsreich verschlüsselte Spruchverse literarische, philosophische, politische Zeitsatire entwickeln. Wohl ist dies Epigramm-Theater locker eingebunden in das Geschehen der Walpurgisnacht, wird sein Personal als „Hexenheer" bezeichnet (4281, 4311), spricht der Chor der ‚Xenien‘:

Als Insecten sind wir da,
Mit kleinen scharfen Scheren,
Satan, unsern Herrn Papa,
Nach Würden zu verehren. (4303 ff.)

Auch agieren schon in der ‚*Walpurgisnacht*‘-Szene selbst die reaktionären Parteigänger der (von der Französischen Revolution beseitigten?) alten Verhältnisse, General, Minister und Parvenu, ebenso der abgehalfterte Aufklärungs-Autor und später der Proktophantasmist, der den mißmutig-aggressiven alten Friedrich Nicolai karikiert, auf gleicher Ebene wie die allegorischen Typen und Schlüsselfiguren des ‚Walpurgisnachtstraums'. Diese nicht mehr dem primären dramatischen Geschehen verbundenen Akteure auf der zweiten und dritten Spielebene, Erfüllungsgehilfen direkter Zeitsatire, stellen zwischen beiden Textstücken durchaus eine Beziehung her. Davon aber, daß „die beiden Teile des Walpurgisnacht-Komplexes, Brocken-Besuch und Traum-Intermezzo, in unlöslicher Verbundenheit" stünden[6], kann gar nicht die Rede sein. Vom „Epigramme-Haufen ‚Walpurgisnachtstraum'" hat Friedrich Theodor Vischer 1875 erklärt (bösartig, aber nicht ganz zu Unrecht): „gute und schlechte, viele darunter von rein ephemerer Bedeutung, das Ganze eine Einstreuung von satirischem Häckerling in ein ewiges Gedicht, die ein unverantwortlicher Leichtsinn zu nennen ist."[7] Und dieser Stachel sitzt den ‚Faust'-Interpreten seither im Fleisch; die Versuche, ihn loszuwerden, nehmen kein Ende.

Es gehe in der ‚Walpurgisnacht' um die „Perversitäten des Gesellschaftstreibens" in der Goethezeit, stellt Baumgart 1893 fest. Da dürfe „in dem Gesamtbilde gesellschaftlicher Verkehrtheiten auf dem Blocksberge die Litteratur mit allen ihren Annexen nicht fehlen", wie sie in ‚Oberons und Titanias goldner Hochzeit' dargestellt werde: „Ein stärkerer Beweis für ihre organische Zugehörigkeit zu dem einheitlichen Ganzen der Walpurgisnachtscene und des gesamten Gedichtes ließe sich doch nicht ersinnen."[8]

Mit dem ‚Walpurgisnachtstraum', erklärt 1894 Valentin, werde „in echt künstlerischer Weise ohne Störung des Zusammenhanges die Walpurgisnacht der ihr zukommenden Natur gemäß zu Ende geführt und dennoch des Dichters Zweck, das Scheitern der Versuche des Mephistopheles, Faust von Gretchen loszureißen, erreicht, jedoch nur durch eine Andeutung, die nicht stark genug ist, Faust unmittelbar in die Welt der zeitlichen Wirklichkeit zurückzuzwingen. Es gelingt vielmehr Mephistopheles noch einmal, Faust wenigstens für die Dauer der Geisternacht von der naturgemäßen Wirkung der Erinnerung und seiner zweifellosen Erkenntnis der Wahrheit zurückzuhalten: diese Aufgabe hat ‚die goldne Hochzeit', die ebendeshalb ein wesentlicher und durchaus notwendiger

---

[6] Walter Dietze: Der ‚Walpurgisnachtstraum' in Goethes ‚Faust' – Entwurf, Gestaltung, Funktion. In: Erbe und Gegenwart. Aufsätze zur vergleichenden Literaturwissenschaft. Berlin/Weimar 1972, hier S. 208 f. (zuerst in: PMLA 84, 1969, S. 476 ff.).

[7] Göthe's Faust. Neue Beiträge zur Kritik des Gedichts. Stuttgart 1875, S. 54. – Sinngemäß ebenso schon 1839 in den Hallischen Jahrbüchern (vgl. Vischer: Kritische Gänge. Bd. 2, Tübingen 1844, S. 50 f.).

[8] Hermann Baumgart: Goethes Faust als einheitliche Dichtung. Bd. 1, Königsberg 1893, S. 366, 368, 369.

Bestandteil der Dichtung, speziell des Abschnittes ‚Walpurgisnacht' ist."[9]
Auf die Behauptung, „Ariel [dem im Intermezzo acht Verse zugeteilt werden!] ist die beherrschende Figur des Walpurgisnachtstraumes", und den Umstand, daß eine gleichbenannte Figur zu Beginn des ‚Faust II' den Chor der Elfen anführt, stützt 1926 Frankenberger seine These, es sei „Oberons und Titanias goldene Hochzeit für den ersten Teil der Tragödie nicht weniger und nicht mehr als das Tüpfelchen auf dem i, und zugleich stilistisch und dem Gehalt nach die Brücke zum Zweiten Teil."[10]
Goethe habe für das Intermezzo „eine Vielfalt von ungewöhnlichen Kunstmitteln" eingesetzt, befindet 1972 Requadt und führt „die durchgängige Tiermetaphorik", „die goethezeitliche Satire" und „Mephistos Zuordnung zu einer Art von Un- oder Halbkunst" dafür an. Das alles diene „dem gleichen Ziel, eine Mephisto eigene Sphäre des Negativen zu umschreiben, zum Teil in Erweiterung und Vertiefung des durch die Walpurgisnacht bereits Vermittelten", und erweise die Haltlosigkeit einer „Auffassung, nach welcher der Walpurgisnachtstraum nur ein entbehrliches Anhängsel der Hauptszene ist."[11]
Die exegetische Beobachtungsenergie und der apologetische Scharfsinn, die man aufgebracht hat, um auf solche Art das Intermezzo als einen unerläßlich notwendigen Bestandteil des Dramas zu erweisen, entsprangen nicht allein einem erkenntnisleitenden Interesse am Text. In einem fragwürdigen Organismus-Denken befangen, hat man als fraglos unterstellt, daß eine ‚künstlerische Einheit', die jedes seiner (in den Druck aufgenommenen) Teile unentbehrlich mache, das eigentliche Gütesiegel des Kunstwerks abgebe. Einwände gegen das Intermezzo erschienen deshalb als ein Sakrileg, als die Behauptung nämlich, es habe der Autor auf unwürdige Weise sich vergangen an einem Werk, das zu den heiligsten Gütern der Nation gehörte. Baumgart, 1893: „Mit strenger Folgerichtigkeit ist Goethe in dem Phantastischsten, was er je geschaffen hat, in der Walpurgisnachtsscene verfahren. Was anderes wäre auch der Größe und Schönheit seines Lebenswerkes würdig gewesen! Schon diese eine Erwägung hätte allen voreiligen Tadlern den Mund schließen müssen; statt dessen hat die kritische Interpretation neben ganz abfälliger Beurteilung kaum zu halben Entschuldigungen des Dichters den Mut gefunden."[12] Nach dem ersten Weltkrieg vollends,

---

[9] Veit Valentin: Goethes Faustdichtung in ihrer künstlerischen Einheit. Berlin 1894, S. 108.
[10] Julius Frankenberger: Walpurgis. Zur Kunstgestalt von Goethes Faust. Leipzig 1926, S. 11 und 102 f.
[11] Paul Requadt: Goethes ‚Faust I'. Leitmotivik und Architektur. München 1972, S. 320.
[12] Wie Anm. 8, S. 336.

1926, brachte Frankenberger die Einwände gegen das Intermezzo auf den Nenner des Vorwurfs, „unsere größte nationale Dichtung sei ohne Einheit, ohne Form, am höheren Maßstabe gemessen ein Bruchstück. Hier", erklärte er, „geht es doch um anderes als eine literarhistorische Frage. Das produktive Selbstgefühl unseres Volkes wird sich auf seinem künftigen Weg durch die Geschichte zu einem guten Teil immer aus den Werken der Epoche seiner hohen Dichtung nähren müssen, und soll es sich dabei mit dem Troste abfinden, daß wir auch da nur immer das Größte gewollt und nicht erreicht hätten?"[13] Auch unter veränderten Vorzeichen blieb dieses Argumentationsmuster erhalten. Anspielend auf die Losung vom humanistischen Erbe, das eine sozialistische Gesellschaft aufnehmen und fortentwickeln sollte, stellt Dietze 1972 seine Darlegungen zum ‚Walpurgisnachtstraum' unter den Titel ‚Erbe und Gegenwart' und erhebt die rhetorische Frage: „Welche Gründe wären denkbar, die den Schöpfer des Faust hätten veranlassen können, leichtfertig Flickwerk an einem Kunstprodukt zu betreiben, das sonst überall strengsten Kompositionswillen ausgeprägt zeigt?"[14]

Partei ergreifend für die ‚Unitarier', hat Dietze auf diejenigen ‚Walpurgisnacht'-Verse sich berufen, mit denen Mephisto den Faust vom Aufstieg auf den Blocksberggipfel zurückhält.

Laß du die große Welt nur sausen,
Wir wollen hier im Stillen hausen.
Es ist doch lange hergebracht,
Daß in der großen Welt man kleine Welten macht (4041 ff.):

„So unleugbar und ganz logisch sich dieser Wink auf alles das bezieht, was unmittelbar anschließend noch auf dem Brocken selbst als Detail des Hexensabbats vorgestellt wird (zunächst die Versammlung von General, Minister, Parvenu und Autor, dann die Trödelhexe und Lilith, schließlich der Proktophantasmist und das Gretchen-Idol), so unüberhörbar", meint Dietze, sei „die vor allem mitschwingende Ankündigung des darauf erst folgenden Stücks: es spielt regelrecht auf einem Theater, erfüllt also einen ganz konkreten Sinngehalt der mephistophelischen Ankündigung vom ‚Machen' kleiner Welten inmitten einer großen." Er zieht den Schluß, „daß zwischen der ersten ‚Walpurgisnacht' und dem anschließenden ‚Walpurgisnachtstraum' ein äußerer, wohlüberlegter, zudem ausdrücklich ankündigend vorweggenommener Szenenzusammenhang besteht. Dieser jedoch stellt nur, was wichtiger ist und aufschlußreicher, den formalen Ausdruck einer inneren Zusammengehörigkeit dar. Beide Walpurgisnacht-Stücke präsentieren nämlich auf dem

---

[13] Wie Anm. 10, S. 105.
[14] Wie Anm. 6, S. 210.

Felde künstlerischer Gestaltung Einheit und Widerspruch, Übereinstimmung und Kontrast. Zweimal gibt es Begegnungen zwischen Faust und Mephisto einerseits, einer Reihe symbolisch-allegorischer Figuren andererseits. Aber: während im ersten Fall, der ‚Walpurgisnacht‘ selbst, die beiden Wanderer sich bewegen, von Ort zu Ort fortschreiten müssen, um jeweils neue Bekanntschaften erleben zu können, nehmen sie im zweiten Falle, dem ‚Walpurgisnachtstraum‘, den festen und ruhenden Standpunkt von Theaterzuschauern ein, vor deren Augen jetzt das Figurenensemble vorbeizieht." Auf dieser Grundlage schreibt Dietze hinsichtlich der thematisch-gedanklichen Bezüge dem Intermezzo die einheitstiftende Funktion einer das Ideengefüge des ganzen ‚Faust‘-Dramas umspannenden Zentralszene zu: „die ‚kleine‘ Welt, die auf dem Brocken-Theater (mit Mephisto zu sprechen) ‚gemacht‘ wird, erweist sich frappierender Weise zumindest als Ausschnitt schon jener ‚großen‘ Welt, in die Faust im Zweiten Teil des Dramas eingeführt werden wird [. . .], birgt in sich gedankliche Elemente von so weit übergreifendem Radius, daß der von ihnen eingeschlossene Kreis den Erkenntnismonolog der Eingangsszene voll erfaßt und die Sozialproblematik im fünften Akt des Zweiten Teils immerhin berührt."[15]

Dietzes Thesen gehen aus von der Deutung der Verse 4044 f. (*Es ist doch lange hergebracht,* | *Daß in der großen Welt man kleine Welten macht*) als einer Vorankündigung des Intermezzos: „kleine Welten" will er verstehen als Theaterspiele, wie sie in der „großen Welt" der Realität doch „lange hergebracht" seien. Ich halte das weder vom allgemeinen Sprachgebrauch her für akzeptabel noch im Zusammenhang der ‚Walpurgisnacht‘-Szene für zureichend überzeugungskräftig und werde einen sehr anderen Vorschlag zum Verständnis dieser Verse machen. Aber selbst wenn man das zunächst auf sich beruhen läßt, erlauben weder die von Dietze bemerkten noch die von seinen Vorgängern angeführten Verbindungen des ‚Walpurgisnachtstraums‘ mit der ‚Walpurgisnacht‘-Szene und dem ‚Faust‘-Drama insgesamt, das Intermezzo als „notwendigen Bestandteil der Dichtung" zu bezeichnen[9], seine „organische Zugehörigkeit zu dem einheitlichen Ganzen" zu behaupten[8], von „unlöslicher Verbindung" zu reden[6].

Mehrfach ist auch die Gegenthese vertreten worden. Nach Vischer am entschiedensten 1894 durch Witkowski: „Der ‚Walpurgisnachtstraum‘ enthält weder selbst irgend eine sachliche Beziehung zu der übrigen Dichtung, noch ist er vor- oder nachher, abgesehen von den wenigen äußerlich überleitenden Versen irgendwo auf ihn hingewiesen, er bleibt für die Handlung in jedem Betracht wirkungslos. Alles was vorgebracht wird, um seinen Zusammenhang mit dem großen Ganzen zu verteidi-

---

[15] Wie Anm. 6, S. 194 f. und 209.

gen, ist von außen her hineingetragen und besitzt deshalb keine Beweiskraft."[16] Das freilich haben die ‚Unitarier' als haltlos erwiesen. Sowenig die dramaturgischen Verknüpfungen, strukturellen Entsprechungen und thematischen Korrespondenzen, auf die sie aufmerksam machten, zureichen für den Nachweis einer unauflöslich-organischen Verbindung: die weit überzogene These von der völligen Zusammenhanglosigkeit beider Teile der ‚Walpurgisnacht' ist dadurch endgültig entkräftet worden.

„Welche Gründe wären denkbar, die den Schöpfer des Faust hätten veranlassen können, leichtfertig Flickwerk an einem Kunstprodukt zu betreiben, das sonst überall strengsten Kompositionswillen ausgeprägt zeigt?"[14] Dietzes Fragestellung überspitzt die Tatbestände. Weder ist die lockere Fügung dieser Teile als „Flickwerk" angemessen bestimmt, noch zeigt das Drama insgesamt eine kompositorische Geschlossenheit, die keinen Zusatz und keinen Abstrich duldete. Nicht nur für ‚Wilhelm Meisters Wanderjahre' gilt, was Goethe an Rochlitz schrieb: „Mit solchem Büchlein aber ist es wie mit dem Leben selbst: es findet sich in dem Complex des Ganzen Nothwendiges und Zufälliges, Vorgesetztes und Angeschlossenes, bald gelungen, bald vereitelt".[17] Und daß der ‚Walpurgisnachtstraum' nicht zu den im strengen Sinne notwendigen Bestandteilen des Stückes, zum ursprünglich Vorgesetzten zählt, erklären die entstehungsgeschichtlichen Zeugnisse. 1796 waren (im ‚Musen-Almanach für das Jahr 1797') die ‚Xenien' erschienen. Zur Fortsetzung dieses zeitsatirischen Scharmützels bündelte Goethe seine neu entstehenden Spottverse um das Oberon-Motiv und gab das für den nächsten Musenalmanach bestimmte Manuskript im Sommer 1797 an Schiller. Auf dessen Mitteilung, daß er diese neuen Xenien nicht aufgenommen habe[18], schrieb er am 20. Dezember: „Oberons goldne Hochzeit haben Sie mit gutem Bedachte weggelassen, sie ist die Zeit über nur um das doppelte an Versen gewachsen und ich sollte meinen im Faust müßte sie am besten ihren Platz finden."[19] Das Oberon-Manuskript von 1797 kennen wir freilich nicht. In welcher Weise es zugerichtet wurde für die Ein-

[16] Georg Witkowski: Die Walpurgisnacht im ersten Teil von Goethes Faust. Leipzig 1894, S. 55.

[17] Brief an Johann Friedrich Rochlitz, 23. 11. 1829. WA IV 46, S. 166.

[18] Schiller an Goethe, 2. 10. 1797: „Oberons goldne Hochzeit finden Sie nicht in der Sammlung, aus zwey Gründen ließ ich sie weg. Erstlich dachte ich es würde gut seyn, wenn wir aus diesem Almanach schlechterdings alle Stacheln wegließen und eine recht fromme Mine machten, und dann wollte ich nicht, daß die goldne Hochzeit, die noch so vielen Stoff zu einer größern Ausführung giebt, mit so wenig Strophen abgethan würde. Wir besitzen in ihr einen Schatz für das nächste Jahr, der sich noch sehr weit ausspinnen läßt." (Schillers Werke. Nationalausgabe Bd. 29, S. 140.)

[19] WA IV 12, S. 380. – Das „nur" ist wohl ein Schreibversehen, gemeint offenbar: ‚noch'.

fügung ins ‚Faust'-Drama und inwieweit die im Dezember mitgeteilte Umfangsverdoppelung damit schon zusammenhing, bleibt also fraglich. Ungewiß auch, ob es überhaupt von vornherein die ‚*Walpurgisnacht*' war, wo „Oberons goldne Hochzeit" nach Goethes Ansicht „am besten ihren Platz finden" müßte. Unter „Zufälliges" (nicht: „Nothwendiges") aber fällt sie allemal – insofern doch erst Schillers Verzicht auf den geplanten Druck im Almanach zur Aufnahme ins ‚Faust'-Drama führte. „Angeschlossenes" (nicht: „Vorgesetztes") ist sie ohne Zweifel – als ein ursprünglich in anderem Kontext entworfener und in den neuen Zusammenhang eingepaßter Bestandteil des Stückes.

Subjektiver hingegen bestimmt sich ein Urteil in der Frage „gelungen" oder „vereitelt". Von der unmittelbaren Eindruckskraft der (primären) dramatischen Vorgänge in der Brockenszene hebt das Intermezzo als (sekundäres) Spiel im Spiele, als Theater aus zweiter Hand mit erheblichen Differenzqualitäten sich ab. Der Aufstieg in die unheimliche Welt des nächtlichen Harzgebirges, das flackernde Irrlicht und die Glut des Goldes in der vulkanischen Tiefe der Berge, rasender Nachtsturm und *wüthender Zaubergesang* (3955) der Hexenschwärme, der mörderische Reliquienhandel der Trödelhexe, Fausts und Mephistos wüster Tanz mit den Hexen und die geisterhafte Erscheinung Gretchens dann, um dessen Hals schon die messerrückenschmale Todeswunde sich zieht: vor der Gewalt dieser Bilder weicht das muntere Treiben um ‚Oberons und Titanias goldne Hochzeit' mit dem dilettantisch-läppischen Gedudel und Gehopse von „Fliegenschnauz' und Mückennas' ", dem „Maskeraden-Spott" dieser grotesken „Wichtchen" und den „Gedichtchen" des zeitsatirischen Xenien-Theaters ins unverträglich Harmlose aus.

Wohl heißt es in einem Arbeitsprogramm zum ‚Faust', das Goethe ums Jahr 1797 notiert haben mag: „Widersprüche statt sie zu vereinigen disparater zu machen."[20] Neuere Bemühungen um die ‚Einheit der Faustdichtung' haben ihre Aufmerksamkeit denn auch nicht nur auf die Entsprechungen und Verbindungen zwischen dem Intermezzo einerseits, der Brockenszene und dem ganzen Faustspiel andererseits gerichtet, sondern eben solche „Widersprüche" ausgemacht, die in der coincidentia oppositorum dieses spannungsreichen Welttheaters ihre künstlerische Einheit fänden.[21] Aber all diese Versuche, das Intermezzo in den

---

[20] WA I 14, S. 287.

[21] 1926 versuchte Frankenberger, den ‚Walpurgisnachtstraum' als heiter-kunstvolles Gegenspiel zur düster-barbarischen ‚Walpurgisnacht' glaubhaft zu machen, als einen Versuch des klassischen Goethe, „den Sturm und Drang-Faust zu entbarbarisieren, ihn breiter, heller, leidenschaftsloser, und das heißt: ihn objektiver und gültiger" erscheinen zu lassen. Denn „über dem tragischen Schicksal der Liebenden", meinte er, gewinne „dieses kurze, leichte Spiel [. . .] den höheren Standpunkt, von dem aus die menschliche Tragödie in ihrer Relativität überschaut wird." Auf die italienische Oper

Rang eines Gegenspiels zur eigentlichen ‚*Walpurgisnacht*' einzusetzen, stoßen auf den offensichtlichen Tatbestand, daß das ergötzliche Fliegengewicht des ‚Walpurgisnachtstraums' jenes gewaltige Spiel auf dem Brocken doch keinesfalls zu kontrebalancieren vermag. Auf literarische, philosophische, politische Zustände der Goethezeit spielt das Intermezzo an mit seinem allegorisierten, typisierten und zeitgenössischen Personal und dessen Selbstdarstellung in den satirischen Xenien. Den Spürsinn der gelehrten Detektive mag dies verdeckte Spiel ja reizen, mag seine Entschlüsselung dann befriedigen. Jeder andere Leser aber muß allererst ihre Kommentare zu Rate ziehen, um sich darüber zu informieren, daß beispielsweise mit den Figuren ‚Hennings' und ‚Musaget' ein gänzlich belangloser Schriftsteller dieser Zeit und dessen mit Recht vergessene Gedichtsammlung gemeint waren, oder daß der ‚Kranich' für Lavater steht (Eckermann, 17. 2. 1829: „Sein Gang war wie der eines Kranichs, weswegen er auf dem Blocksberg als Kranich vorkommt"), der ‚Orthodox' wahrscheinlich für den Grafen Stolberg. Am Ende wiegt dann der Gewinn, den solche Einsicht fürs Verständnis des Dramas abwirft, die Mühen der Dechiffrierung und des Studiums gelehrter Apparate kaum auf. Was schon für den gelesenen Text sich geltend macht, gilt vollends für den gespielten, der ohne die Krücken des Kommentars auf eignen Beinen stehen muß und ohne sie hier doch gar nicht auskommen könnte. Die kleineren zeitsatirischen Einsprengsel der eigentlichen ‚*Walpurgisnacht*' aber, auf die die ‚Unitarier' sich berufen, beheben diese Schwierigkeit keineswegs, teilen sie vielmehr mit dem Zwischenspiel, in dem sie am stärksten sich auswirkt.[22]

Cimarosas und Mozarts ‚Zauberflöte' hat er dabei hingewiesen, die dem Intermezzo-Verfasser „die Verbindung von weltanschaulichem Tiefsinn mit heiterem Spiel zu einer höchsten Einheit künstlerischer Gestaltung als möglich zeigt." (Wie Anm. 10, S. 48, 46, 50.) – 1952 bestimmte auch Harold Jantz das Intermezzo „for artistic reasons of truth and balance" als unerläßliches Gegengewicht zur ‚Walpurgisnacht': „The elves and fairies alone could make possible a transposition from deep corruption to harmless rascality, could end this scene on a light muted note, and at the same time furnish the poet with the best means for making the necessary transition to the second part." (The Function of the ‚Walpurgis Night's Dream' in the Faust Drama. In: Monatshefte für deutschen Unterricht, deutsche Sprache und Literatur, Vol. 44, 1952, S. 407 f.) – 1969 schließlich hat Dietze Frankenbergers Thesen wiederholt (ohne einen Rückverweis): den ‚Walpurgisnachtstraum' auf Cimarosa und die ‚Zauberflöte' bezogen, deren „immanente Einheit von Ernst und Scherz, Tragik und Komik, weltanschaulichem Tiefsinn und heiterem Spiel [s. oben!]" jener „Tendenz zum Welttheater" Vorschub leiste, „der dann der fertiggestellte Blocksberg-Komplex ebenso dient wie größere kompositorische Einheiten des Zweiten Teils sie ausprägen" (wie Anm. 6, S. 218).

[22] Daß in Gestalt des ‚Proktophantasmisten' (4158 ff.) hier Friedrich Nicolai die Bühne betrat, konnte auch unter den Zeitgenossen nur ahnen, wer diese freie Wortbildung aus dem Griechischen zu rekonstruieren vermochte (πρωκτός = After) und

Im Kontext des Dramas regt der ‚Walpurgisnachtstraum' eine Reihe weiterer Fragen an und nötigt zu weiteren Einwänden. Gretchens bleiche Erscheinung geht dem Intermezzo unmittelbar voraus. *Sie scheint mit geschloss'nen Füßen zu gehen* (4186 – als ginge sie in Ketten). Faust, der die schöne nackte Hexe fahren läßt und aus dem Tanze tritt, sieht

> *die Augen einer Todten,*
> *Die eine liebende Hand nicht schloß.* (4195 f.)

Sieht ein *einzig rothes Schnürchen* dort, wo der Henker ihr das Haupt vom Halse schlagen wird. Und fügt sich sogleich doch Mephistos Ablenkungsversuch, folgt wahrhaftig auf der Stelle jener Einladung zum Besuch des Walpurgis-Theaters, dem hanebüchenen

> *Komm doch das Hügelchen heran,*
> *Hier ist's so lustig wie im Prater.* (4210 f.)

Die Interpretationsanstrengungen, die das glaubhaft machen wollen als mephistophelische Verführungskunst[23], kommen ohne Eigendichtung nicht aus. Als Zuschauer beim Theaterspiel des Intermezzos muß man den Faust ja notwendig sich denken.[24] Maurer also imaginiert, worüber der Text doch kein Wort verliert: Faust „starrt ins Leere, und wir sehen es seinen Blicken an, was er schaut. Währenddessen tändelt und dudelt – im flottesten Zeitmaß! – das Stückchen vorüber. Mephisto unterhält sich königlich und sucht Faust hereinzuziehen; der aber starrt in die ‚Augen einer Toten'!"[25] Die ersten Worte, die dem Intermezzo dann folgen, sind Fausts Verzweiflungsschreie über Gretchens Geschick, seine rasenden Flüche über Mephisto. Und wenn es dort auch heißt: „mich wiegst du indeß in abgeschmackten Zerstreuungen, verbirgst mir ihren wachsenden Jammer und lässest sie hülflos verderben!"[26], ist damit jedenfalls sein

---

überdies von einem Berliner Akademie-Vortrag wußte, in dem der alte Aufklärer eingestanden hatte, Blutegel an seinem Hinterteil erst hätten ihn von Geistererscheinungen befreit. (Vgl. Witkowski, wie Anm. 16, S. 47.)

[23] Julius Frankenberger (wie Anm. 10, S. 59): „Die Verführung zur Flucht aus der verantwortlichen Wirklichkeit in den schönen Schein, aus dem Ernst ins Spiel, die Verführung zum Ästheten ist der letzte hinterhältige Streich Mephistos, und er geht an die Wurzeln von Fausts moralischer Existenz." – O. Maurer (Der ‚Walpurgisnachtstraum' als Gehalts- und Gestaltteil der Faustdichtung. In: Zeitschrift für Deutschkunde 43, 1929, S. 154): „Zerstreuung, Oberflächlichkeit, spielerisches Spiel des Dilettantismus sollen ihr Werk tun, den Faustgeist von seinem Urquell abzuziehen."

[24] Darüber zuletzt, völlig überzeugend, Dietze (wie Anm. 6), S. 501, Anm. 4.

[25] Maurer (wie Anm. 23), S. 154. – Dieses „stumme Spiel mitten in der schneidenden Ironie der Nichtigkeit, des äußeren Tamtams" erscheint ihm dann allen Ernstes als „der kritische Angelpunkt der Faustdichtung" (ebd. S. 154 f.).

[26] WA I 14, S. 225, Zeile 14 ff.

Besuch im lustigen Prater nicht gedeckt. Eingefügt zwischen die Szenen ,Walpurgisnacht' und ,Trüber Tag. Feld', zeigt das Zwischenspiel Faust nicht als den Verführbaren, den Gewissenlosen (als der er nicht nur hier erschiene), sondern unterstellt es Verhaltensweisen, deren Unvereinbarkeit die personale Glaubwürdigkeit der dramatischen Figur aufhebt und jene Worte Lügen straft, mit denen Faust vom Mephisto sich zu unterscheiden sucht: „Mir wühlt es Mark und Leben durch, das Elend dieser Einzigen; du grinsest gelassen über das Schicksal von Tausenden hin!"[27] Hier wird ein Sprung im Gefüge des dramatischen Kunstwerks sichtbar, den man wohl übersehen und gewiß überspielen, im Argumentationsverfahren einer immanenten Interpretation aber nicht mehr beseitigen kann.

Entschiedener noch gilt gleiches für eine zweite Stelle im gedruckten Text. Da haben die wilden Hexenschwärme sich niedergelassen auf den Berghängen, drängen jetzt zum Brocken hinauf. Faust aber läßt, gegen seinen Willen, vom Mephisto sich beiseite ziehen, schlägt folgsam den Weg mit ihm ein, der zu den Feuerstellen unterhalb des Gipfels führt und beim Walpurgis-Theater enden wird. Entschiedeneren Widerstand gegen diesen Geleitsmann ist man doch sonst bei ihm gewohnt, als jetzt sein windelweich-ironisches

> Du Geist des Widerspruchs! Nur zu! du magst mich führen.
> Ich denke doch, das war recht klug gemacht;
>
> Zum Brocken wandeln wir in der Walpurgisnacht,
> Um uns beliebig nun hieselbst zu isolieren.
>
> MEPHISTOPHELES
> Da sieh nur welche bunten Flammen!
> Es ist ein muntrer Club beisammen.
> Im Kleinen ist man nicht allein.
>
> FAUST
> Doch droben möcht' ich lieber sein!
> Schon seh' ich Gluth und Wirbelrauch.
> Dort strömt die Menge zu dem Bösen;
> Da muß sich manches Räthsel lösen.
>
> MEPHISTOPHELES
> Doch manches Räthsel knüpft sich auch.
> Laß du die große Welt nur sausen,
> Wir wollen hier im Stillen hausen. (4030 ff.)

Der mit so dürftiger Begründung hier sich zufrieden gibt, sollte der gleiche noch sein, der doch um jeden Preis nach Erkenntnis verlangte, die

---

[27] Ebd. S. 226, Zeile 32 ff.

Welträtsel lösen, rastlos ins Rollen der Begebenheit sich stürzen wollte? Der unbekümmert Unersättliche, der „Sehnsuchtsvolle Hungerleider | Nach dem Unerreichlichen" (8204 f.)[28], dessen vielgestaltige Gestalt durch das ganze Stück hin doch allein darin ihre Identität hat, daß sie nirgends innehält oder ausweicht, sondern weitergeht, weiter sucht und fragt? Im Verhalten der dramatischen Figur gibt wiederum ein Bruch, im Sinngefüge des Spiels abermals ein Sprung sich zu erkennen an dieser Stelle. In der Topographie des Blocksbergs erscheint ein ausgesparter Raum.

Später im gedruckten Text geben zwei Verse Mephistos noch einmal einen Hinweis gleicher Art:

Der ganze Strudel strebt nach oben;
Du glaubst zu schieben und du wirst geschoben. (4116 f.)

Denn vom Weg *nach oben* hat er den Faust jetzt in Wahrheit längst abgedrängt. Die alten Herren am verglimmenden Feuer und die Trödelhexe mit ihrem Kramladen, Lilith und die Tanzhexen dann[29], die Gretchen-Erscheinung wie das Walpurgistheater: ohne Zweifel ist das alles jetzt unterhalb des Brockengipfels zu denken. Keineswegs mehr trägt der Hexenstrudel den Faust *nach oben* und vollzieht sich in der Handlung, was Mephistos Verse hier beschreiben. Durchaus fehl am Platz in diesem Kontext, deuten sie offenbar auf eine andere, in der Druckfassung nicht mehr verwirklichte Absicht der Szenenführung.[30]

Was damit ausgespart wurde, stellt ein Kupferstich des Nürnberger Malers Michael Herr (1591–1661) vor Augen, den Johann Klaj (1616–1656) mit acht erläuternden Versen versehen hat: ‚Eigentlicher Entwurf und Abbildung deß Gottlosen und verfluchten Zauber Festes'.[31]

---

[28] Der gleiche Einwand schon bei Ernst Hermann: Die Walpurgisnacht in Sage und Dichtung. In: Sammlung von Vorträgen im Mannheimer Altertumsverein, 2. Serie, 3. Heft, Mannheim 1888, S. 114.

[29] Durch Vers 4046 ff. ganz ausdrücklich nicht „droben" lokalisiert!

[30] So schon Witkowski (wie Anm. 16), S. 44.

[31] Wiedergaben in Georg Hirth: Kulturgeschichtliches Bilderbuch aus drei Jahrhunderten. Bd. 4, 1, Leipzig/München 1886, Nr. 1743 und in Georg Winter: Geschichte des Dreißigjährigen Krieges. Berlin 1893, nach S. 632. – Datiert von Adolf Trendelenburg (Das Hexenbild von Michael Herr. Berlin 1925, S. 6) „nach einer Handzeichnung Herrs im Berliner Kupferstich-Kabinett auf das dritte Jahrzehnt des 17. Jahrhunderts". Wahrscheinlicher: Mitte 17. Jahrhundert (Klaj, 1656 verstorben, kam erst 1644 nach Nürnberg). – Den ersten Hinweis auf einen Zusammenhang des Kupfers mit der Walpurgisnacht-Szene hat schon Hirth selber gegeben (wie oben, S. VI): „man glaubt eine Illustration zu Goethe's Faust vor sich zu haben." Dem folgten Biedermann (Leipziger Zeitung 1891, Beilage 135), Witkowski (wie Anm. 16, S. 36): „Das Bild [. . .] deckt sich mit Goethes Schilderung in den zahlreichen Gruppen, die um den Gipfel des

5. ,ABBILDUNG DESS GOTTLOSEN UND VERFLUCHTEN ZAUBER FESTES'.
Kupferstich von Michael Herr, Mitte 17. Jahrhundert
(linke Bildhälfte).

Blocksberges mit dem faßartigen Throne des Satans ziehen, in der leidenschaftlichen Bewegung, die es erfüllt. Nur müßte, ehe wir eine Einwirkung annehmen können, erst gezeigt werden, daß Goethe das merkwürdige Blatt gekannt hat", und Max Morris (Die Walpurgisnacht. In: Euphorion 6, 1899, S. 687): „Goethe hat aus diesem Bilde eine Fülle von einzelnen Zügen für die Walpurgisnacht herausgelesen." (Vgl. auch Max Morris: Gemälde und Bildwerke im Faust. In: Goethe-Studien, Bd. 1, 2. Aufl. Berlin 1902, S. 121 f.)

Zahlreiche Details dieser Darstellung entsprechen dem Szenarium und der Choreographie der gedruckten Fassung von Goethes ‚Walpurgisnacht'. Ein düsterer Halbmond steht da über dem wüsten Treiben. Auf Stöcken, Gabeln, Besen und Böcken reiten am nächtlichen Himmel die Hexenschwärme heran. Mit erhobenen Armen scheint ein Weibsbild, die mörderische Trödelware auszuschreien, die vor ihm ausgebreitet ist. Mit grotesken Sprüngen und Flügen führen in einem verfallnen Gewölbe kleine monströse Dämonenfiguren tanzend und musizierend ein Walpurgis-Theater auf („Eulenaugen, Krötenzucht, Schlangenzischen, Würmgewimmel", heißt es in Klajs beigebenen Versen).

Die linke Bildhälfte dieses Kupfers aber (vgl. S. 123, Abbildung 5) zeigt nun auch, was oben auf dem Gipfel sich ereignet. Fausts

Doch droben möcht' ich lieber sein! (4037)

meint offensichtlich den Berg, der hier gegen den Nachthimmel sich erhebt und als ‚B.Berg' (Blocksberg oder Brockenberg) bezeichnet ist. Rechts unterhalb dieser Inschrift ein Feuer, dessen gedrehte Rauchsäule zur Höhe aufwirbelt – Faust:

Schon seh' ich Gluth und Wirbelrauch. (4038)

Eine springende, zuckende, ekstatische Menschenschlange zieht sich zum Gipfel herauf, angeführt von einem Vortänzer mit Teufelsschwanz und flammend erhobenen Händen – *Leuchtende Finger des Meph*[istopheles] lautet eine bildbeschreibende Arbeitsnotiz Goethes, die unter den ungedruckten Paralipomena zum ‚Faust' sich gefunden hat.[32] Oben aber, auf einem faßähnlichen Gebilde, mit einem Musikanten im Rücken, der da zum Hexentanz aufspielen mag, hat, wie es scheint, der Satan seinen Thronsitz eingenommen – Faust:

Dort strömt die Menge zu dem Bösen;
Da muß sich manches Räthsel lösen. (4039 f.)[33]

Völlig sicher scheint es nicht, daß Goethe diesen Kupferstich tatsächlich kannte.[34] Aber am Ende ist das auch nur eine Frage von untergeord-

---

[32] Vgl. WA I 14, S. 301, Paralip. Nr. 34 (Erich Schmidt hat hier freilich falsch gelesen: „Leuchtende Figur des Meph."). – Erster Hinweis auf diese Entsprechung bei Morris: Die Walpurgisnacht. In: Euphorion 6, 1899, S. 685.

[33] Dietze (wie Anm. 6, S. 194) meint, es werfe diese Stelle „das Problem mehrschichtiger, mehrdeutiger Mephisto-Charakteristik auf, indem sie aus der Kleinigkeit einer raffiniert eingesetzten Dativ-Konstruktion absichtlich grammatische und semantische Unentschiedenheit auftauchen läßt (‚Dort strömt die Menge zu dem Bösen' – was sich sowohl auf ‚das Böse' wie auf ‚den Bösen' beziehen läßt)." Aber Mephisto wird hier keineswegs ‚mehrdeutig' charakterisiert, und bei grammatischer Zweideutigkeit ist der semantische Bezug doch völlig eindeutig: nicht ‚das', sondern ‚der Böse' (der Satan selber nämlich) thront auf dem Blocksberggipfel.

[34] Ein vergleichsweise unbeholfener, detailärmerer Titelholzschnitt (ohne Urhe-

neter Bedeutung. In allen wesentlichen Zügen nämlich beruht die Nürnberger ,Abbildung deß Gottlosen und verfluchten Zauber Festes' ihrerseits auf dem gleichen Überlieferungskomplex, der dem Verfasser der Walpurgisnacht-Szene auch auf anderen Wegen zugänglich war. Lektüreauszüge in seinem Nachlaß, Titelhinweise in seinem Tagebuch und die Ausleihbücher der Weimarer Bibliothek bezeugen, daß er zahlreiche Schriften über Zauberei und Aberglauben, Gespenster- und Geistererscheinungen, Teufels- und Dämonenwesen, Hexenprozesse und Ketzerverfolgungen benutzte.[35] Und diese Werke aus dem 17. und frühen 18. Jahrhundert schreiben wiederum frühere Berichte aus, nehmen ältere Traditionen auf, bündeln weit zurückreichende Überlieferungsstränge. Um den „Gedichten" aus Goethes „Walpurgissack" näherzukommen, muß man deshalb einen weiten Anlauf nehmen. Um ihre Botschaft zu entziffern, muß man eine Vielzahl alter Quellen wieder freilegen, die in sie eingegangen sind. Denn was Goethe hinterlassen hat mit diesen unterdrückten Texten, ist nicht weniger als eine in das ,Faust'-Drama integrierte poetische Summe des Ketzer- und Hexenwesens.

---

bervermerk) zum Hexenbuch von Johannes Praetorius (Blockes-Berges Verrichtung. Leipzig/Frankfurt a. M. 1668. – von Goethe benutzt) lehnt sich eng an die linke Bildhälfte des Kupferstichs an (auch Klajs Verse werden von Praetorius S. 316f. zitiert) und bildet gleichfalls den Teufel ab, dessen erhobene Hände in Flammen stehen. Hier fehlen aber die ,Trödelhexe' und das ,Walpurgis-Theater', die für Goethes Kenntnis auch des Herr'schen Kupfers sprechen. – Interessanter wird eine andere Abweichung des Praetorius-Holzschnitts von seiner Vorlage: Zusätzlich nämlich bildet er im Zentrum des Tanzkreises den Satan in Bocksgestalt ab, dem eine Hexe das Hinterteil küßt (wie bei Praetorius mehrfach beschrieben, beispielsweise S. 54: „ein grosser schwartzer Bock [. . .] Vmb denselben müsten sie alle tantzen / und [. . .] ihme den Hindern küssen"). Auf dem Berggipfel hingegen zeigt der Holzschnitt nun ganz deutlich einen zum Tanz aufspielenden Sackpfeifer auf einem Faß, daneben sitzend einen zweiten Schalmeienbläser – wie das, auf mißverständliche Weise undeutlich, tatsächlich wohl auch Herr dargestellt hat. Auf dem Holzschnitt wie im Kupferstich meint der Teufel mit den in Flammen auflodernden Händen offenbar die in den einschlägigen Berichten häufig erwähnte Selbstverbrennung des Satans am Ende des Hexensabbats, nach der die Asche des Verbrannten dann als Hexenpulver verteilt wird (vgl. beispielsweise Soldan-Heppe: Geschichte der Hexenprozesse. Neu bearbeitet u. hrsg. von Max Bauer. Nachdruck der 3. Aufl. Bd. 1, Hanau/M. 1968, S. 274. Auch bei Praetorius, wie oben, S. 284.). Da der bocksgestaltige Satan in Herrs Kupferstich aber nicht erscheint, hat Goethe dessen Dudelsackpfeifer auf dem Gipfel des ,B. Bergs' offenbar als den thronenden Satan mißverstanden und den dort sich selbst verbrennenden Teufel dann als Mephisto gedeutet (: *Leuchtende Finger des Meph.*).

[35] Vgl. die Exzerpte zur ,*Walpurgisnacht*' mit Erich Schmidts Angaben dazu in WA I 14, S. 296–301 und insbesondere die von Witkowski (wie Anm. 16, S. 18–36) notierten Titel und Parallelstellen, die sich freilich auf handfest wörtliche oder motivische Entsprechungen beschränken und, gut positivistisch, vieles Wichtige dabei übergehen. Außerdem Elise von Keudell: Goethe als Benutzer der Weimarer Bibliothek. Ein Verzeichnis der von ihm entliehenen Werke. Weimar 1931.

Antiker, altjüdischer und alteuropäischer Zauberglaube lebt in den Vorstellungen fort, die Goethes Vorlagen – zustimmend oder abwehrend – vom Hexentreiben vermitteln. Schadenzauber üben die Unholden aus: machen schlimmes Wetter, Hagel und Reif, lösen Lawinen aus, vergiften das Wasser in Brunnen und Flüssen, lassen die Feldfrüchte verderben, die Milch stocken und das Vieh eingehen, führen Impotenz, Unfruchtbarkeit und Mißgeburten herbei, bewirken Krankheit und Tod; zauberischen Diebstahl verüben sie, Kinderraub, Kindesmord und Kannibalismus; praktizieren Schlafzauber, Heilzauber, Liebeszauber, verwandeln Menschen in Tiere, fliegen auf Böcken, Gabeln, Besen durch die Luft. Vom Hagelschlag bis zur tödlichen Erkrankung gehörte alles, was dieser vielfältig ergänzungsfähige Schadenkatalog benennt, zur ständig sich wiederholenden und bestätigenden Lebenserfahrung. Als Konsequenz der menschlichen Neigung, Ursachen festzustellen und Schuld zuzurechnen, Schuldner zu bestrafen und durch Beseitigung der Verursacher künftigen Schaden abzuwenden, hatten Zauberglaube und Hexenverfolgung wohl auch darin ihren Ursprung, daß man für die aus unbeherrschbaren Naturereignissen resultierenden Mißgeschicke einerseits wirkliche Übeltäter dingfest zu machen suchte, andererseits aber übernatürliche Erklärungen anzunehmen genötigt war; daß man den vermeintlichen oder vorgeblichen Schadenbewirkern daraufhin übermenschliche Kräfte zuschrieb, die ihnen nach dem Volksglauben von Schutz- und Hilfsgeistern, von Dämonen und im christianisierten Europa schließlich vom Teufel verliehen wurden.

Das mörderische Potential an Verdächtigung, Verfolgung und Vernichtung, das unter solchen Bedingungen sich bildete, hat die Kirche des frühen und hohen Mittelalters noch bändigen können. Bis ins 13. Jahrhundert lehrte sie es als unverträglich mit dem Christenglauben, dämonischen Schadenzauber und nächtliche Hexenflüge auch nur für möglich zu halten und nicht für ein bloßes Blendwerk des Satans. Der Ancyranische Canon Episcopi (der freilich nicht schon von der Synode zu Ancyra im Jahre 314 aufgestellt wurde, sondern erst um 900 greifbar wird, um 1150 in das Decretum Gratiani eingeht und damit dann ins Corpus iuris canonici) gab die Generalanweisung: „Omnibus itaque publice annuntiandum est, quod qui talia et his similia credit, fidem perdidit, et, qui fidem rectam in deo non habet, hic non est eius, sed illius, in quem credit, i. e. diaboli."[36] Es galt zunächst also nicht die Hexerei, sondern gerade

---

[36] ‚Allen soll öffentlich verkündet werden, daß derjenige, der solchen und ähnlichen Dingen Glauben schenkt, den Glauben verloren hat; wer aber den wahren Glauben an Gott nicht bewahrt, gehört nicht ihm an, sondern jenem, an den er glaubt, und das ist der Satan.' – Das latein. Zitat nach Soldan-Heppe: Geschichte der Hexenprozesse. Neu bearbeitet u. hrsg. von Max Bauer. Nachdruck der 3. Aufl. Bd. 1, Hanau/M. 1968, S. 114. – Zur Sache vgl. dort S. 111–116.

umgekehrt die Irrlehre des Hexenglaubens als ein (mit den Mitteln der Kirchenzucht zu bekämpfendes) Teufelswerk, weil solch satanischer Verblendung doch nur erliegen könne, wer sich abgewandt habe vom Glauben an den wahren Herrn.

In ihrem Ausrottungskampf gegen die großen Häresien jedoch hatte sich die Kirche seit langem auf den Volksaberglauben gestützt und die ketzerischen Manichäer, Priscillianisten, Messalianer oder Bogomilen auch einer vom Teufel verliehenen Zauberkraft verdächtigt.[37] Wurde der Schadenzauber aber als Häresie-Indiz gewertet, mußte das in einer Zeit neu auflebender Ketzerbewegungen Folgen haben auch für die Einstellung zum Zauber- und Hexenglauben. So gerät im 13. Jahrhundert das vermeintliche oder vorgebliche Treiben der Hexen seinerseits unter Häresieverdacht und wird in den Inquisitionsprozessen mit dem gleichen Vorwurf des Satanskultes bedacht, den man seit dem 11. Jahrhundert gegen die Katharer, jetzt gegen Albigenser und Waldenser oder den Templerorden erhob. 1326 stellt der von Hexenangst getriebene Papst Johannes XXII. in der Bulle ‚Super illius specula' die Zauberer ausdrücklich den dogmatischen Ketzern gleich. Die Ketzergerichtsbarkeit der Inquisition zieht jetzt auch die Hexenverfolgung an sich und ihre Prozesse greifen wie eine Epidemie von Südfrankreich auf die Alpenländer und Deutschland über. Durch Innocenz' VIII. Hexenbulle ‚Summis desiderantes' sanktioniert, gibt der ‚Malleus maleficarum' von 1487 (das von dem deutschen Dominikaner Heinrich Institoris verfaßte, zusammen mit seinem Ordensbruder Jakob Sprenger veröffentlichte Haupt- und Grundbuch der Hexenverfolgung) seinem Leitsatz, daß es Ketzerei sei, nicht an die Wirklichkeit von Hexenwerken zu glauben (‚Haeresis est maxima, opera maleficarum non credere'), eine fortan nahezu kanonische Geltung.[38]

Für den Satanskult nun, den man den Ketzern nachsagte und vorwarf, hat sich seit den Prozessen des 11. Jahrhunderts gegen die Katharer[39] ein bemerkenswert festes Schema ausgebildet, das offenbar an die heimlichen kultischen Versammlungen der Verfolgten anknüpft[40] und von

---

[37] Dazu Soldan-Heppe (wie Anm. 36), S. 130.

[38] So Soldan-Heppe (wie Anm. 36), S. 258. – Vgl.: ‚Malleus maleficarum' (zuerst Straßburg 1487, hier zitiert nach der Ausgabe Frankfurt 1588), S. 1 ff. – Deutsche Übersetzung: Der Hexenhammer. Von Jakob Sprenger und Heinrich Institoris. Zum ersten Male ins Deutsche übertragen und eingeleitet von J. W. R. Schmidt. Drei Teile, Berlin 1906 (dort I, S. XXXVI ff. eine Übersetzung auch der Bulle ‚Summis desiderantes', die den lat. Ausgaben des ‚Malleus malificarum' vorangestellt wurde).

[39] Vgl. Joseph Hansen: Zauberwahn, Inquisition und Hexenprozeß im Mittelalter und die Entstehung der großen Hexenverfolgung. München/Leipzig 1900, S. 226 ff., und Arno Borst: Die Katharer. Stuttgart 1953 (Literaturangaben dort S. 2, Anm. 6).

[40] Belege bei Borst (wie Anm. 39), S. 198, Anm. 23. – Dazu Herbert Grundmann:

den romanischen Ländern her sich verbreitete. Nach gemeineuropäischer Sprachregelung hat man dafür die Bezeichnung ‚Synagoga Satanae' eingesetzt. Sie leitet sich aus der ‚Offenbarung Johannis' ab, wo von Leuten die Rede ist, die sich zu Unrecht als fromme Juden ausgeben („qui se dicunt Judaeos esse et non sunt, sed sunt synagoga satanae", Apoc. 2,9). Der christlich-kirchliche Antisemitismus aber hat die ‚Synagoge' wie den ‚Sabbat' schlechterdings in Denunziations- und Verdammungsvokabeln umgemünzt, und als solche sind sie in den Dienst der Ketzer- und Hexenjagd getreten. Zur sogenannten ‚Synagoga Satanae' also traf man im Dunkel der Nacht an abgelegenen Orten zusammen, häufig nach einem Flug durch die Luft; huldigte mit obszönen Küssen dem Teufel, der als ein bleicher oder schwarzer oder stark behaarter Mann, oft auch in Tiergestalt erschien; betete ihn an und sagte sich vom Christengott los, verhöhnte die heiligen Sakramente; hielt in vielen Fällen eine rituelle Mahlzeit ab; führte dann wilde Tänze auf und verübte schließlich die schändlichste Unzucht. Fallweise durch variable Züge ergänzt und konkretisiert, wird dieses Schema des ‚Ketzersabbats' unverändert auf den ‚Hexensabbat' übertragen, der um das Jahr 1330 in den Akten der Inquisitionsprozesse von Carcassone und Toulouse zum ersten Mal erscheint[41] und vom frühen 15. bis ins späte 17. Jahrhundert dann überall

---

Der Typus des Ketzers in mittelalterlicher Anschauung. In: Kultur- und Universalgeschichte. Festschrift für Walter Goetz, Leipzig/Berlin 1927, S. 102 f.

[41] Vom Toulouser Prozeß des Jahres 1335 ist durch Lamothe-Langon (Histoire de l'Inquisition en France. Paris 1829, Bd. III, S. 235) in französ. Übersetzung ein inzwischen verschollenes latein. Aktenstück überliefert, das die Urteilsbegründung des Inquisitiors Peter Guidonis Ord. Praed. wiedergibt. Unter acht zum Feuertod Verurteilten befanden sich die beiden Frauen, von deren Aussagen hier berichtet wird: „Anne-Marie de Georgel et Catherine, épouse de Delort, toutes les deux de Toulouse et d'âge mûr, ont dit dans leurs aveux juridiques, que depuis vingt ans environ elles avaient pris parti dans l'armée innombrable de satan, en se livrant à lui, tant dans cette vie que dans l'autre; que très-souvent, et toujours dans la nuit de vendredi au samedi, elles ont assisté au Sabbat, qui se tenait tantôt dans un lieu, tantôt dans un autre; que là, en la compagnie d'hommes et de femmes sacrilèges comme elles, elles se livraient à toutes sortes d'excès, dont les détails font horreur. Chacune d'elles, interrogée séparément, est entrée dans des explications, qui nous ont amenés à l'entière conviction de leur culpabilité." (Nach Lamothe-Langon bei Joseph Hansen: Quellen und Untersuchungen zur Geschichte des Hexenwahns und der Hexenverfolgung im Mittelalter. Bonn 1901, S. 451.)
Übersetzung bei Julio Caro Baroja: Die Hexen und ihre Welt. Stuttgart 1967, S. 109 f.: ‚Anne-Marie de Georgel und Catherine, die Frau des Delort, beide aus Toulouse und reiferen Alters, haben in ihren gerichtlichen Geständnissen gesagt, daß sie seit ungefähr zwanzig Jahren dem zahllosen Heer des Satans angehören und sich ihm sowohl in diesem wie im anderen Leben hingegeben haben; daß sie häufig in der Nacht vom Freitag zum Samstag dem Sabbath beigewohnt haben, der einmal an diesem, einmal an jenem Ort gefeiert wurde. Dort, in Gesellschaft von anderen Männern und Frauen, die

in Europa nach dem gleichen Grundmuster beschrieben wird. Ich führe, um die konstanten Züge dieses Sabbat-Topos zu verdeutlichen, drei räumlich wie zeitlich weit voneinander entfernte Beispielfälle an. Im Juni 1233 richtet Papst Gregor IX. an den König Heinrich VII. das Ketzerdekret ‚Vox in Rama', das sich auf Berichte über häretische Bewegungen in Deutschland bezieht und in den folgenden Passagen den Initiationsritus und die Sabbatfeier einer solchen Kultgemeinschaft beschreibt:

„Nam dum novitius in ea quisquam recipitur, & praedictorum primitus scholas intrat; apparet ei quaedam species ranae, quam bufonem consueverunt aliqui nominare. Hanc quidam a posterioribus, & quidam in ore damnabiliter obsculantes, linguam bestiae infra ora sua recipiunt & salivam. [. . .] Deinde novitio procedenti occurrit miri palloris homo, nigerrimos habet oculos, adeo, extenuatus & macer, quod consumptis carnibus sola cutis relicta videtur ossibus superducta. Hunc novitius osculatur, & sentit frigidum sicut glaciem; & post osculum catholicae fidei memoria evanescit de ipsius corde totaliter. Ad convivium postmodum discumbentibus & surgentibus, completo ipso convivo, [. . .] extinguuntur candelae, & proceditur ad foedissimum opus luxuriae nulla discretione habita inter extraneas & propinquas. Quod si forte virilis sexus, supersunt aliqui ultra numerum mulierum, tandiu in passiones ignominiae in desideriis suis invicem exardentes masculi in masculos turpitudinem operantur. Similiter & foeminae immutant naturalem usum in eum, qui est contra naturam, hoc ipsum inter se damnabiliter facientes."[42]

---

ebenso frevlerisch waren, haben sie sich jeder Art von Exzessen hingegeben, deren Details Schrecken verursachen würden. Jede von ihnen, getrennt befragt, hat Erklärungen abgegeben, die uns [den Inquisitor] von ihrer Schuld völlig überzeugt haben.'

[42] Joannes Dominicus Mansi: Sacrorum conciliorum nova, et amplissima collectio. Bd. 23, Venedig 1779, Sp. 324.
Übersetzt bei Gerhard Zacharias: Satanskult und Schwarze Messe. Ein Beitrag zur Phänomenologie der Religion. Wiesbaden 1964, S. 52 f.: ‚Denn wenn ein Novize in sie [die Gemeinschaft] aufgenommen wird und zum ersten Mal in die Versammlungsräume der Vorgenannten eintritt, erscheint ihm eine Art Frosch, den einige eine Art Kröte zu nennen gewohnt sind. Indem einige diesen auf das Hinterteil und andere auf das Maul verdammenswert küssen, nehmen sie die Zunge und den Speichel des Tieres in ihren Mund auf. [. . .] Dem weitergehenden Novizen begegnet darauf ein Mann von verwunderlicher Blässe, er hat ganz schwarze Augen [und ist] so abgezehrt und mager, daß bei geschwundenem Fleisch einzig die übriggebliebene Haut über die Knochen gezogen scheint. Diesen küßt der Novize, und er empfindet ihn kalt wie Eis; und nach dem Kuß schwindet die Erinnerung an den katholischen Glauben vollständig aus seinem Herzen. Nachdem sie sich bald darauf zum Mahl niedergelassen haben und, wenn dieses Mahl beendet ist, sich erhoben haben, [. . .] werden die Kerzen ausgelöscht, und man schreitet zum schändlichsten Werke der Unzucht, wobei man keine Unterscheidung macht zwischen Fernstehenden und Verwandten. Und wenn etwa vom männlichen Geschlecht einige über die Zahl der Frauen hinaus übrig sind, so

Die um 1475 verfaßte Chronik des Kurfürstlich-Pfälzischen Hofkaplans Matthias von Kemnat[43] enthält einen Bericht über die Hexensekte der ‚Gazarii‘[44]. Er nimmt Bezug auf einen etwa im gleichen Jahre möglicherweise von Heinrich Institoris, dem Mitverfasser des ‚Malleus maleficarum‘, geführten Inquisitionsprozeß in Heidelberg, bei dem zahlreiche den ‚Gazarii‘ zugerechnete Hexen verbrannt wurden, folgt aber nahezu wörtlich einem um 1450 wohl in Savoyen verfaßten anonymen Traktat ‚Errores Gazariorum seu illorum, qui scobam vel baculum equitare probantur‘[45]:

„Nun komme ich vff ein ketzerei vnd sect, dauon ich will schreiben, vnd ist die allergroste vnd heisset ein irsall vnd sect Gazariorum, das ist der vnholden, vnd die bei der nacht faren vff besamen [Besen], offengabeln, katzen, bocken oder vff andern dingen darzu dienend. Der hab ich vil sehen verbrennen zu Heidelberg vnd auch an andern enden, vnd ist die allerverfluchst sect, vnd gehort vil feuwers on erbarmung darzu, vnd ist die. Zum ersten, wer in die verflucht sect wil komen, so man ine vffnimpt, muss er schweren, als offt er berufft wirt von einem der sect, so soll er von stund an alle ding ligen lassen vnd mit dem beruffer in die sinagoga vnd samelung [Ketzersynagoge, Sabbatversammlung] gehn [. . .]. Item, wie sie in die sinagoga komen, so antwort [überantwortet] man den verfurten armen menschen dem deuffel, der zu stund erscheint in einer gestalt einer schwartzen katzen oder bock, oder in einer andern gestalt des menschen. [. . .] Item er schwerdt, das er getreuw wol sein dem ketzermeister vnd alle seiner gesellschafft; zum andern, das er alle, die er moge zu solicher gesellschafft bringen, das er fleis darzu thun wolt; zum dritten, das er bis in den doit [Tod] die heimlichkeit verschwigen wol; zum vierten, das sie alle die kind, die vnder drien jarn sint, wollen doten vnd in die geselschafft bringen; zum funfften das, als offt er beruffen wirt, alle ding ligen lass vnd in die gesellschafft eile; zum sehsten, das sie alle eheleut verwirren wollen vnd daruor woln sein, das inen ire gemacht verhalten [Genitalien verschlossen] werden mit zauberei oder sunst sachen; zum siebenden, das sie wollen rechen mit allem fleis das vnrecht, das man den personen duth, die in der sect sein. Vnd wen der arme die

---

vollziehen die Männer, die zu den Leidenschaften der Schande in ihren Begierden gegenseitig entbrennen, bei den Männern die Schimpflichkeit. Ebenso kehren auch die Frauen die natürliche Ausübung um in die, die gegen die Natur ist, indem sie bei sich dasselbe verdammungswürdigerweise tun.‘

[43] Chronik Friedrichs I. des Siegreichen. Hrsg. von Conrad Hofmann in: Quellen zur Bayrischen und Deutschen Geschichte. Bd. 2, München 1862, S. 1–141, hier S. 113 ff.

[44] Für Katharer; oberitalienisch auch auf die Waldenser bezogen. Vgl. Hansen (wie Anm. 41), S. 118.

[45] Abgedruckt bei Hansen (wie Anm. 41), S. 118–122.

artickel also geschwert, so kniet er nider und bett den ketzermeister an vnd gibt sich ime vnd kust ine in den ars [Arsch] vnd sie sagen, es sei der dewffel selbs, der vff dem stul sitzt in eins menschen wise vnd gibt ime zins [als Tribut] ein glidt von seinem leibe, so er gestirbt. Darnach so sint die in der gesellschafft frolich vnd freuwen sich des newen gesellen vnd ketzers vnd essen, das sie haben, gebraten vnd gesodten kinder. Wen sie gessen haben, so schreit der dewffel oder der ketzermeister ‚Meselet, Meselet' vnd lescht die liecht aus, darnach lauffen sie vndereinander vnd vermischen sich fleischlich vnd der vatter mit der dochter, desgleich bruder mit der schwester etc. vnd halten nit naturlich ordenung in dem werck."

Im November 1610 veranstalteten die Inquisitoren von Longroño im spanischen Navarra ein Autodafé, bei dem sechs der weltlichen Gerichtsbarkeit überantwortete Hexen auf dem Scheiterhaufen umgebracht und von fünf weiteren, schon vor der Urteilsvollstreckung Verstorbenen wenigstens ihre Bildnisse und ausgegrabenen Gebeine verbrannt wurden. Achtzehn andere Beschuldigte, die man wieder in den Schoß der Kirche aufnahm, legten umfangreiche Geständnisse ab[46], aus denen die Anklageschrift über den Hexensabbat berichtet:
„con grande velocidad y presteza llegan al Aquelarre y campo diputado para sus juntas: donde lo primero presenta al Bruxo novicio al Demonio, que esta sentado en una silla, que unas vezes parece de oro y otras de madera negra, con gran trono, magestad, y gravedad [. . .]. Y luego le recibe por su Dios y señor, y le adora, bessandole la mano yzquierda, en la boca, y en los pechos encima del coraçon, y en las partes vergonçosas: y luego se rebuelve sobre el lado yzquierdo, y levanta la cola (que es como la que tienen los Asnos) y descubre aquellas partes que son muy feas, y las tiene siempre suzias, y muy hediondas, y le besan tambien en ellas de baxo de la cola [. . .], y les precica un sermon, en que les dize que no sean vanagloriosos, en pretender otro Dios sino a el que los a de salvar, y llevar al paraysso: y aun que en esta vida pasaran trabajos y necesidad, el les dará mucho descanso en la otra: que hagan a los Christianos todo quanto mal pudieren. [. . .] Luego que el Demonio acaba su Missa, los conoce a todos hombres y mugeres, carnal y someticamente [. . .]. Y luego que el Demonio acaba de cometer las dichas maldades, y otras muy abominables que se dexan de referir, los Bruxos se mezclan unos con otros, hombres con mugeres, y los hombres con hombres, sin tener consideracion a grados, ni aparentescos".[47]

---

[46] Vgl. dazu Johann Anton Llorente's Kritische Geschichte der spanischen Inquisition. Übersetzt von Johann Karl Höck. Bd. 3, Gmünd 1821, S. 518 ff.
[47] Bei Zacharias (wie Anm. 42), S. 56–61 (nach: Relacion de las personas que salieron al Auto de la fee, que los senores Doctor Alonso Bezerra Holguin, del Abito de Alcantara: Licenciado Iuan de Valle Alvarado: Licenciado Alonso de Salazar Frias, Inqui-

In dieser Sabbatfeier hat man das kultische Zentrum des Hexenwesens gesehen. All das schadenstiftende Teufelswerk, das man den zaubermächtigen Hexen und Hexern nachsagte, vorwarf und abfragte, hatte seinen vermeintlichen Ursprung hier, wo sie sich durch ihren Huldigungskuß dem Bösen anheimgaben und unterwarfen, seine Lehren empfingen, sich im Geschlechtsakt ganz und gar mit ihm verbanden. Daß man den Berichten über dieses Ritual tatsächlich Glauben schenkte und über Jahrhunderte hin mörderische Konsequenzen daraus zog, ist offenbar wesentlich befördert worden durch die höchst eindrucksvolle Übereinstimmung der Aussagen, die in den Geständnissen der Angeklagten zutage trat.[48] Dafür sorgte freilich die Praxis der inquisitorischen Prozesse, die sich mit den sogenannten Interrogatorien feststehender

sidores Apostolicos, del Reyno de Navarra, y su distrito, celebraron en la Ciudad de Logrono, en siete, y en ocho dias del mes de Noviembre, de 1610, Anos).

Übersetzt (ebd. S. 57–62): ,mit großer Geschwindigkeit und Eile gelangen sie zum Hexensabbat und zum festgesetzten Platz für ihre Zusammenkünfte. Dort stellt der Hexenmeister den Hexennovizen zuerst einmal dem Teufel vor, der auf einem Sitz thront, der manchmal aus Gold erscheint und mitunter aus schwarzem Holz, mit großer Würde, Majestät und Erhabenheit, und zwar mit überaus traurigem Antlitz, häßlich und übelgelaunt [. . .]. Und alsogleich nimmt er [der Novize] ihn als seinen Gott und Herrn an und betet ihn an, drückt ihm einen Kuß auf die linke Hand, auf die Brust in der Höhe des Herzens und die Schamteile, und alsogleich wendet er [der Teufel] sich auf die linke Seite und hebt seinen Schwanz (der dem des Esels gleicht) und entblößt jene Körperteile, die sehr häßlich sind, und bei ihm sind sie immer sehr schmutzig und stinken sehr, und er wird auch auf diese Körperteile unterhalb des Schwanzes geküßt. [. . .] und er richtet auch eine Predigt an sie, worin er ihnen sagt, sie sollten nicht ruhmsüchtig und eitel sein und einen andern Gott als ihn [den Teufel] bekennen, der allein sie erretten und ins Paradies führen werde; und wenn sie auch in diesem Leben Mühe und Not erdulden müßten, so werde er ihnen doch reichen Trost im Jenseits spenden. Den Christen aber sollten sie soviel Übles wie nur irgend möglich zufügen. [. . .] Sobald der Teufel seine Messe beendet hat, wohnt er allen bei, Männern und Frauen, fleischlich und nach Weise der Sodomiten [. . .]. Und sobald der Teufel aufhört, die erwähnten üblen Dinge zu begehen und noch andere höchst schauderhafte, die wir hier übergehen, vermischen sich die Hexer untereinander, Männer mit Frauen, auch Männer mit Männern, ohne Ansehen des Standes und Verwandtschaftsgrades'.

[48] Sehr bezeichnend dafür eine Anweisung in der Strafrechtslehre des Juristen Benedikt Carpzov, die zum Handbuch der nord- und mitteldeutschen Hexenprozesse des späteren 17. Jahrhunderts wurde: „Imprimis autem confessio Rei cum aliorum Magorum ac Lamiarum convictarum confessionibus conferenda est, ac probè advertendum, an cum iisdem concordet & conveniat, quae concordantia veritatem ac certitudinem delicti probabiliter importat." (Practica nova imperialis Saxonica rerum criminalium. Wittenberg 1635, T. 1, S. 428.) – ,Insbesondere aber ist das Geständnis des Angeklagten mit den Geständnissen anderer Zauberer und überführter Hexen zu vergleichen und rechtschaffen zu untersuchen, ob es mit jenen übereinstimme und zusammenpasse; diese Übereinstimmung erweist glaubhaft die Wahrheit und Gewißheit des Verbrechens.'

Fragenkataloge bediente[49], abgeleitet aus der durch ein breites theologisches Schrifttum überlieferten, vom ,Malleus maleficarum' dann systematisierten und kodifizierten Doktrin des Hexenwesens. Antwort auf solche Suggestivbefragungen holte man mit der Folter ein. Auch das nach dem Sprachgebrauch dieser Gerichtsbarkeit gutwillige oder reumütige Geständnis, das nicht durch barbarische Folterung erpreßt worden war, kam doch in Wahrheit nach qualvoller Kerkerhaft, häufig durch vergleichsweise mildere Anwendungen der Tortur und jedenfalls durch die Erwartung oder Androhung der Marter (,Territion') oder beim Anblick des Folterinstrumentariums zustande.[50] Wo diese Erpressungspraktiken nicht zureichen für die Erklärung massenhafter ,freiwilliger' Schuldbekenntnisse, wird man – durch die Gehirnwäsche und Schauprozesse späterer Zeit belehrt – gewiß bedenken müssen, daß die dem Druck fortgesetzter Verhöre ausgesetzten Angeklagten ideologisch auf der gleichen Seite standen wie Zeugen, Kläger, Richter und Henker. Sie waren ausnahmslos Christen, niemals ungetaufte Juden oder Zigeuner (denen man zwar Zauberei nachsagen, nicht aber die Lossagung vom christlichen Gott vorwerfen konnte[51]), und pflichteten also noch mit dem Geständnis, das auf den Scheiterhaufen führte, der herrschenden, sie alle tragenden Christenlehre von der Realität des Hexenwesens und Satanskultes bei, an der zu zweifeln der ,Malleus maleficarum' als ,Haeresis maxima' ausgab.

---

[49] Dazu Soldan-Heppe (wie Anm. 36), S. 372 ff. und Hansen (wie Anm. 39), S. 241 ff.

[50] Dazu beispielsweise Friedrich Spee von Langenfelds ,Cautio Criminalis' (1631); in der Übersetzung von Hermann Schmidt: „dasselbig hab ich mehr dann einmahl mit meinen Ohren gehöret / nicht allein von Richtern vnd Commissarien / sondern auch von Geistlichen / daß sie gesprochen diese vnd jene haben gutwillig vnd vngepeinigt bekennet / vnd derwegen müssen sie ja nothwendig schuldig sein. Ists aber nicht zu verwundern / daß man der sprach sich so weit mißbraucht? dann alß ich daruff gefragt / wie es dann mit solcher gütlichen Bekantnuß hergangen? haben sie gestanden dasselbige Persohnen zwar gefoldert / aber allein mit den außgehöhleten oder gezähnten beinschrauben vor den schienen (da dann die empfindligkeit vñ schmertzen am grösten ist / in deme man damit den armen Menschen daß Fleisch vnd die Schienbein gleich einem Kuchen oder Fladen zusammen schraubt / also daß das Blut herausser fleust / vnd viele darvor halten / daß solche Folter auch der allersterckste Mensch nicht außstehen möchte) seyen angegriffen oder tentiret worden. Vnd dennoch muß jhnen dasselbig heissen gutwillig / vnd ohne Folter bekennen / also bringen sie es beim gemeinen Mann an / daß schreiben sie an jhre Fürsten vnd Herren vnd vergewissen sie darbey / daß sie doch ja nicht zweiffeln sollen / daß diese vnd jene der Hexerey schuldig seyen / weil jhrer so sehr viel / ohne Pein vnd folterung bekennet haben." (Cautio Criminalis [. . .] Das ist / Peinliche Warschawung von Anstell: vnd Führung deß Processes gegen die angegebene Zauberer / Hexen vnd Vnholden. Franckfurt am Mayn 1649, S. 65.)

[51] Vgl. Soldan-Heppe (wie Anm. 36), S. 299.

Um die Ungeheuerlichkeit der Hexenverfolgungen begreiflich zu machen, hat man sie einerseits im Zusammenhang von Klassenkämpfen als Unterdrückungsmaßnahmen gegenüber unbotmäßigen Unterschichten, andererseits als eine auf die Frauen gerichtete radikale Sozialdisziplinierung zu erklären versucht. Beides läßt sich anhand der bisher zutage geförderten Daten kaum vertreten. Weder in schichtenspezifischer noch in geschlechtsspezifischer Hinsicht zeigen sie eine zureichend eindeutige Auswahl der Opfer dieser gesamteuropäischen Verfolgungsepidemie. Am Hexensabbat sind denn auch keineswegs nur die einfachen Leute oder allein die Frauen beteiligt, sondern (wie häufig berichtet wird) „auch Männer / nicht nur geringes sondern auch hohes Stands Personen/ Kayser / Fürsten / Freyherrn / Edelleute und dergleichen; nicht nur weltliche / sondern auch Geistliche / Päbste / Bischoffe und Priester; nicht nur ungelehrte / sondern auch gelehrte und berühmte Doctores auß allen Facultäten.“[52] Tatsächlich waren ja von den Ketzer- und Hexenprozessen Angehörige aller Stände betroffen und wurden in großer Zahl auch Männer und Kinder angeklagt und umgebracht.[53] Aber der ‚Malleus maleficarum‘, dessen Anklagekatalog im Vorwurf der Teufelsbuhlschaft, des geschlechtlichen Verkehrs mit dem als männlich vorgestellten Teufel (Incubus) gipfelt, hat das Hexentreiben dann doch ganz entschieden als Frauensache dargestellt. Gott, heißt es, habe das männliche Geschlecht, in dessen Gestalt Christus Mensch wurde, dem Zugriff des Bösen weit weniger ausgesetzt, als die ihrer Natur nach schlechteren, von unersättlicher sexueller Gier getriebenen Weiber.[54] In dieser theolo-

---

[52] So beispielsweise, Johannes Praetorius: Blockes-Berges Verrichtung, Leipzig/ Frankfurt a. M. 1668, S. 129. – Goethe, der diese Schrift benutzte (vgl. Witkowski, wie Anm. 16, S. 26 f.), läßt immerhin den *General, Minister, Parvenu* und *Autor* und den gelehrten *Proktophantasmist* teilnehmen an seiner Walpurgisnacht, neben den *Hexen* auch die *Hexenmeister.*

[53] Sehr aufschlußreich dafür das ‚Verzeichniss der Hexen-Leut, so [1627/28] zu Würzburg mit dem Schwert gerichtet und hernacher verbrannt worden‘ (abgedruckt bei Soldan-Heppe, wie Anm. 36, Bd. 2, 1969, S. 17 ff.): Bei 161 Hingerichteten betrug hier der Anteil von Personen männlichen Geschlechts 82, der Anteil der Kinder dabei wenigstens 32 (beispielsweise „Ein klein Mägdlein von neun oder zehn Jahren. Ein geringeres, ihr Schwesterlein“), der Anteil der ausdrücklich als Geistliche, Adlige, Ratsherren und Vögte, Gelehrte oder Reiche bezeichneten Männer über 40 (beispielsweise „Chor-Herr im neuen Münster“, „Vicarius im Dom-Stift“; „Ein guter vom Adel“, „Die dicke Edelfrau“ und „Ein Edelknab“; „ein sehr gelehrter Mann“ und „Ein geistlicher Doctor“; „ein gar reicher Mann“ und „Ein reicher Bütner“).

[54] Vgl. ‚Malleus maleficarum‘ (wie Anm. 38), S. 90–102 (Übersetzung: I, S. 93–107). – Jean Bodin (De la Démonomanie des Sorciers, zuerst 1580) hat den Befund, daß sich aufgrund „einer viehischen Begierlichkeit“ des weiblichen Geschlechts „allezeit fünfftzig Weiber / die Zauberin oder besessen seyn / an statt eines Mannes / der damit behafft wäre / finden“, physiologisch zu erklären versucht: „Dann man siehet auch / daß der Weiber visceralische Theil oder innerliche Glieder und Eingeweide

gisch-asketischen Argumentation äußert sich ein Geschlechtshaß, der wohl nicht allein auf Kastrationsangst und der Furcht vor Impotenz beruhen mag (die zu bewirken den Hexen bemerkenswert häufig vorgeworfen wird[55]), sondern die Indoktrinationen des ‚Hexenhammers' zugleich als soziale Disziplinierung, als grauenhaften Exzeß männlicher Autoritätssicherung erscheinen läßt.

Was in Goethes Walpurgisnacht-Szene der Chor der *Hexenmeister* vorträgt, lautet ganz so, als habe der ‚Malleus maleficarum' es inspiriert:

> Wir schleichen wie die Schneck' im Haus,
> Die Weiber alle sind voraus.
> Denn, geht es zu des Bösen Haus,
> Das Weib hat tausend Schritt voraus. (3978 ff.)

Aber die ‚Andre Hälfte' des Chors opponiert:

> Wir nehmen das nicht so genau,
> Mit tausend Schritten macht's die Frau;
> Doch, wie sie auch sich eilen kann,
> Mit Einem Sprunge macht's der Mann. (3982 ff.)

Den *tausend Schritten* der Frau entgegengehalten, nimmt der *Sprung* des Mannes die Nebenbedeutung dieses Wortes an: weist auf den tierischen Geschlechtsakt.[56] Der Vorwurf der Teufelsbuhlschaft, in dem die Ankla-

---

in den Weibern grösser sind / dann bey Männern / welche deßhalben so hefftiger Begierden haben. Hingegen aber sind der Manns-Bilder Häupter viel grösser / und darumb haben sie auch mehr Hirns / Verstands und Weißheit dann die Weibes-Bilder." – Goethe benutzte Bodin (vgl. Witkowski, wie Anm. 16, S. 31; irrtümlich nicht angeführt bei Keudell, wie Anm. 35, unter Nr. 249) in der deutschen Fassung: ‚Des weyland Hochgelehrten Johannis Bodini [. . .] Daemonomania, Oder außführliche Erzehlung Des wütenden Teuffels / in seinen damahligen rasenden Hexen und Hexenmeistern [. . .]. Welches der andere Theil Nicolai Remigii Daemonolatria.' Hamburg 1698, hier S. 411 f. (ohne Angabe des Übersetzers, aber nahezu gleichlautend mit der Übertragung von Johann Fischart 1581 u. ö.).

[55] Vgl. Hansen (wie Anm. 39), S. 479 f. – Ausführlich dazu: ‚Malleus maleficarum' (wie Anm. 38), S. 122–141 / 284–296 (deutsch: I, S. 127–145 / II, S. 75–87). Der Sexualbereich wird hier zum bevorzugten Wirkungsfeld des Schadenzaubers erklärt, und auf die dem entsprechende Frage, „Cur videlicet Deus potiùs super vim generatiuam permittit maleficia fieri quam super alios actus humanos" (‚warum nämlich Gott lieber an der Zeugungskraft Hexerei geschehen lasse als an andern menschlichen Handlungen'), lautet die Antwort: „Est enim hoc propter foeditatem illius actus. Et quia originale peccatum inflictum ex culpa primorum parentum, per illum actum transfunditur" (‚Es geschieht nämlich wegen der Scheußlichkeit des Aktes, und weil die Erbsünde, durch die Schuld der ersten Eltern verhängt, durch jene Handlung übertragen wird.'). AaO, S. 204; deutsch: I, S. 210 f.

[56] Vgl. Adelung: Versuch eines vollständigen grammatisch-kritischen Wörterbuches. Bd. 4, Leipzig 1780, Sp. 626: „Von großen Thieren, von welchen springen für be-

gen des ‚Malleus maleficarum' gipfeln, wird damit aufgenommen. Nur wird er, gemäß der scholastischen Incubus / Succubus-Lehre (daß die Teufel nicht etwa nur bei den Frauen, sondern ebenso „in Frauen Gestalt bey Männern gewohnet"[57]), hier gleichermaßen auf das männliche Geschlecht bezogen. Das Verdammungsurteil, das der ‚Hexenhammer' ausschließlich über die Weiber fällte, ist damit neutralisiert, und ein geschlechtsspezifisch orientierter sozialpsychologischer Erklärungsversuch also, wie er ihn nahelegt, findet bei Goethe keine Stütze mehr. 1797 schrieb er an die Frau von Stein, „die Sache ist weder ganz leer, noch ganz Betrug." Er meinte die Phänomene des Magnetismus, die damals sein Interesse erregten, bezog diese Bestimmung aber zugleich ausdrücklich auf das Hexenwesen: „Wir haben die famose Hexen Epoche in der Geschichte, die mir psychologisch noch lange nicht erklärt ist" (und merkte leider an: „Wie mir die Hexen beym Magnetismus einfallen, ist eine etwas weite Ideen Association, die ich auf diesem Blättchen nicht ausführen kann").[58] Die über Jahrhunderte hin in den Anklageschriften, Verhörsprotokollen, Urteilssprüchen der Inquisitionsprozesse und einem ausgedehnten, weit verbreiteten Schrifttum mitgeteilten Vorgänge vollständig und ausnahmslos als leeres Hirngespinst oder bloßen Betrug abzutun, scheint in der Tat nicht möglich. Goethes „noch lange nicht erklärt" ist nach wie vor in Geltung.[58 a]

Einen ersten, oberflächlichen Erklärungsbeitrag liefert offenbar die Pharmakologie. Wenn in der Walpurgisnacht-Szene die Hexenschwärme zum Blocksberg fliegen und von unten die Stimmen derer laut werden, die vergebens sich mühen, mit in die Höhe zu gelangen, singen beide Chöre (*Hexen* und *Hexenmeister*):

> *Es trägt der Besen, trägt der Stock,*
> *Die Gabel trägt, es trägt der Bock;*
> *Wer heute sich nicht heben kann,*
> *Ist ewig ein verlorner Mann.* (4000 ff.)

Wie diese Elevations-Phänomene zustande kommen, weiß dann der Weiber-Chor zu sagen:

> *Die Salbe gibt den Hexen Muth,*
> *Ein Lumpen ist zum Segel gut,*
> *Ein gutes Schiff ist jeder Trog;*
> *Der flieget nie, der heut nicht flog.* (4004 ff.)

---

fruchten üblich ist, ist der Sprung die Handlung des Befruchtens." – Ebenso Campe: Wörterbuch der deutschen Sprache. 2. Theil, Braunschweig 1810, S. 559.

[57] Praetorius (wie Anm. 52), S. 379.   [58] WA IV 8, S. 238 f.

[58a] Vgl. jetzt Gerhard Schormann (Hexenprozesse in Deutschland. Göttingen 1981), der allen bisherigen „Erklärungsversuchen" bestenfalls partielle Geltung beimißt.

Ein Stichwort ist damit eingebracht, das in den alten Berichten und Protokollen ständig wiederkehrt.[59] Vor dem Flug zum Hexensabbat, heißt es, werden Schläfen, Achselhöhlen und Geschlechtsteile mit einer Salbe eingerieben. Deren Zusammensetzung ist mehrfach beschrieben worden[60]; Nachtschattengewächse vor allem spielten eine Rolle, Bilsenkraut nämlich (Hyoscyamus), Stechapfel (Datura stramonium), Tollkirsche (Atropa belladonna), außerdem Eisenhut (Aconitum Napellus) und Wasserschierling (Cicuta virosa). Die in ihnen enthaltenen Gifte aber (Hyoscyamin, Daturin, Atropin, außerdem Akonitin und Cicutoxin) haben narkotische und bewußtseinsverändernde Wirkungen, rufen Sehstörungen, Muskelkrämpfe und Schwindel hervor, wilde Halluzinationen und rauschhafte Delirien. Von seinem Selbstversuch mit einer nach solchen Rezepten hergestellten Salbe (hier Bilsenkraut, Tollkirsche, Mohn und Akonit, mit Sellerie und Pferdebohnen in eine ölige Mischung gebracht) hat der Volkskundler Will-Erich Peuckert notiert: „wir träumten erst wilde und dann doch gehemmte Flüge, drauf wüste Feste, welche einem entfesselten Jahrmarktstreiben glichen, und mündeten schließlich in erotische Zügellosigkeit ein, auf welche das Erwachen und ein arger, ungemütlicher ‚Kater‘ folgte."[61] In der Tat ist häufig berichtet worden, Frauen, die Einreibungen mit einer ‚Hexensalbe‘ vorgenommen hatten, wären in Bewußtlosigkeit und Starrkrampf aufgefunden worden und hätten nach dem Erwachen ausgesagt, sie seien auf der Hexenfahrt gewesen. Godelmann (1591)[62], über eine der Hexerei beschuldigte Dienstmagd in Magdeburg: „Nobilis noctu adiunctis sibi pastore & do-

---

[59] Goethe erwähnt im Tagebuch (24. 12. 1800: WA III 2, S. 315) das alchymistische Rezeptbuch von Giovanni Battista Porta (Magiae naturalis libri viginti. Neapel 1558 u. ö.). Dort (II, 26) könnte er sich über die Hexensalbe unterrichtet haben, die freilich auch in der übrigen von ihm benutzten Literatur behandelt wird (etwa bei Praetorius, wie Anm. 52, S. 301).

[60] Dazu Will-Erich Peuckert: Hexensalben. In: Medizinischer Monatsspiegel, Heft 8, August 1960, S. 169 ff.

[61] Peuckert: Ergänzendes Kapitel über das deutsche Hexenwesen. In: Julio Caro Baroja, Die Hexen und ihre Welt. Stuttgart 1967, S. 317.

[62] Johann Georg Godelmann: Tractatvs de Magis, Veneficiis et Lamiis [. . .]. Frankfurt 1591, Liber II, Capvt III, S. 39 f.
Übersetzt von Georg Nigrinus: Von Zäuberern Hexen vnd Vnholden Wahrhafftiger vnd Wolgegründter Bericht Herrn Georgij Gödelmanni [. . .]. Frankfurt/M. 1592, S. 204: „Der Edelman nimpt deß Nachts zu sich den Pastor vnd ander Haußgesind / verwahret das Weib im Gemach auffs aller fleissigst / vnnd wil erfahren / ob sie hinfahren werde. Aber sihe zu nach dem sie sich geschmieret / fiel sie in so einen tieffen Schlaff / daß sie weder die Nacht / noch den andern Tag kondte erweckt werden. Den andern Morgen aber da man sie fragte / gab sie antwort / sie were mit andern Zäuberschen warhafftig gewesen auff dem Blocksberge / vnd ließ sich die Dörin nicht anders bereden."

mesticis mulierem diligentissimè in conclaui custodit, exploraturus
vtrum transuolare velit. Sed ecce: Postquam vnguentis corpus suum ille-
vit, in profundum somnum ita incidit, vt nec illa nocte nec sequente die
excitari potuerit. Altero autem mane interrogata, respondit, se in montis
Bructerorum conuetu cum reliquis Veneficis reuera fuisse, nec aliud sibi
persuaderi stolida passa est."[63]

Auch Praetorius, in der von Goethe benutzten ‚Blockes-Berges Verrichtung‘, hat unter Berufung auf Paracelsus vermerkt, „daß solche Salbe
von den Hexen gemacht werde auß dem Fleisch der jungen neugebornen
Kinder / welches sie wie einen Brey kochen mit denen Kräutern die einen
Schlaff verursachen / als da sind Mohn / Nachtschatten / Sonnenwendel /
Schirling und dergleichen." Gegen die naheliegende Vermutung aber,
„das Fahren der Hexen sey nichts anders denn eine Einbildung oder Verzückung des Gemühts / der Sinne und Gedancken", wandte er entschieden ein, „daß die so durch Narcotische Träncklein eingeschläfft werden /
gar keiner Händel eingedenck seyn. So hingegen die Zauberer und Hexen gar eigentliche Einbildung haben von ihren Däntzen / Opffern / An-
ruffungen und andern Sachen / die sie bey ihren Versammlungen gesehen und getrieben / auch ihre Mitgespielen und Gesellen / so der Versammlung beygewohnet / dergestalt mercken / daß wann man sie gegeneinander stellet / sie einander zuschanden machen / und deß Handels be-
käntlich seyn müssen." Gestützt auf solche Geständnisse, erklärten die
Inquisitoren, daß in Wahrheit der Satan, dem diese Frauen auf dem Hexensabbat sich zu eigen gäben, ihre „Seele ausser dem Leib verzückt /
und (inmassen wir im Capittel von der Ecstasi oder Verzückung gedacht)
ihn gleichsam todt und unempfindlich lasse", daß die Hexensalbe also
„eben so wenig zur Fahrt helffe / als die Waffen-Salbe zur Schaart oder
Wunden; Wo nicht der Teuffel das beste bey der Sache thue / das ange-
fangene Werck fortsetze / und den eingewurtzelten Aberglauben bey
seinem esse erhalte."[64]

Daß dem Hexenwesen jedenfalls in einigen Bereichen und manchen
Fällen tatsächliche Erfahrungen mit den in der Volksmedizin bekannten
und gebräuchlichen Narkotika und Drogen zugrunde lagen, ist kaum
von der Hand zu weisen. Weit zweifelhafter erscheint die insbesondere
von Margaret A. Murry[65] vertretene These, daß den Hexenverfolgungen
keineswegs nur die haltlosen Beschuldigungen der sadistischen Anklä-

---

[63] Weitere Berichte bei Carl Kiesewetter: Die Geheimwissenschaften. Zweiter Teil
der Geschichte des neueren Occultismus. Leipzig 1895, S. 570 ff.

[64] Praetorius (wie Anm. 52), S. 301, 231, 240 f., 305, 311 f. – Bis auf die erste und
letzte Stelle wörtlich entnommen aus der Übersetzung von Jean Bodins ‚Daemonomania‘ (wie Anm. 54), S. 172, 176 f., 425.

[65] The Witch-Cult in Western Europe. (London 1921) 3. Aufl. Oxford 1963.

ger und die unter Folterqual und Todesangst erpreßten, durch inquisitorische Gehirnwäsche, pathologische Wahnvorstellungen und kollektive Hysterie hervorgerufenen Geständnisse der Angeklagten zugrunde lagen, sondern ein tatsächlich existierender Geheimbund. Dieser auf archaische Fruchtbarkeitsriten gegründete ‚Witch-Cult in Western Europe' habe es ermöglicht, die von der Kirche niedergehaltenen oder verdrängten Triebe und Bedürfnisse auszuleben in seinen orgiastischen Kultfeiern, welche die christlichen Verfolger dann ins Dämonologische umgedeutet, als Hexensabbat und Satanskult ausgegeben hätten. Nun mag man im Hexensabbat sehr wohl ur- und frühgeschichtliche Spurenelemente der kultischen Ekstase und religiösen Orgie vermuten, das Fortleben alter vegetationskultischer Gemeinschaften unterstellen und Metastasen der massenpsychotischen Tanzepidemien des Mittelalters; mag den Satanskult dabei als eine Regression im psychoanalytischen Sinn zu begreifen versuchen, als Rückfall in frühkindliche Phasen der Triebentwicklung, der auf Befriedigung inzestuöser und analsadistischer Bedürfnisse drängt.[66] Nur bleiben das Mutmaßungen, so ungesichert wie interessant. Und in ihrem Kern ist Murrys Geheimkult-These

---

[66] Dazu Gerhard Zacharias (wie Anm. 42), S. 23 ff.
Als Beleg hier nur ein Passus aus dem Bericht von Pierre de Lancre, einem von Heinrich IV. mit der Bekämpfung des Hexenwesens im französischen Baskenland beauftragten Parlamentsrat aus Bordeaux (Tableau De L'Inconstance des mauvais Anges et Demons. Ou il est amplement traicté des Sorciers, & de la Sorcellerie. Paris 1613, S. 131 f.): Die 16jährige Jeanette d'Abadie habe ausgesagt, „Que le Diable luy faisoit baiser souuent son visage, puis son nombril, puis son membre, puis son derriere: [. . .] qu'elle a veu tout le monde se mesler incestueusement & contre tout ordre de nature, [. . .] s'accusant elle mesme d'avoir esté depucellee par Satan & cognue une infinité de fois par un sien parent & autres qui l'en daignoient semondre: [. . .] mais que dans le sabbat elle auoit vn merueilleux plaisir en ces accouplemens: autres que de celui de Sathan, qu'elle disoit estre horrible, voire elle nous tesmoignoit vn merueilleux plaisir à le dire, & le conter, nommant toutes choses par leur nom plus librement & effrontement que nous ne le luy osions faire demander, chose qui confirme merueilleusement[!] la réalité du sabbat."
Übersetzt bei Zacharias (wie Anm. 42), S. 69 f.: ‚daß der Teufel sie oft sein Gesicht, dann seinen Nabel, dann sein Glied, dann sein Gesäß habe küssen lassen; [. . .] daß sie gesehen habe, wie jedermann sich auf inzestuöse Weise und gegen alle Ordnung der Natur vermischt habe [. . .], wobei sie sich angeklagt hat, selbst durch Satan defloriert worden zu sein und unzählige Male [fleischlich] erkannt worden zu sein durch einen ihrer Verwandten und andere, die sie dazu aufzufordern geruht hätten; [. . .] daß sie aber auf dem Sabbat ein wunderbares Vergnügen bei diesen Paarungen gehabt habe, bei anderen [Paarungen] als bei der mit dem Satan, von der sie gesagt hat, daß sie schrecklich sei; sie hat uns sogar ein wunderbares Vergnügen beim Sprechen und Erzählen zu erkennen gegeben, indem sie alle Dinge freier und frecher bei ihrem Namen nannte, als wir es zu tun von ihr zu verlangen gewagt hätten, eine Tatsache, die in wunderbarer [!] Weise die Realität des Sabbats bekräftigt.'

gar so neuartig nicht, wie es den Anschein hat.[67] Unter dem veränderten Vorzeichen positiver Bewertung rekapituliert sie doch eben das, was die alten Hexenjäger geglaubt oder vorgetäuscht haben, und gibt – ohne deren Konsequenzen zu ziehen – am Ende den furchtbaren Dominikanern recht, deren theologische Traktate seit etwa 1450 behaupteten, es existiere „eine mit verderblicher Schnelligkeit anwachsende Hexen- und Zauberersekte", deren widerchristlichen Kult „geheim zu halten und auszubreiten" ihre Mitglieder dem Satan geloben mußten.[68]

Zuverlässigere Nachrichten über tatsächlich existierende Gruppen, die den Hexensabbat feierten und Satansmessen veranstalteten, liegen für das 17. Jahrhundert zwar aus Frankreich vor. Aus dem Kloster Louviers in der Normandie hat 1647 in einem umfangreichen Bekenntnis vor dem Bischof von Evreux die Ursulinerinnen-Schwester Magdelaine Bavent von Praktiken des Sabbatrituals und Satanskultes berichtet (Blutpakt mit dem Teufel, Hostienschändung, magischer Kannibalismus und kultische Unzucht).[69] In den Verhören eines Kreises, dem zweifellos Personen aus der nächsten Umgebung des Königs angehörten, hat die ‚Commission de l'Arsenal', ein 1679 durch Ludwig XIV. eingesetzter Gerichtsausschuß, die Veranstaltung von Schwarzen Messen aufgedeckt (unter sexuellen Riten auf dem Leib einer nackten Frau zelebriert, wobei im Dienst von Tötungs- und Liebeszauber Teilchen der konsekrierten Hostie mit dem Blut neugeborener Kinder vermischt wurden, Menstrualausscheidungen und Sperma mit Fledermausblut und Mehl).[70] Verallgemeinerungen aber lassen diese Berichte kaum zu. Was sich in Einzelfällen abgespielt haben mag, hier unter Nonnen, dort im Hofadel, läßt sich keinesfalls einfach übertragen auf die breiten Schichten, die über Jahrhunderte hin in ganz Europa von der Hexenverfolgung erfaßt worden sind. Man darf wohl vermuten, kann wenigstens nicht ausschließen, daß sich zu den in Anklageschriften und Geständnisprotokollen, in gelehrter und volkstümlicher Literatur massenhaft verbrei-

---

[67] Ähnlich schon Kiesewetter 1895 (wie Anm. 63, S. 586): „Die Hexen bildeten eine mehr oder minder locker organisierte Glaubensgemeinschaft, und bei ihnen lebte aller Aberglaube und aller grausam-wollüstige Orgiasmus fort, der sich von den Geheimkulten des Altertums und von den altchristlichen Ketzersekten an von Generation zu Generation vererbt hatte."

[68] Hansen (wie Anm. 39), S. 445–448. – Dazu im ‚Malleus maleficarum' (wie Anm. 38) die vorgedruckte Apologia, 1. Abs. (deutsch: S. XLIV).

[69] Histoire de Magdelaine Bavent, Religieuse du Monastere de Saint Loüis de Louviers. Paris 1652 u. ö. – Dazu (mit Auszügen aus diesen Geständnissen) Zacharias (wie Anm. 47), S. 106 ff.

[70] Archives de la Bastille. Documents inédits recueillis et publiés par François Ravaisson. Bd. VI, Paris 1873. – Dazu (mit Auszügen aus den Protokollen dieser Verhöre) Zacharias (wie Anm. 47), S. 108 ff.

teten Behauptungen über das Hexentreiben vereinzelte und partielle Entsprechungen auch im wirklichen Verhalten von Randgruppen der Gesellschaft fanden (die freilich durch jene sehr wohl erst könnten angeregt worden sein). Ein durch eigenständige Riten charakterisierter, geheimbündlerisch organisierter ‚Witch-Cult in Western Europe' hingegen bleibt pure Spekulation.

Eine religionsgeschichtliche Betrachtung aber, die von den Riten des Hexensabbats über das ihnen zugrunde liegende Modell der ‚Synagoga Satanae' zurückgreift auf dogmatische Positionen der christlichen Häresien, deutet nun in der Tat darauf hin, daß „die Sache [. . .] weder ganz leer, noch ganz Betrug" sei. Nicht von ungefähr hat man die großen Sabbatfeiern der Hexen ja auf die hohen kirchlichen Festtage oder die Apostel- und Marientage, in Deutschland vor allem auf die Nacht vor dem Tag der heiligen Walpurga gelegt[71]: auch was über ihren rituellen Ablauf mitgeteilt wird, zeigt sich mit einer Fülle von Einzelzügen in parasitärer Weise auf den kirchlichen Kultus und die christliche Lehre bezogen, reproduziert sie nämlich unter umgekehrten Vorzeichen. Soldan-Heppe: „Das Christentum ist Gottesverehrung, die Hexerei Teufelskult; der Christ sagt dem Teufel ab, die Hexe entsagt Gott und den Heiligen. Der Christ sieht in dem Heiland den Bräutigam seiner Seele; die Hexe hat in dem Teufel ihren Buhlen."[72] Wenn nach einem der Sabbatberichte dem Satan „zu Ehren jhme etliche / sonderlich die Männer Bechkertzen / der Weiber aber eine grosse Anzahl / die Näbel junger Kinder herbey brachten / vnd auffopfferten / auch gottlose Ceremonien mit Weyhwasser / vnnd andern heiligen Sachen / in Despect der Christlichen Ceremonien darbey trieben / vnnd den Bock anbeteten"[73], wird – wie in zahllosen anderen Beschreibungen – als organisierendes Zentrum des Hexentreibens die Analogieantithese zwischen den „Christlichen Ceremonien" und den „gottlosen Ceremonien" der neuen Sekte erkennbar. Denn allererst die formale Übernahme des Rituals ermöglicht die Verkehrung der theologischen Substanz in ihr satanisches Gegenteil. Sehr deutlich wird das im Vernehmungsbericht des baskischen Hexenverfolgers Pierre de Lancre von 1613[74], wenn es hinsichtlich der am Hexensabbat teilnehmenden Frauen und Mädchen vom Satan heißt: „qu'il veut qu'elles viuent auec quelque forme de religion; le seruice ou culte diuin,

---

[71] Vgl. Soldan-Heppe (wie Anm. 36), S. 277 f.

[72] Wie Anm. 36, S. 297.

[73] Hundstätige Erquickstund: Das ist Schöne Lustige Moralische vnd Historische Discurß vnd Abbildungen: Von wunderbahrlichen geheimen vnd offnen Sachen [. . .]. (Anonym) Frankfurt 1650, S. 445 – eine in der Goethe bekannten ‚Blockes-Berges Verrichtung' von Praetorius (wie Anm. 52) ausgiebig zitierte Schrift.

[74] Vgl. Anm. 66.

qu'il s'essaye de contrefaire ou representer, est si sauuage & dereglé, & hors de tout sens commun, que le faux sacrificateur, ayant dressé quelque autel, faict semblant d'y dire quelque forme de Messe".[75] Ketzersynagoge und Hexensabbat erweisen sich damit als häretische Kontrafaktur des kirchlichen Kultus. An die Stelle Gottes tritt der Satan. In der von Goethe benutzten ,Daemonomania' Bodins wird das Eingeständnis einer aus der Nähe von Compiègne stammenden Johanna Harwislerin von 1578 überliefert, daß die zum „Hexen-Reichs-Tag" Versammelten „einen schwartzen Mann / den sie Beelzebub nenneten / der ohngefehr 30 Jahr alt gewesen / und an einem hohen Ort gestanden/angebetet hätten. Dieses 30 Jährige Alter hat der Satan ihm auch sonderlich erwehlet / unsers Erlösers Jᴇsu Christi 30 Jährig Alter / in welchem er sein Messias-Ampt zu beweisen angefangen / Spotts- und Trotz-Weise nachzuahmen."[76] Was dieser Antichrist bei Praetorius verheißt (denen, die „zusagen / allein den Teuffel für ihren Gott/Herren und König zuerkennen / und verehren / und in allen Dingen ihme gehorsam zu seyn"), hebt selbst die Jenseitszusagen auf, die Christus den Seinen gegeben hat: „Zu dem auch / und welches das fürnemste / wollte er sie nach diesem Leben in Ewigkeit also versorgen / daß sie in gleicher Gewalt Ehr und Wollust mit ihme ewiglich in seinem Reich leben" würden.[77]

Ihre dogmatische Begründung nun findet diese Satansvorstellung in einer dualistischen Konzeption, die bereits in dem wahrscheinlich frühesten Beleg für die Institution des Hexensabbats zutage tritt und ihre Spur dann durch die gesamte Hexenliteratur der folgenden Jahrhunderte zieht. In der Urteilsbegründung des Toulouser Inquisitionsprozesses von 1335 nämlich heißt es über die der Teilnahme an Sabbatfeier und Satanskult beschuldigte Anne-Marie de Georgel: „Interrogée sur le symbole des apôtres et sur la croyance que doit tout fidèle à notre sainte religion, elle a répondu, en fille véritable de satan, qu'il existait une égalité complète entre dieu et le diable; que le premier était roi du ciel, et le second de la terre; que toutes les âmes que celui-ci parvenait à séduire, étaient perdues pour le Très-Haut [. .]. Elle nous a dit encore que ce combat entre dieu et le diable durait de toute éternité, et durerait sans fin; que tantôt l'un et tantôt l'autre remportait la victoire; que maintenant les cho-

---

[75] Pierre de Lancre (wie Anm. 66), S. 122. – Übersetzt bei Zacharias (wie Anm. 42), S. 68 f.: ,er wolle, daß sie mit einer Form von Religion lebten; der Dienst oder göttliche Kult, an dessen Nachäffung oder Abbildung er sich versucht, ist so wild und zuchtlos und außerhalb allen gesunden Menschenverstandes, daß der falsche Opferpriester, der einen Altar zugerichtet hat, den Schein erweckt, dort eine Form von Messe zu lesen'.

[76] Wie Anm. 54, Vorrede des ersten Teils.

[77] Praetorius (wie Anm. 52), S. 406 und 405 (wörtlich nach ,Hundstägige Erquickstund', wie Anm. 73, S. 450).

142

ses tournaient de manière à ce que le triomphe de satan se trouvait assuré."[78]

Dieses Hexenbekenntnis beruht auf dem kosmologischen System eines symmetrischen Dualismus zweier ewiger Gottheiten, das der (im dritten Jahrhundert nach Chr. begründete) Manichäismus aus den (bald nach der Jahrtausendwende vor Chr.) im alten Iran entstandenen gnostischen Vorstellungen entwickelt hat. Hier sind das Gute und das Böse (Gott und die Hyle, in der Natur durch Licht und Finsternis vertreten) als nicht mehr aufeinander zurückführbare, selbständig einander gegenüberstehende und gleich mächtige Urprinzipien begriffen worden; wurde der Mensch – wie überhaupt die gegenwärtige Welt – als eine Vermischung dieser beiden einander widerstreitenden Prinzipien verstanden und die Wiederherstellung des ursprünglichen Zustandes ihrer Scheidung durch eine radikale innerweltliche Askese als einziges Mittel, das Prinzip des Bösen durch Isolierung unschädlich zu machen.[79] Mit seiner Lehre, daß der Satan als Versucher und Verführer des Menschen, als Gegenspieler des Herrn von Gott selber doch eingesetzt oder zugelassen und also der göttlichen Allmacht unterworfen sei, hat das Christentum den Glauben an einen unabhängigen und gleichberechtigten satanischen Gegengott überwunden, den Manichäismus in den fernen Osten abgedrängt.[80] Kernstück der Abschwörungsformeln für die Manichäer war denn auch die Erklärung, daß der Teufel nur ein von Gott abgefallener, ursprünglich guter Engel sei. Aber als sich seit der Mitte des 12. Jahrhunderts das Katharertum über Europa ausbreitete, diese mächtigste häretische Strömung des Abendlandes, wurden manichäistische Lehren wieder virulent. Vom älteren, bulgarischen Flügel der Bogomilen-Sekte hatten die Katharer zunächst die gemäßigt-dualistische Lehre übernommen, daß der Teufel auch als Erschaffer dieser Welt ein Untertan Gottes sei. Doch setzten sich unter ihnen schon im 12. Jahrhundert die Vorstellungen des byzantinischen Bogomilismus durch, der den Satan als selbständige göttlich-böse Macht mit dem guten Gott konfron-

---

[78] Wie Anm. 41 (bei Hansen S. 452). – Übersetzung bei Baroja, S. 110: ‚Über das Symbol der Apostel und den Glauben, den jeder Gläubige unserer heiligen Religion schuldet, befragt, hat sie als wahrhafte Tochter des Satans geantwortet, daß eine völlige Gleichheit zwischen Gott und dem Teufel bestehe, daß der erste der König des Himmels und letzterer der der Erde sei; daß alle Seelen, die der Teufel verführen könne, für den Allerhöchsten verloren wären [. . .]. Sie hat uns auch gesagt, daß dieser Kampf zwischen Gott und dem Teufel seit Ewigkeit dauere und ohne Ende sein werde. Daß manchmal der eine und manchmal der andere siege, und daß in der Gegenwart die Dinge so lägen, daß der Sieg des Satans sicher sei.'

[79] Vgl. Hans Jakob Polotsky in: Pauly/Wissowa, Realencyclopädie der Classischen Altertumswissenschaften. Supplbd. 6, Stuttgart 1935, Sp. 240–271.

[80] Dazu Hans-Heinrich Schaeder: Der Manichäismus und sein Weg nach Osten. In: Glaube und Geschichte. Festschrift für Friedrich Gogarten. Gießen 1948, S. 236 ff.

tierte.[81] Und dieses radikal-dualistische Dogma hat die asketische Reformbewegung des frühen Katharertums zu einer Gegenkirche mit eigener Episkopalverfassung und eigenem Kultus umgeformt, deren Auseinandersetzung mit der katholischen Kirche das System des symmetrischen Dualismus, der beiden gleichberechtigt-unversöhnlich einander widerstreitenden Gottheiten modellgetreu reproduzierte. In der zweiten Hälfte des 13. und im 14. Jahrhundert ist diese Gegenkirche auf den Scheiterhaufen der christlichen Inquisition vernichtet worden.[82]

Freud, in der Ketzergeschichte nicht unterrichtet, hat erklärt: „Wenn der gütige und gerechte Gott ein Vaterersatz ist, so darf man sich nicht darüber wundern, daß auch die feindliche Einstellung, die ihn [den Vater] haßt und fürchtet und sich über ihn beklagt, in der Schöpfung des Satans zum Ausdruck gekommen ist. Der Vater wäre also das individuelle Urbild sowohl Gottes wie des Teufels.“[83] Wollte man diesen tiefenpsychologischen (freilich schon im Ansatz antimanichäistisch-christlich strukturierten) Begründungsversuch für die Konzeption einer antithetischen Gott-Satan-Verbindung akzeptieren, erschiene die Abwehr des radikalen Dualismus durch das Christentum als Versuch einer Heilung der gespaltenen Vater-Imago. Freilich: als ein mißlungener Versuch. Von den Katharern hat man nicht allein die Bezeichnung, sondern auch den Typus ,Ketzer' und die Merkmalbeschreibungen seines Steckbriefs abgeleitet, den die Hexenverfolger übernahmen, als auch die ,Unholden' in Häresieverdacht gerieten. Mit dem Konstrukt der ketzerischen ,Synagoga Satanae' und des ihr nachgebildeten Hexensabbats aber, das als häretische Kontrafaktur den kirchlichen Kultus und die christliche Lehre unter umgekehrten Vorzeichen reproduziert, indem es den Satan als Gegengott inthronisierte, hat sich die Praxis der Inquisition das alte Ketzerdogma des symmetrischen Dualismus in Wahrheit gerade zu eigen gemacht. So entschieden sich die Katharer mit ihrer radikal-asketischen Weltenthaltung auch abkehren mochten von dem im Satan personifizierten Prinzip des Bösen, das die irdisch-materielle Realität regiert, so unbedingt sie sich in diesem Götterstreit auf die Seite des jenseitighimmlischen guten Gottes stellten, so unbeirrt wurden sie im mittelalterlichen Kirchenkampf doch zu Parteigängern des Satans erklärt.[84] Aus der Sicht dieser Ketzer war zwar ein solches Urteil falsch, nicht aber das

---

[81] Vgl. Henri Charles Puech/André Vaillant: Le traité contre les Bogomiles de Cosmas de Prêtre. Paris 1945 und Dmitri Obolensky: The Bogomils. A Study in Balkan Neo-Manichaeism. Cambridge 1948.

[82] Vgl. Arno Borst: Die Katharer. Stuttgart 1953.

[83] Sigmund Freud: Eine Teufelsneurose im siebzehnten Jahrhundert (1923). In: Gesammelte Werke, Bd. XIII, Londen 1955, hier S. 332.

[84] Wie schon den Manichäern die Verehrung des bösen Prinzips unterstellt worden ist: Soldan-Heppe (wie Anm. 36), S. 146.

in der Dualismuslehre verankerte Gesetz, auf das es sich gründete. Um die vorgeblichen Parteigänger des Satans und ihr ketzerisches Hexengefolge aufzuspüren und zu vernichten, hat die heilige Inquisition selbst – unbeschadet ihres Frontwechsels – deren Lehre fortpflanzen müssen durch alle Jahrhunderte der Hexenverfolgung und mit jedem ihrer Scheiterhaufen oder Richtblöcke ein mörderisches Zeugnis für die vermeintliche Wahrheit eben dessen errichtet, was sie da auszurotten suchte.

Auch die Dogmengeschichte lehrt auf solche Weise, daß das Hexenwesen „weder ganz leer ist, noch ganz Betrug." Denn nicht nur was man den alten Ketzerbewegungen fälschlich vorwarf, sondern auch was ihre heterodoxen Glaubenssätze wahrhaftig besagten, bestimmte in der Folge die Vorstellungen vom Treiben der neuen Hexensekte, ist eingegangen in die Literatur, die Goethe kannte und benutzte, hat seine Spuren hinterlassen in der Walpurgisnacht-Dichtung. Es wird sich zeigen, daß man in der Tat einen so langen Anlauf nehmen muß, wie ich es hier versucht habe, um den „Gedichten" aus seinem „Walpurgissack" näher zu kommen; daß man wirklich so weit ausgreifen muß, um die Reichweite dessen zu erfassen, worauf Fausts dunkle Verse auf dem Blocksberg deuten:

Doch droben möcht' ich lieber sein!
Schon seh' ich Gluth und Wirbelrauch.
Dort strömt die Menge zu dem Bösen;
Da muß sich manches Räthsel lösen. (4037 ff.)

Daß der ,Doctor Faustus' auch auf den Blocksberg gekommen sei, haben die Volksbücher nicht berichtet. So nahe diese Verbindung liegen mochte, in die alte Sage vom Zauberer und Teufelsbündner spielt das Hexentreiben nirgendwo hinein. Anregungen und Einflüssen nachspürend, hat man deshalb auf Johann Friedrich Löwens kleines Versepos ,Die Walpurgis-Nacht' aus dem Jahre 1756 zurückgeführt, was sich in Goethes Brockenszene ereignet.[85] Tatsächlich wird, zum ersten Mal in

---

[85] Vgl. Die Walpurgis-Nacht. In dreyen Gesängen. In: Johann Friedrich Löwen, Schriften. 3. Teil, Hamburg 1765 – zitiert im folgenden S. 7 ff.
Was die literarischen Anregungen betrifft, so hat man außerdem auf Lichtenberg und Milton hingewiesen (bei denen die Faustsage selbst freilich nicht beteiligt ist). Die Lichtenberg-Parallele (Walther Matz: Die Entstehung der Walpurgisnacht. Zugleich ein Beitrag zur Kenntnis der Beziehung zwischen Goethe und Lichtenberg. In: Zeitschrift f. den deutschen Unterricht, Jg. 28, Leipzig/Berlin 1914, S. 334 ff.) bezieht sich auf dessen Erzählung ,Daß du auf dem Blocksberge wärst' im ,Göttinger Taschen Calender 1799', stützt sich dabei auf das sehr unsichere „u. s. w." einer Lektürenotiz in Goethes Tagebuch (7. 1. 1800: „Lichtenbergs Kalender von [17]95 u. s. w." – WA III 2, S. 279) und bleibt so unergiebig, daß sie künftig außer Betracht bleiben darf. – Die

der Geschichte der Faustdichtungen, auch der große Magier hier vom „Belzebub dem Blocksberg zugeführt", zu dem in der Walpurgisnacht die Hexen „auf dem Besenstiel" oder „auf Böcken reiten":

Der Weg ist ungebähnt, und mühsam zu besteigen,
Der leicht den Wandrer täuscht, wenn ihn nicht Führer zeigen.

Auch Lilith erscheint bei Löwen unter den Geistern, die „mit dem Belzebub zu diesem Feste kamen". Ebenso werden (im 1. Gesang seines zeit-, gesellschafts- und literatursatirischen ‚komischen Gedichts') typenhafte Figuren auf den Blocksberg gerufen: die galante Buhlerin und der Stutzer, der betrügerische Kaufmann, der Höfling, die Dichter schließlich, die sich (im 2. Gesang) dem Beelzebub präsentieren und ihm huldigen, von ihm beliehen werden[86], und von denen (im 3. Gesang) dann berichtet wird, was sie in seinem Auftrag bewirken und erreichen im Erdetreiben. Dies einigermaßen dürftige Machwerk in Zachariäs Manier hat der junge Goethe gekannt.[87] So wenig das unser Verständnis seiner Dichtung auch förderte: denkbar wäre es schon, daß Löwen ihn aufmerksam werden ließ auf die Möglichkeit einer Verbindung der Faustfabel mit dem Blocksbergtreiben der Hexen. Aber sie dann auch herzustellen, hat möglicherweise Gretchen den entscheidenden Anlaß gegeben. Davon soll später die Rede sein. Zunächst bleibt festzustellen, daß die vom Mephisto bewerkstelligte Teilnahme Fausts an der Walpurgisnachtsfeier vorgebildet ist auch in den Beschreibungen des Hexensabbats, die Goethe kannte und benutzte. Denn nicht nur von den Zauberern und Hexen selbst wird da berichtet, daß sie zum Satansdienst zusammenkamen. Auch Zuschauer finden sich ein bei dieser Versammlung.

Milton-Parallele (Max Morris, wie Anm. 32, S. 707 und 715) stützt sich auf Goethes ‚Paradise Lost'–Lektüre im Juli/August 1799 (vgl. WA IV 14, S. 138 f. und 142 f.; am 10. August entlieh er auch Zachariäs Übersetzung aus der Herzogl. Bibliothek), betrifft in der Tat einige wörtliche Entsprechungen zwischen der Darstellung von Satans Heerlager im 1. Gesang des von Zachariä übersetzten ‚Verlorenen Paradieses' und Goethes Schema zur Satansszene der Walpurgisnacht (Paralipomenon 48, WA I 14, S. 305 – Text unten S. 149 f.) reicht aber nicht aus, um Morris' entstehungsgeschichtliche Spekulationen zu sichern (: „Goethes ursprünglicher und in Italien schon nachweisbarer Plan [?] geht einfach dahin, Faust auf den Blocksberg zu führen und ihn die tolle Orgie als ein Abenteuer durchmachen zu lassen. [. . .] Im August 1799 liest er Miltons verlorenes Paradies und beschließt, die Geisterwelt dieser Dichtung, vor allem den Satan, in das Faustdrama einzuführen.")

[86] Vgl. Goethes Paralipomena zur Walpurgisnacht, 48 (WA I 14, S. 305): *Präsentationen. Beleihungen.* – Daß Löwens Epos „nicht geeignet [war], irgend einen verwandten Ton bei Goethe hervorzulocken" (Witkowski, wie Anm. 16, S. 7 – Schlußfolgerung: „so wird er doch schwerlich dadurch zu der Einfügung der Walpurgisnacht in seine Faustdichtung angeregt worden sein"), erscheint bei genauerem Zusehen durchaus nicht zweifelsfrei.

[87] Hinweis in ‚Dichtung und Wahrheit': WA I 27, S. 38.

Erasmus Francisci beispielsweise[88] teilt von den Inquisitoren eines Prozesses im italienischen Coma mit, daß sie den Sabbatschilderungen der Angeklagten „nicht glauben kunnten / selber solches zu probiren beschlossen. Solchem nach haben sich diese fürwitzige Inquisitores / von einem der Zauberer / auf den Hexen-Sabbath / führen lassen / und an einem in etwas abgesondertem Ort / alle die schreckliche Greuel / die Teufels-Huldigung / Täntze und unzüchtige Vermischungen / gesehn."
Im Diskurs der anonymen ‚Hundstägigen Erquickstund'[89] erzählt der ‚Philosophus', daß ein teuflischer Geist ihn bei Nacht auf einen einsamen Platz im Wald versetzt habe, wo er aus der Krone eines Eichbaums unerkannt dem Treiben der Unholden habe zuschauen können; „Förchte dich nicht", habe dieser Teufel ihm gesagt, „du wirst allhier grosse Sachen von Lastern sehen / vnd erschreckliche Ideas anschawen / die du sonst niemals gesehen hast".
Johannes Praetorius[90] führt einen spanischen Gelehrten an, dessen „Nachbar ein Zauberer were; Auß grossem Verlangen die Wahrheit hievon recht zu wissen / gesellet er sich zu ihm", und: „Als die Nacht dieses Tages kam / führete der Zauberer seinen Gesellen durch etliche Berge und Thäler / die er sein Lebetag nicht gesehen / und düncket ihm / daß sie in wenig Zeit einen weiten Weg gereiset weren. Nachmaln als sie in ein Feld kommen gantz mit Bergen ümbgeben / sahe er eine grosse Anzahl Männer und Weiber / die sich versamleten / und kamen alle zu ihm / waren sehr frölich und danckten ihm / daß er sich auch zu ihrer Geselschafft thun wollen / ihm daneben zuverstehen gebend / daß er der Glückseligste in der Welt sey / und sich über die massen wol dabey befinden werde. Es war mitten in dem Felde ein fast hoher und köstlicher Thron / und in mitten desselben ein heßlicher und abscheulicher Bock. Dasselbigmal nun stiegen alle / die bey der Versamlung waren / ümb gewisse Stunde in der Nacht über etliche Staffel hinnauff zu dem Thron / und küsseten diesen Bock im Hindern."
‚Ein Weib führet jhren Mann inn die versamlung der Zeuberer', heißt schließlich ein Bericht, der bei Henning Groß sich findet.[91] „Demnach sie nun alle beyde zu solcher versamlung kommen / hat die Fraw dem Manne befohlen / er solte ein wenig auff einem besondern orth beseits tretten / damit er diß gantze schöne geheimnis recht sehen könte / biss sie

[88] Neu-polirter Geschicht- Kunst- und Sitten-Spiegel ausländischer Völcker. Nürnberg 1670, S. 130. – Von Goethe benutzt (vgl. Witkowski, wie Anm. 16, S. 27).
[89] Wie Anm. 73, S. 428 f. u. 444.
[90] Wie Anm. 52, S. 204 f.
[91] Magica, Daß ist: Wunderbarliche Historien Von Gespensten vnd mancherley Erscheinungen der Geister. Eisleben 1600 [Vf.- und Jahresangabe nur am Ende des Vorworts], Bl. 148^r ff. – Von Goethe benutzt (vgl. Witkowski, wie Anm. 16, S. 29 f.; Keudell, wie Anm. 35, Nr. 250).

das Heupt oder Obersten Fürsten dieser versamlung gegrüsset vnnd seine Reuerentz gethan hette / [. . .] wann sie nun jhre versamlung hielten so
wehre in solchem Conuent jhrer eine vnzehliche mänge beysamen / die
beten erstlich einen Bock an / vnd küsseten jhm den Hintern: Darnach
fingen sie einen Dantz an / doch mit zusammen gekehrten Rücken / also /
das keins das andere sehe / vnd darnach pflegten sie Vnzucht vnnd
fleischliche Vermischung mit den Teuffeln / die sich dann in Mann vnd
Weibs gestalt dargeben."

So wenig hier die Inquisitoren, der Philosoph oder der Gelehrte ihre
gefährliche Wißbegierde zu zügeln vermochten, sowenig es hier der
Hexe, dem Zauberer, dem Teufel in den Sinn kam, sie fernzuhalten von
der nächtlichen Versammlung, der beizuwohnen sie selber doch
wünschten, sowenig können in Goethes ‚Walpurgisnacht' Mephistos
Ausflucht und Fausts Verzichtsbereitschaft überzeugen. Wo dort im
Verhalten der dramatischen Figur ein Bruch, im Sinngefüge des Spiels
ein Sprung, in der Topographie des Blocksbergs ein ausgesparter Raum
sich zu erkennen gab (vgl. oben S. 122), hat eben das seinen Platz, was in
den von Goethe benutzten Schriften die vom eigenen Fürwitz getriebenen oder teuflischer Versuchung erliegenden Sabbatbesucher mit eigenen Augen sahen. Und man ist keineswegs genötigt, diese Vorgänge aus
den hier vorgeführten Beschreibungen der ‚Synagoga Satanae' und des
Hexensabbats zu rekonstruieren: Die ihrem Ritual Stück für Stück entsprechende, in der kanonisierten Druckfassung nicht mehr verwirklichte Absicht der Szenenführung tritt vielmehr unvermittelt zutage in eben
jenen „Gedichten" aus dem „Walpurgissack", auf die Goethe im Gespräch mit Falk anspielte und die im Licht der hier ausgebreiteten Zeugnisse sich zu verstehen geben.

Sie fanden sich im Nachlaß. Zählen zu den sogenannten ‚Paralipomena' zum ‚Faust', die auf handbeschriebenen Blättern (ungeordnet zu-
meist, schwer leserlich oft und häufig als erledigt durchgestrichen) in ihrer Mehrzahl schematische Gliederungen des dramatischen Ablaufs
umfassen, Exzerpte dann und Textsplitter oder Verspartien, die in der
endgültigen Fassung keine Verwendung mehr fanden. Vorstudien also
und Gedächtnisstützen, Rohmaterial und Arbeitsabfall, Unbrauchbares
oder Ausgelassenes. Unter den Paralipomena zur ‚Walpurgisnacht' aber[92]

---

[92] Abgedruckt in WA I 14, S. 296–311, freilich mit Auslassungen besonders anstö-
ßig erscheinender Wörter und nicht selten fehlerhaft entziffert (wie, mit umfangrei-
cheren Auslassungen, schon 1836 im 2. Bd. der 2bändigen Cottaschen Quartausgabe,
die den ersten Druck dieser Paralipomena lieferte; 1840 im 24. Bd. von Cottas Ausgabe
sämtlicher Werke; 1842 im 17. Bd. der Ausgabe letzter Hand; 1870 im 12. Bd. der
Hempelschen Werkausgabe und, wieder mit den WA-Auslassungen, 1912 im 17. Bd.
der Propyläenausgabe). Ungekürzter Abdruck zum ersten Mal 1894 im Anhang zu
Witkowskis Walpurgisnacht-Studie (wie Anm. 16), dann in seiner Faust-Ausgabe von

finden sich neben stichworthaft skizzierenden Notizen auch einige umfangreichere Fragmente und in sich abgeschlossene Versstücke. Goethe hat sie in eigenhändig-sorgfältiger Reinschrift hinterlassen (vgl. Seite 156 f., Abbildung 6), und die augenfällige Sorgfalt, die er darauf verwandte, läßt schließen, daß hier keineswegs nur Hobelspäne aufbewahrt worden sind und ein (wie immer aufschlußreicher und interessanter) Abfall, sondern beiseitegestellte Textstücke, die Goethe erhalten wissen wollte: im „Walpurgissack" sekretierte.

Ein umfangreicher schematischer Aufriß zunächst, dreigeteilt, gibt mit seinem dritten Abschnitt eine Skizze des Geschehens auf dem Brokkengipfel. Die stelle ich voran (gehe auf die Frage, wie sie sich entstehungsgeschichtlich zu den später angeführten Textstücken verhält, hier noch nicht ein und lasse die Bedeutung bestimmter Einzelangaben vorläufig auf sich beruhen).

> *Nach dem Intermezz*
> *Einsamkeit, Oede*
> *Trompeten Stöße*
> *Blitze, Donner von oben.*
> *Feuersäulen, Rauch Qualm.*
> *Fels der daraus hervorragt.*
> *Ist der Satan.*
> *Großes Volck umher.*
> *Versäumniß*
> *Mittel durchzudringen.*
> *Schaden.*
> *Geschrey*
> *Lied.*
> *Sie stehen im nächsten Kreise.*
> *Man kanns für Hitze kaum aushalten.*
> *Wer zunächst im Kreise steht.*
> *Satans Rede pp*
> *Präsentationen.*
> *Beleihungen.*

1906 u. ö.; im 12. Bd. der Welt-Goethe-Ausgabe 1937 und der Faust-Ausgabe von Hecker 1941; im 5. Bd. der Artemisausgabe 1950 und im 8. Bd. der (Ost-)Berliner Ausgabe 1965. (Nicht enthalten sind die Paralipomena in der Stuttgarter Jubiläumsausgabe, der Hamburger Ausgabe, der Akademieausgabe.)
Ich zitiere die im Folgenden angeführten Stücke unter Angabe der jeweiligen Signatur nach den im Goethe- und Schiller-Archiv der Nationalen Forschungs- und Gedenkstätten in Weimar aufbewahrten Handschriften und stelle jeweils die von der WA eingeführte Nummer des Paralipomenons voran.

Mitternacht.
Versincken der Erscheinung
Volckan.
Unordentliches Auseinanderströmen. Brechen und Stürmen.[93]

Auf diese Skizze hat Morris seine These gegründet, daß Goethe durch
Milton bestimmt worden sei, die Satansszene „in das Faustdrama einzuführen". Tatsächlich ist in Zachariäs Übersetzung des ‚Verlorenen Paradieses' vom „Schall der Trompeten" die Rede; „Nahe dabei erhub sich
ein Berg; sein gräßlicher Gipfel | Strömte Feuer und wallenden Rauch";
„Er [Satan] stand jetzt | Einem Thurm gleich und ragete stolz an Muth
und Betragen | Über die Andern hervor"; „Wobei das brennende Clima
| Rund um mit Feuer umwölbt, mit heftger Gewalt auf ihn zuschlug. |
Aber doch hielt er es aus."[94]

Wichtiger für das Verständnis des ‚Walpurgisnacht'-Schemas ist jedoch
das biblische Modell, auf das nämlich beide Autoren zurückgreifen.
Als der Herr vor dem Volk Israel erschien auf dem Sinai, da „erhub sich
ein donnern und blitzen, und eine dicke wolcke auf dem berge, und ein
ton einer sehr starcken posaune [. . .]. Der gantze berg Sinai aber rauchte,
darum, daß der Herr herab auf den berg fuhr mit feuer: und sein rauch
gieng auf, wie ein rauch vom ofen, daß der gantze berg sehr bebete."[95]
Nur hier, nicht bei Milton, sind Goethes *Blitze, Donner von oben* vorgegeben. Und gleiches gilt für seine *Feuersäulen*: unzweifelhaft zitiert dies
spezifisch alttestamentliche Wort die göttliche Epiphanie und den Be-
freiungsakt der Kinder Israel, denn in der „feuer-säule" eben ist Gott der
Herr erschienen und zieht er bei Nacht dem Volk voraus, das die ägypti-
sche Knechtschaft hinter sich läßt.[96] Damit stellt das geplante Arrangement der Szene jene ungeheure Analogie-Antithese vor Augen, die in
der Ketzertheologie der Manichäer und Katharer vorgebildet war. Die
Begleitumstände schon, unter denen der Böse seinen Auftritt nimmt,
machen die satanische Epiphanie als Kontrafaktur der göttlichen sinn-

---

[93] Paralipomenon 48. Signatur: Goethe, Werke XVII (2) U (14). – Beschreibung der
Handschrift und vollständiger diplomatischer Abdruck des ganzen Schemas (= Paralip. 31 u. 48) bei Siegfried Scheibe: Zur Entstehungsgeschichte der Walpurgisnacht im
Faust I. In: Goethe-Studien. Sitzungsberichte der Deutschen Akademie der Wissenschaften zu Berlin 1965/4, S. 36 f. – (Statt *Versäumniß* hat die Handschrift in der 9. Textzeile *Versaumniß*).
[94] Wie Anm. 37, S. 707; vgl. Anm. 85.
[95] Exodus 19, 16–18. Nach: Biblia, Das ist: Die ganze Heilige Schrift Alten und
Neuen Testamentes, Nach der deutschen Uebersetzung D. Martin Luthers. Basel
1772. – Auch alle folgenden Bibeltexte nach dieser in Goethes Besitz befindlichen
Ausgabe (vgl.: Goethes Bibliothek. Katalog. Bearb. v. Hans Ruppert. Weimar 1958,
S. 384, Nr. 2604).
[96] Exodus 13, 21; 14, 24.

fällig. Als häretischer Gegengott tritt Satan in Erscheinung. Und dem entspricht das Paralipomenon 49, dessen Zuordnung zur Brockenszene nicht zweifelsfrei gesichert, aber immerhin vertretbar ist. Erst Mephisto:

Der ganze Strudel strebt nach oben;
Du glaubst zu schieben und du wirst geschoben. (4116 f.)

Dann

Trompeten Stöße
Blitze, Donner von oben.
Feuersäulen, Rauch Qualm.

Und im Strudel eine Stimme jetzt, die den pervertierten Advent verkündet:

Siehst du er kommt den Berg hinauf
Von Weitem steht des Volckes Hauf.
Es segnen staunend sich die Frommen
Gewiss er wird als Sieger kommen[97]

Wenn die Menge sich versammelt hat und der Böse ihr erschienen ist, hätte nach dem geläufigen Sabbatritual zunächst die Unterwerfung unter den Satan zu erfolgen, bei der nach Henning Groß' Bericht der von seiner Frau in die Versammlung eingeführte Augenzeuge eingangs „ein wenig auff einem besondern orth beseits tretten" mußte, „biß sie das Heupt oder Obersten Fürsten dieser versamlung grüsset vnnd seine Reuerentz gethan hette". Denn „wann sie nun jhre versamlung hielten so wehre in solchem Conuent jhrer eine vnzehliche mänge beysamen / die beten erstlich einen Bock an / vnd küsseten jhm den Hintern".[98] Der Text der Goetheschen Huldigungsszene, die diese Stelle einnimmt, ist nur als Fragment überliefert, setzt inmitten der Unterwerfungsrede eines der Satansdiener ein[99].

X
und kann ich wie ich bat
Mich unumschränckt in diesem Reiche schauen
So küß ich, bin ich gleich von Haus aus Demokrat
Dir doch Tyrann voll Danckbarkeit die Klauen.

---

[97] Paralipomenon 49. Signatur: Goethe, Werke XVII (1) U (2). – Ernst Grumach hingegen hat diese Verse als „den einzigen uns erhaltenen Rest des ältesten Schlußplans" zum Faust-Drama verstehen wollen, der im Epilog Christus als „Reichsverweser" auftreten läßt, vor dessen Gericht im Himmel Faust wie Mephisto Gnade finden. (Prolog und Epilog im Faustplan von 1797. In: Goethe. Neue Folge des Jahrbuchs der Goethe-Gesellschaft. Bd. 14/16, 1953, hier S. 80 f.)

[98] Wie Anm. 91.

[99] Überschrieben: *Einzelne Audienzen.*

CEREMONIENMSTR.
Die Klauen! das ist für einmal
Du wirst dich weiter noch entschließen müßen.

X
Was fordert denn das Ritual.

CER MSTR.
Beliebt dem Herrn den Hintern Theil zu küssen.

X
Darüber bin ich unverworrn
Ich küsse hinten oder vorn.

Scheint oben deine Nase doch
Durch alle Welten vorzudringen,
So seh ich unten hier ein Loch
Das Universum zu verschlingen
Was duftet aus dem kolossalen Mund!
So wohl kanns nicht im Paradiese riechen
Und dieser wohlgebaute Schlund
erregt den Wunsch hinein zu kriechen.

Was soll ich mehr!

SATAN
Vasall du bist erprobt
Hierdurch beleih ich dich mit Millionen seelen.
Und wer des Teufels Arsch so gut wie du gelobt
Dem soll es nie an Schmeichelphrasen fehlen. [100]

Die hier als X bezeichnete Figur zu identifizieren, hat als erster Witkowski versucht: ihre „Worte ‚bin ich gleich von Haus aus Demokrat‘
machen es wahrscheinlich, daß die Satire sich gegen das Kriechen der
früheren Republikaner vor Napoleon richtet."[101] Durch Morris dann
wurde diese These mit überzeugenden Einwänden abgewiesen (die Sa-
tansrolle Napoleon zuzuschreiben, scheint mit Goethes Urteil über dessen Person in der Tat nicht verträglich). Er hat X stattdessen auf den Berliner Komponisten und Literaten Johann Friedrich Reichardt bezogen,
der auf halbwegs vergleichbare Weise schon in den ‚Xenien‘ abgekanzelt
worden war als „Freiheitsapostel, Demokrat, Tyrannenhasser und
Schmeichler" in einer Person.[102] Trotz biographisch begründeter Beden-

---

[100] Paralipomenon 50. Signatur: Goethe, Werke XVII (2) U (24), Blatt 7^{r-v}. – Vollständiger diplomatischer Abdruck des Paralip. 50 bei Scheibe (wie Anm. 93), S. 24–31.
[101] Wie Anm. 16, S. 60.
[102] Wie Anm. 32, S. 696 ff.

ken, die Tokuzawa dagegen vorgebracht hat[103], ist das nicht auszuschlie-
ßen, bleibt aber so oder so belanglos. Auch wenn es ein Modell gegeben
haben sollte, wird hier doch kein Porträt geliefert, wird mit dem hem-
mungslosen Schmeichelredner und würdelosen Kriecher vielmehr ein
Typus dargestellt. Auf dieser satirischen Bedeutungsebene der Huldigungsszene erscheint der Satan, als *Tyrann* angesprochen, in der Rolle
eines weltlichen Herrschers. Und der Zeremonienmeister als Charge aus
dem höfischen Bereich, der Rechtsakt einer Beleihung des Vasallen lassen als realgeschichtliches Substrat der Satire das feudalabsolutistische
System erkennen. Auch das noch ein Stück Goethezeit. Schneidend
scharf zielte diese Huldigungsszene auf Gegenwärtiges: auf den fürstli-
chen Tyrannen, diesen Satan auf dem Thron, und auf den masochisti-
schen Untertan, dessen opportunistische Bereitschaft zur absoluten Unterwerfung sich unter dem fadenscheinigen Mäntelchen seiner aus
Frankreich importierten Freiheitsparolen nicht länger verbirgt. Zeitsatire
und Gesellschaftskritik, wie sie in der Druckfassung der ‚*Walpurgisnacht*'
erscheinen, wären hier zu einem Finale von höllisch-obszöner, wüster
Großartigkeit geführt worden – hätte der Großherzogliche Minister das
zu seiner Zeit und für seine Person freilich kaum Vorstellbare tatsächlich
unternommen und dieses Textstück eingebracht in das Drama, das zum
Zentralheiligtum der deutschen Nationalliteratur geworden ist.

Drei Jahrzehnte nach der Niederschrift sprach der 81jährige darüber
noch einmal zu Eckermann: „‚Die alte Walpurgisnacht [im 1. Teil des
Dramas] ist monarchisch, indem der Teufel dort überall als entschiede-
nes Oberhaupt respektiert wird; die klassische [Walpurgisnacht im
2. Teil] aber ist durchaus republikanisch, indem alles in der Breite neben-
einander steht, so daß der eine so viel gilt wie der andere, und niemand
sich subordiniert und sich um den andern bekümmert.'" (21. 2. 1831) Er
redete da, als habe er die Satanshuldigung damals wahrhaftig aufgenommen in seinen ‚Faust', dessen kanonisierte Druckfassung eine solche Bestimmung doch weit weniger plausibel machte.

Grundlage und Voraussetzung dieser satirisch aktualisierten politi-
schen Bedeutung des Textes aber ist seine religiöse Dimension. Was mit
dem Kuß auf oder in den Hintern des Satans, der seit Jahrhunderten zum
unverändert festen Bestandteil des Sabbatrituals gehört[104], besiegelt
wurde, vollzogen oder bekräftigt, ist in den Schriften über das Ketzer-
und Hexenwesen häufig mit einem Begriff bezeichnet worden, der geradezu den Ermöglichungsgrund liefert für Goethes politisch-satirische
Behandlung des alten Häresiemotivs. Es müßten, heißt es beispielsweise

---

[103] Tokuji Tokuzawa: Die Walpurgisnacht im 1. Teil von Goethes Faust. In: Doitsu
Bungaku, Heft 18, Tokyo 1957, hier S. 27 ff.
[104] Vgl. oben S. 125 (Anm. 34); 128–132; 147–148.

bei Praetorius, die Teilnehmer am Hexensabbat auf solche Art den Satan „zu confirmirung ihres Homagii küssen."[105] Homagium aber, ein mittelalterlich-lehnsrechtlicher Terminus, meint den Huldigungseid, das Treuegelöbnis bei der Investitur eines Vasallen. Hier wird er übertragen auf den Rechtsakt, durch welchen man dem Bösen dienstbar wird. Er steht für die Lossagung von Gott, die Apostasie, die Unterwerfung unter den Satan. „Homagium verò dicamus consistere in corporis & animae traditione", heißt es im ‚Malleus maleficarum'.[106]

Auch der *Ceremonienmstr.*, Chef des Protokolls bei diesem Huldigungsakt, ist in beiden Bereichen zu Haus. Bereits in Pierre de Lancres Bericht über das Hexenwesen von 1613 heißt es vom Satan (der beim Sabbat Platz nimmt „dans vne grande chaire doree, & magnifiquement paree: d'autant que nostre Seigneur estant parmy les siens, estoit tousiours assis, mesme quand il instruisoit les siens au temple"[107]), er habe seine Zeremonienmeister („il a ses Maistres des ceremonies"). Es ist Mephisto, den man sich in dieser Rolle zu denken hat.

Den Homagialkuß, dessen Ritual der teuflische *Ceremonienmstr.* regelt und überwacht, haben die Anklageschriften und Geständnisprotokolle der Inquisition ebenso wie später die Schriften über das Hexenwesen als einen Akt von ekelerregender Obszönität beschrieben. Die enthusiastische Vollzugsbereitschaft, die der Vasall auch in Goethes Versen äußert, hat der Autor der ‚Hundstägigen Erquickstund' verständlich zu machen versucht mit der Behauptung, daß nur die ans Sabbatritual Gewöhnten, „welche schon lang bey der Zauberey gewesen / vnd darinnen also bestättiget / daß kein Abfall von jhnen zu Gott / mehr zuförchten", tatsächlich wahrnahmen, was sie da taten. Die Neuankömmlinge aber, die Novizen, „die werden / vnd sind verblendet / [. . .] sehen jhn an / als wann er ein grosser Fürst wäre / vnd wann sie seinen Hindersten küssen / vermeynen sie / sie küssen jhm die Hände / vnd etliche / sonderlich die Weibspersonen / das Mannliche Glied."[108] Die analsexuellen Praktiken, die in Wahrheit hier geübt werden, spiegeln und bezeugen im alten Ketzer- und Hexenschrifttum die verabscheuungswürdige Sündhaftigkeit des Abfalls von Gott, der auf solche Weise besiegelt wird. Als lästerliche Nachäffung des liturgischen Kusses auf die Hand des Priesters und Bischofs, die Hand und den Fuß des Papstes, der dem Liturgen als dem

    105 Wie Anm. 52, S. 325 (unter Berufung auf die ‚Hundstägige Erquickstund', wie Anm. 73), entsprechend auch S. 313 oder 394 f.
    106 Wie Anm. 38, S. 243. – (‚Die Huldigung aber, so können wir sagen, besteht in einer Übergabe von Leib und Seele [an den Satan].')
    107 Wie Anm. 66, S. 458. – (. . . auf einem großen, vergoldeten und prachtvoll hergerichteten Stuhl, ebenso wie unser Herr, wenn er unter den Seinen war, immer saß, selbst wenn er die Seinen im Tempel unterwies').
    108 Wie Anm. 73, S. 451.

Stellvertreter Christi gilt[109], als wüste Perversion jenes frommen Kusses, welcher in der Karfreitagszeremonie der 'Adoratio crucis' einer Verehrung des Kreuzes galt[110], widerruft der Homagialkuß der Ketzer und Hexen die christliche Erlösung. Noch in den Worten des Goetheschen Satansanbeters klingt das nach:

Was duftet aus dem kolossalen Mund!
So wohl kanns nicht im Paradiese riechen.

Und für den körperlichen wie für den durch ihn bezeichneten, mit ihm vollzogenen geistlichen Akt der Satanshuldigung wird in den Sabbatberichten jene abstoßende Anziehungskraft des ruchlos Ungeheuerlichen offenkundig, welche bei Goethe in den homoerotisch gefärbten Hyperbeln des Mannes sich mitteilt, der da vor des Teufels Arsch auf den Knien liegt – dem

dieser wohlgebaute Schlund
Erregt den Wunsch hinein zu kriechen.

In Praetorius' Schrift von des 'Blockes-Berges Verrichtung'[111] hat Goethe lesen können, daß der im Homagialkuß gipfelnden Satanshuldigung eine „Gegen-Obligatio des Teuffels" entspreche und daß es dabei neben der Verleihung von Zauberkräften um die „Offerirung aller leiblichen Ergetzlichkeiten", des „Buhlens" und „Kindes-Zeugens" gehe, um eine satanische „Seeligmachungs-Versprechung". Schon in de Lancres Bericht ist die Rede von einer Predigt, die bei der Satansmesse gehalten wird[112]. Und in dieser Form hat Goethe in den ursprünglichen Plan der 'Walpurgisnacht'-Szene eingebracht, was bei Jean Bodin lautet: „das Fundament aller Gottlosigkeit / darauff sich das Zauber-Gesinde verlässet / und deßhalben sie dem Teuffel sich ergeben / bestehet in den grossen Verheissungen / die ihnen der Teuffel thut".[113]

---

[109] Vgl. Ludwig Eisenhofer: Handbuch der katholischen Liturgik. Bd. 1, Freiburg i. Br. 1932, S. 260.
[110] Vgl. Gerhard Römer: Die Liturgie des Karfreitags. In: Zeitschrift f. kathol. Theologie 77, 1955, hier S. 70–80. – Jacob Grimm (Deutsche Mythologie. Bd. 2, 4. Ausg. Berlin 1876, S. 851) und wieder Soldan-Heppe (wie Anm. 36, S. 148) sprechen von einer „Verdrehung des Bruderkusses bei der Adoration" und werfen damit den Kreuzverehrungskuß mit jenem völlig anders gearteten, wechselseitigen liturgischen Friedenskuß zusammen, der die Bruderschaft der Gläubigen bezeugt (vgl. Reallexikon f. Antike u. Christentum, Bd. 8, Sp. 505 ff.) und dem Homagialkuß keinerlei Vorlage bot.
[111] Wie Anm. 52, hier S. 395.
[112] „Le Diable faict aussi quelque espece de Sermon". Wie Anm. 66, S. 463. – Zur Satanspredigt auf dem Hexensabbat s. auch Henry Charles Lea: Geschichte der Inquisition im Mittelalter. Übersetzt von Heinz Wieck u. Max Rachel. Bd. 3, Bonn 1913, S. 559.   [113] Wie Anm. 54, S. 207.

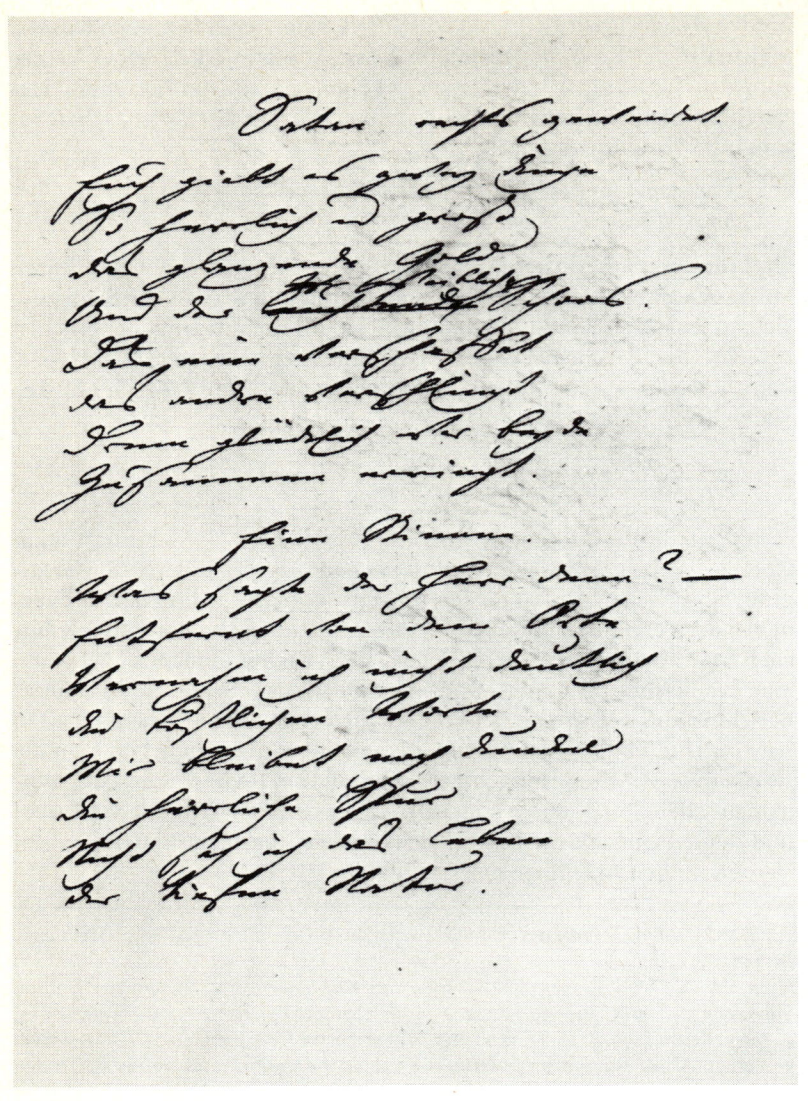

6. Aus der Satansmesse (Paralipomenon 50, Blatt 3ᵛ und 4ʳ).
Eigenhändige Niederschrift Goethes.

Goethes Paralipomenon 50 beginnt mit einer Szenenüberschrift und schematisierenden Stichworten:

Gipfel   Nacht
Feuer Koloss. nächste Umgebung
Massen, Gruppen. Rede. [114]

Die *Massen, Gruppen,* um den Satan versammelt, der auf dem Blocksberggipfel seine Predigt (*Rede*) hält, stellen jene *Hexen* und *Hexenmeister,* welche der gedruckte Text der ‚*Walpurgisnacht'* als *Chöre* nennt. Unter ihnen (nach *droben* gelangt) der vom Mephisto geleitete Faust; Schema (oben S. 149): *Sie stehen im nächsten Kreise.* Wie sich diese Sabbatgemeinde im übrigen zusammensetzt, verdeutlicht Praetorius' Katalog der Stände, die „in solcher Blocksbergischen Gasterey mannigmahl sind begriffen worden": „nicht nur alte betagte, sondern auch kleine unverständige Kinder / nicht nur Weiber / sondern auch Männer / nicht nur geringes sondern auch hohes Stands Personen / Käyser / Fürsten / Freyherrn / Edelleute und dergleichen; nicht nur weltliche / sondern auch Geistliche / Päbste / Bischoffe und Priester; nicht nur ungelehrte / sondern auch gelehrte und berühmte Doctores auß allen Facultäten."[115] Als Abbild der Menschheit überhaupt hat man sich *des Volckes Hauf* auf dem Brockenberg zu denken – die in Goethes Schema als *Satans Rede* ausgewiesene Bergpredigt des Bösen, diese Lehrverkündigung und Heilsbotschaft des Antichrist, setzt mit dem Gestus des Weltenrichters ein:

Satan
Die Böcke zur rechten,
Die Ziegen zu lincken
Die Ziegen sie riechen
Die Böcke sie stincken
Und wenn auch die Böcke
Noch stinckiger wären
So kann doch die Ziege
Des Bocks nicht entbehren. [116]

Damit usurpiert der satanische Gegengott die Rolle, die Christus einnimmt beim Jüngsten Gericht. Der werde „sitzen auf dem stuhl seiner herrlichkeit", schreibt Matthäus (25, 31 ff.). „Und werden vor ihm alle völcker versammlet werden. Und er wird sie von einander scheiden, gleich als ein hirte die schaafe von den böcken scheidet. Und er wird die

---

[114] Paralipomenon 50, Blatt 1ʳ. Vgl. Anm. 100.
[115] Wie Anm. 52, S. 129.
[116] Paralipomenon 50, Blatt 3ʳ. Vgl. Anm. 100 (Statt *Böcke* hat die Handschrift in der 4. und 5. Textzeile *Bocke*. Am Rand neben *riechen* bzw. *stincken* mit Bleistift *wincken* bzw. *fechten*).

schaafe zu seiner rechten stellen, und die böcke zur lincken."[117] Geht es
aber dort um die Scheidung der Seligen von den Verdammten, so werden Männer und Frauen hier als Tiere benannt, wie Tiere sortiert, zurückgeführt auf ihre tierhafte Geschlechtlichkeit.[118] Dafür stehen Bock
und Ziege überall in der von Goethe benutzten Hexenliteratur. „Der
Bock sieget schier allen Thieren ob / in der Geylheit", heißt es bei Francisci[119]; ausdrücklich bei Remigius: „Nun stincken die Böcke mehr als andere Thier / und der böse Geist lässet sich durch kein Ding mehr mercken
/ daß er zu gegen sey / als durch Unlust und Gestanck"[120]; und bei Praetorius (von den „Vasallen" des als „Vnzuchtsstiffter" erscheinenden Satans) sogar: „daß sie keine liebliche Schäfflein seyn / welche man am
Jüngsten Tage zur rechten Hand des Herren Christi gestellet befinden
wird: sondern garstige und unflätige Böcke / welche von Gottes Ange-
sichte in das ewige Feur mit den Teuffeln und seinen [des Satans] Engeln
ohne Barmhertzigkeit werden geworffen werden Matth. 25. Denn der
Bock ist ein Sinnebild oder Zeichen aller geilen und verhurten Leute /
welche das Reich Gottes nicht besitzen werden."[121]

Ist damit auf der ,Synagoga Satanae' die kultische Platzordnung hergestellt (die der Trennung von Männern und Frauen in der Synagoge
entspricht), fällt im Responsorialgesang der Chor ein, der den Ritus der
Prostration (des kirchlichen Zeremoniells höchster Verehrung und tief-
ster Demütigung[122]) ansagt bei diesem Satansdienst und in liturgischen
Formeln den Heilsverkündiger preist:

CHOR
Aufs Angesicht nieder
Verehret den Herrn
Er lehret die Völcker
Und lehret sie gern
Vernehmet die Worte

---

[117] Die Perversion des Modells bekundet sich noch in der seitenverkehrten Position der Böcke, die Christus zur Linken stellt, Satan aber zur rechten: auf den Platz der
Seligen.

[118] Als eine „Parodie des jüngsten Gerichts", bei der „die Teilung nicht nach dem
Grade der sittlichen Reinheit erfolgt", sondern „der geschlechtliche Unterschied"
maßgebend ist, hat schon Witkowski (wie Anm. 16, S. 59) diese Verse verstanden.

[119] Erasmus Francisci: Der Höllische Proteus oder Tausendkünstige Versteller.
Nürnberg 1690, S. 182. – Goethe benutzte die Ausgabe von 1708 (s. Witkowski, wie
Anm. 16, S. 18 ff.; Keudell, wie Anm. 35, Nr. 243).

[120] Nicolaus Remigius: Daemonolatria, Oder: Beschreibung von Zauberern und
Zauberinnen. Erster Teil, Hamburg 1693, S. 99. – Von Goethe benutzt (s. Witkowski,
wie Anm. 16, S. 30 ff.; Keudell, wie Anm. 35, Nr. 249).

[121] Wie Anm. 52, S. 59 f.

[122] Vgl. Ludwig Eisenhofer (wie Anm. 109), S. 254 f.

Er zeigt euch die Spur
Des ewigen Lebens
Der tiefsten Natur. [123]

Das gleiche Wort, das im ‚Prolog im Himmel' Gott doch gemeint hat, gilt hier dem Satan, seinem Gegenspieler: *Verehret den Herrn!* Dem Lobgesang der Erzengel antwortet jetzt das Gloria eines Gegen-Chors, dessen Satanspreis (wie nach Franciscis Sabbatbericht das Gebet der Hexen) „in lauter gottslästerlichen Worten bestehet / laut derselben diß Truden-Geschmeiß den Beelzebub / für einen Schöpffer / Geber / Stiffter / und Erhalter aller Dinge / bekennet."[124] Denn der Missionsbefehl: „gehet hin, und lehret alle völcker" (Mt 28,19) und die Zusage Christi: „Wer mein wort höret [. . .], der hat das ewige leben" (Joh 5,24) werden hier adaptiert, um eben das, womit Faust doch dem Herrn dient („verworren", 308), in Satansdienst zu verkehren: um sein Erkenntnisverlangen nach dem, „was die Welt | Im Innersten zusammenhält" (382 f.) mit einer Irrlehre zu befriedigen, welche den Menschen auf die kreatürliche Sexualität als seine *tiefste Natur* reduziert:

SATAN   *rechts gewendet*
Euch giebt es zwey Dinge
So herrlich und groß
Das glänzende Gold
Und der weibliche Schoos.
Das eine verschaffet
Das andre verschlingt
Drum glücklich wer beyde
Zusammen erringt. [125]

Dieser ersten Seligpreisung folgt der Zwischenruf eines Abseitsstehenden, der nicht verstanden hat. Er hält sich im liturgischen Kontext, respondiert dem Chor, wiederholt dessen Leitvers von der *Spur | Des ewigen Lebens | Der tiefsten Natur.* Und da inzwischen deutlich geworden ist, was es damit tatsächlich auf sich hat, gewinnen diese Wiederholungen eine vom Sprecher ungewollte ironische Konnotation:

EINE STIMME
Was sagte der Herr denn? –
Entfernt von dem Orte
Vernahm ich nicht deutlich

---

[123] Paralipomenon 50, Blatt 3^r. Vgl. Anm. 100.
[124] Erasmus Francisci (wie Anm. 88), S.138. – Von Goethe benutzt (s. Witkowski, wie Anm. 16, S. 27 ff.; Keudell, wie Anm. 35, Nr. 83).
[125] Paralipomenon 50, Blatt 3^v. (Handschrift in der 3. Textzeile: *glanzede*).

Die köstlichen Worte
Mir bleibet noch dunckel
Die herrliche Spur
Nicht seh ich das Leben
Der tiefen Natur. [126]

An die *Ziegen* dann, den Hexenschwarm der Weiber, ist der zweite Teil der Satansverkündigung in dieser ‚missa fidelium' gerichtet:

SATAN *lincks gewendet*
Für euch sind zwey Dinge
Von köstlichem Glanz
Das leuchtende Gold
und ein glänzender Schwanz
Drum wisst euch ihr Weiber
Am Gold zu ergötzen
Und mehr als das Gold
Noch die Schwänze zu schätzen. [127]

Nach der Konsekration von Phallus und Schoß wird im liturgischen Responsorium wiederum die Prostration der anbetenden Sabbatgemeinde angesagt und folgt dann die Seligpreisung dessen, der das Wort der satanischen Bergpredigt hört:

CHOR
Aufs Angesicht nieder
Am heiligen Ort
O glücklich wer nah steht
Und höret das Wort. [128]

Wieder fällt der Abseitsstehende ein, der diese Chor-Verse auf sich bezieht und ihnen doch nicht genügen kann:

EINE STIMME
Ich stehe von ferne
Und stutze die Ohren
Doch hab ich schon manches
Der Worte verlohren
Wer sagt mir es deutlich
Wer zeigt mir die Spur
Des ewigen Lebens
Der tiefsten Natur. [129]

---

[126] Paralipomenon 50, Blatt 3^v. Vgl. Anm. 100.
[127] Paralipomenon 50, Blatt 4^r.
[128] Paralipomenon 50, Blatt 4^r. (Handschrift in der 4. Textzeile: *horet*).
[129] Paralipomenon 50, Blatt 4^{r-v}.

Einem in die Blocksbergversammlung geratenen Mädchen, das die Satansworte wohl vernommen, den Sinn der Rede aber nicht begriffen hat, gibt als Interpret dieser Heilslehre Mephisto jetzt Erklärungen. Ein halblaut geführter Dialog während der Sabbatfeier. Nachhilfeunterricht für eine ‚törichte Jungfrau':

> MEPH *zu einem jungen Mädchen*
> *Was weinst du? artger kleiner Schatz*
> *Die Thränen sind hier nicht am Plaz*
> *Du wirst in dem Gedräng wohl gar zu arg gestoßen?*
>
> MÄDCHEN
> *Ach nein! der Herr dort spricht so gar kurios,*
> *Von Gold und Schwanz von Gold und Schoos,*
> *Und alles freut sich wie es scheint.*
> *Doch das verstehn wohl nur die Großen?*
>
> MEPH.
> *Nein liebes Kind nur nicht geweint.*
> *Denn willst du wissen was der teufel meynt,*
> *So greife nur dem Nachbar in die Hosen.* [130]

Genau so operiert Mephisto hier, wie nach den Feststellungen des ‚Malleus maleficarum' der Teufel immer verfährt, wenn ein Neuling anfangs nicht geneigt scheint zur traditio „corporis & animae" an den Satan: „Ideò versutus ille hostis, si considerabit nouitiam in aggressu difficilem ad consensum, tunc blandè eam aggreditur, pauca exigens, vt paulatim ad maiora perducat."[131] Und wie die altkirchliche ‚missa catechumenorum' sich an die im christlichen Glauben noch zu Unterrichtenden wendete, die beim Gottesdienst einen besonderen Platz einnahmen, richten sich hier die Schlußworte der Satanspredigt als Adhortatio an dieses Mädchen und ihresgleichen, an diese Novizin und die Katechumenen, die in der Walpurgisnacht zwischen den *Böcken* und den *Ziegen* stehen während der Meßliturgie:

> SATAN *grad aus*
> *Ihr Mägdlein ihr stehet*
> *Hier grad in der Mitten*
> *Ich seh ihr kommt alle*
> *auf Besmen geritten*

---

[130] Paralipomenon 50, Blatt 4^v–5^r. Vgl. Anm. 100.
[131] Wie Anm. 38, S. 243 und 244. Übersetzung II, S. 35: ‚so macht sich jener schlaue Feind, wenn er merkt, daß eine Novize, die er angreift, sich nur schwer überreden läßt, mit freundlichen Worten an sie heran und verlangt nur wenig, um sie dann allmählich zu Größerem zu verleiten.'

Seyd reinlich bey Tage
Und säuisch bey Nacht
So habt ihrs auf Erden
Am weitsten gebracht. [132]

Der Ausschluß dieser Texte aus der endgültigen Fassung des Stückes hat nicht nur Verse von gewaltiger sprachlicher Kraft, gedanklicher Kühnheit und dramatischer Energie für das Faust-Drama verloren gegeben. Aus dem Sinnzusammenhang des Ganzen ist damit das Kernstück der ,*Walpurgisnacht*' herausgebrochen worden. Wieviel dabei beschädigt wurde, zeigt zunächst ein Blick auf die beiden großen Symbolreihen und Themenstränge, welche die Faust/Gretchen-Handlung im 1. Teil des Dramas durchziehen. Mit dem Aphrodisiakum des Zaubertranks, der Faust zu körperlicher Liebesfähigkeit verjüngt (2603 f.), und dem Dank Mephistos, der sich für die nahende Walpurgisnacht der alten Hexe als Incubus anbietet (2589 f.), setzt die erste dieser Reihen in der Szene ,Hexenküche' ein; sie zieht sich durch alle Faust/Mephisto-Gespräche der Gretchenszenen und hätte in der Walpurgisnacht mit den Heilsverkündigungen und Seligpreisungen der Satansrede, mit der Konsekration von Phallus und Schoß ihren Höhepunkt erreicht. Gleichfalls in der ,Hexenküche', wo die Tiere vom Reichtum reden und Geldgewinn (2394 ff.), beginnt die zweite Reihe; sie setzt sich in den Gretchenszenen mit Mephistos Schatzkästchen fort und hätte in der Walpurgisnacht, wenn der Blocksberg glüht vom feurigen Gold des Herrn Mammon, mit dem satanischen Preis des Goldes ihren Höhepunkt erreicht. Von ihrem gemeinsamen Ursprung in der ,Hexenküche' an hängen beide Symbolreihen miteinander zusammen. Auch in den Gretchenszenen dienen die Schatzkästchen doch dazu, dem Faust „das süße junge Kind | Nach Herzens Wunsch und Will' zu wenden" (2746 f.), und die Trödelhexe nimmt dies Thema auf: *Kein Schmuck, der nicht ein liebenswürdig Weib | Verführt* (4107 f.). „Ein bißchen Diebsgelüst, ein bißchen Rammelei" (3659) spukt in Erwartung der Walpurgisnacht Mephisto durch die Glieder, und gleichermaßen im Feuer des Goldes und in der Glut der Geschlechtlichkeit flammt in dieser Nacht dann das Gebirge. Hier, wo sie kulminieren, werden beide Reihen ganz eng geführt:

Euch giebt es zwey Dinge
So herrlich und groß
Das glänzende Gold
Und der weibliche Schoos.

Wenn aber in der satanischen Liturgie *Von Gold und Schwanz von Gold und Schoos*, von ihrer hervorbringenden und ihrer vernichtenden Macht die

---

[132] Paralipomenon 50, Blatt 5ʳ. Vgl. Anm. 100.

Rede geht, ist mit dieser Bündelung der Motive in Wahrheit doch vom Chaos schon die Rede, vom Nichts, in das alles Geschaffene oder Entstandene am Ende wieder sich verliert. In den Worten, mit denen der Herr des höllischen Gegenreiches die Völker lehrt,

> Das eine verschaffet
> Das andre verschlingt
> Drum glücklich wer beyde
> Zusammen erringt

wiederholt sich so die Selbstdarstellung seines Erzengels Mephisto:

> Ich bin der Geist der stets verneint!
> Und das mit Recht; denn alles was entsteht
> Ist werth daß es zu Grunde geht;
> Drum besser wär's daß nichts entstünde.
> So ist denn alles was ihr Sünde,
> Zerstörung, kurz das Böse nennt,
> Mein eigentliches Element. (1338 ff.)

Der Huldigung vor dem Satan und seiner Predigt folgt im Ritual des Hexensabbats die große Tanzorgie. Diesem (auch in den nachweislich von Goethe benutzten Schriften vorgezeichneten) Abfolgeschema entsprechend, fasse ich jetzt den in der Druckfassung der ‚Walpurgisnacht'-Szene enthaltenen Tanz ins Auge, den Faust und Mephisto mit den Hexen beginnen, und die Erscheinung Gretchens, die ihn beendet. Denn es zeigt sich, daß die im Licht der alten Schriften zum Ketzer- und Hexensabbat gelesene und verstandene Satans Rede pp diesem Hexentanz und der Gretchenerscheinung eine Bedeutung verleiht, welche allererst einsichtig wird, wenn man sie unmittelbar anschließt an die Verheißungen der satanischen Bergpredigt.

> O glücklich wer nah steht
> Und höret das Wort

hieß es in der Chorstrophe der Goetheschen Satansliturgie. Doch gilt die biblische Ermahnung zum wahren Gottesdienst: „Seyd aber thäter des worts, und nicht hörer allein"; wer „durchschauet in das vollkommene gesetz der freyheit, und darinnen beharret, und ist nicht ein vergeßlicher hörer, sondern ein thäter: derselbige wird selig seyn in seiner that" (Jak 1,22/25), auch für den Satansdienst des Hexensabbats. In einer 1623 erschienenen französischen Darstellung des Satanskults schließt so die Sabbatpredigt des Bösen: „Mes amis, auiourd'huy nous celebrons le sabbat de sodomie. La sodomie es vn oeuure tres-agreable à Lucifer. Ie vous prie faire bien vostre deuoir; voire mesme vous prouoquer les vns aux autres. Prenez exemple de moy qui suis le prince de luxure, & si vous accomplissez souuent cet oeuure, vous aurez la recompense en ce monde, & en l'autre la Vie eternelle."[133]

Was der „Vnzuchtsstiffter" lehrt, wird von seinen „Dienern / Vasallen / verhurischen Schlaven und Ehebrechern" in der Tat auch vollzogen beim Sabbat.[134] Überall in der Hexenliteratur stößt man auf solche Berichte. Bei Francisci beispielsweise hat Goethe lesen können: „Er / der böse Feind / ließ die Versammlung nicht voneinander scheiden; bevor er ihnen geboten / sich allesämtlich miteinander fleischlich zu vermischen. Da fielen sie denn / ohn einigen Unterscheid / zu / und packte jedweder an / was er bekam: wechselten auch offt um / wie die Hunde: und ward die Unzucht / auf allerley Manier / so ihre Geilheit erdencken kunnte / getrieben. Wer es am unnatürlichsten zu machen wuste / und die greulichste Sodomiterey übte; der war diesem unsaubrem Geist am liebsten."[135] Diesen letzten Teil der Sabbatfeier aber (dem häufig noch ein Gastmahl mit kannibalischen Praktiken vorausgeht) eröffnet ein orgiastischer Tanz – „keine Hexen Versammlung geschicht / man dantzet stets darbey", vermerkt Bodin[136]. Praetorius, der die gleiche Feststellung macht, gibt eine genaue Beschreibung des Ring- oder Reigentanzes, der da veranstaltet wird: „die Rücken kehreten sie aneinander / die Hände schlossen sie in einen gerundeten Craiß zusammen; die Köpffe schlugen / vnnd wurffen sie gleich den Wahnsinnigen vnd Närrischen."[137] Der häufig in dieser Form beschriebene (auch auf Herrs Kupfer so dargestellte) und als ‚Sabbatrunde' geläufige ekstatische Tanz dann mündet in die sexuelle Orgie. „Nach gehaltenem Tantz hetten die Teuffel bey ihnen geschlaffen", berichtet Praetorius aus den Geständnissen der zum Feuertod verurteilten Hexen von Longny. „Da hette auch der eine / welcher mit ihr an Tantz gegangen / sie genommen / zweymahl geküsset / und

---

[133] Histoire veritable et memorable de ce qvi c'est passé sovs l'exorcisme de trois filles possedées és pais de Flandre, en la descouuerte & confession de Marie de Sains, soy disant Princesse de la Magie; & Simone Dourlet complice, & autres. Ov il est avssi Traicté De la Police du Sabbat, & secrets de la Synagogue des Magiciens & Magiciennes. De l'Antechrist: & de la fin du monde. Hrsg. von I. le Normant, Sieur de Chiremont. Teil 1, Paris 1623, S. 69.
Übersetzt bei Zacharias (wie Anm. 47), S. 96: ‚Meine Freunde, heute feiern wir den Sabbat der Sodomie. Die Sodomie ist ein Luzifer sehr angenehmes Werk. Ich bitte euch, gut eure Pflicht zu tun; sogar euch einander anzureizen. Nehmt euch ein Beispiel an mir, der ich der Fürst der Unzucht bin, und wenn ihr dieses Werk oft vollbringt, werdet ihr den Lohn in dieser Welt haben und in der anderen das ewige Leben.'
[134] Praetorius (wie Anm. 52), S. 59.
[135] Wie Anm. 88, S. 125.
[136] Wie Anm. 54, S. 168.
[137] Praetorius (wie Anm. 52), S. 326 und 333. Die Tanzbeschreibung wörtlich nach ‚Hundstägige Erquickstund' (wie Anm. 73), S. 455.

länger als eine halbe Stund bey ihr geschlaffen / biß entlich ein eißkalter Saame von ihm gegangen."[138] Dergleichen wird in allen Sabbatberichten mitgeteilt, und die Art, in der sie „von diesem ungeheuren Laster Außführlichkeit lieffern"[139], läßt die außerordentliche Verbreitung der Hexenliteratur im 16. und 17. Jahrhundert auch aus ihrer spezifischen Anziehungskraft auf eine breite Leserschaft verstehen: mit dem Vorzeichen geistlicher Belehrung und Abschreckung hat sie die Zensur beschwichtigen und sich so als einzige Gattung der Zeit dem tabuisierten Sexualbereich mit einem geradezu pornographischen Detailinteresse zuwenden können.

Daß ein Außenstehender der Satanshuldigung, der Satansmesse und Satanspredigt (in welcher „ihnen geboten / sich allesämtlich miteinander fleischlich zu vermischen"[135]) beiwohnt in der Walpurgisnacht, ist in den von Goethe benutzten Schriften vorgebildet[140]. Anders aber als dort die fürwitzigen Inquisitoren oder wißbegierigen Gelehrten, diese Sabbat-Voyeure, wird Faust nun selber in das wüste Hexentreiben verstrickt, einbezogen in den Satansdienst und der Versuchung ausgesetzt, sich dem Bösen leibhaftig zu eigen zu geben.

> *Daß ich mich nur nicht selbst vergesse!*
> *Heiß' ich mir das doch eine Messe!* (4114 f.):

Im gedruckten Text schließen sich diese Faust-Verse dem Auftritt der Trödelhexe an. Was da als *Messe* bezeichnet wird, soll offenbar die Jahrmarktsbude meinen, in der sie ihre mörderische Ware feilbietet. Nicht einen einzelnen Trödlerstand jedoch, sondern eigentlich den großen, öffentlichen und privilegierten Jahrmarkt nennt man um 1800 eine ‚Messe', und größere Verständnisschwierigkeiten noch macht wohl die Vorstellung, daß Faust über einem solchen Hexenladen im Ernst ‚sich selbst vergessen' sollte. Was seinen Versen aber folgt, sind die Mephisto-Worte:

> *Der ganze Strudel strebt nach oben;*
> *Du glaubst zu schieben und du wirst geschoben.* (4116 f.)

Und darauf bezogen, erhielte Fausts Rede einen ganz anderen Sinn, verstünde sich *Messe* (in der ursprünglichen Wortbedeutung des großen gottesdienstlichen Festes, das an den kirchlichen Hauptfeiertagen Gelegenheit bot zu dem dann selber so bezeichneten Jahrmarkt) als jene kultische Feier eben, zu der der Hexenschwarm hier *nach oben* drängt. Restbestand einer frühen Konzeption dieser Szene und nach dem Verzicht auf die im „Walpurgissack" sekretierten Passagen angeschlossen an den

---

138 Wie Anm. 52, S. 288. – Ähnlich S. 285.
139 Praetorius (wie Anm. 52), S. 334.
140 Beispielfälle oben S. 147 f.

Auftritt der Trödelhexe, zielten Fausts Verse dann ursprünglich auf die Satans-*Messe*. Die in der Tat brachte ihn in Gefahr, sich selbst zu vergessen: sich zu verlieren im Strudel jener Sexualität, zu der die satanische Bergpredigt aufgerufen hat.

Einen zweiten Hinweis auf das ursprünglich Geplante darf man in Mephistos Versen 4044 f. vermuten:

Es ist doch lange hergebracht,
Daß in der großen Welt man kleine Welten macht.

Dietze hat sie als Vorankündigung des Intermezzos gedeutet; *kleine Welten* will er verstehen als Theaterspiele, die zu ‚machen' in der *großen Welt* der Realität doch lange hergebracht sei.[141] Wirklich beziehen sich diese Verse in der kanonisierten Druckfassung ja auf Mephistos Bemühung, Faust abzulenken von dem, was *droben* geschieht. Setzt man sie aber probeweise ab von dessen vorangegangenen Worten

Laß du die große Welt nur sausen,
Wir wollen hier im Stillen hausen (4042 f.)

(mit denen die frühe Konzeption doch verabschiedet wurde) und liest sie stattdessen zusammen mit dem folgenden Text, so tritt eine ganz andere Bedeutung in den Bereich des Erwägenswerten:

Es ist doch lange hergebracht,
Daß in der großen Welt man kleine Welten macht.
Da seh' ich junge Hexchen nackt und bloß,
Und alte die sich klug verhüllen.
Seid freundlich, nur um meinetwillen;
Die Müh ist klein, der Spaß ist groß. (4044 ff.)

Die alte, zum Grundbestand Goethescher Denkfiguren gehörige Mikrokosmos/Makrokosmos-Formel, die als ‚kleine Welt' den Menschen bezeichnet (Analogon, Abbild oder Konzentrat der ‚großen', eigentlichen Welt), legt es nahe, ‚machen' hier im Sinne von ‚zeugen' zu verstehen[142] und den Vers 4044 also geradewegs als mephistophelische Aufforderung zum Geschlechtsverkehr mit den Hexen.

---

[141] Vgl. dazu oben S. 115 f. – Kaum überzeugend auch Frankenberger (wie Anm. 10), S. 73 f.: „ „Daß in der großen Welt man kleine Welten macht' – was nichts anderes heißt, als daß die große Welt eine bloße Häufung kleiner Kreise, aber nichts im Wesen anderes, Gehaltvolleres sei; es scheint nur von weitem so, als sei sie mehr."

[142] So zweimal in den von Goethe sekretierten, erst aus dem Nachlaß veröffentlichten Epigrammen (WA I 53, S. 14 u. 459). In Nr. 30: „Meine Güter, sagst du, hab ich mir selber gemacht." („Güter" meinen hier eindeutig Kinder, für „gemacht" steht in der Handschrift „gezeugt"); ebenso in Nr. 31: „Amerikanerin nennst du das Töchterchen alter Phantaste, / Glücklicher! hast du sie nicht hier in Europa gemacht?"

Denn was hier noch durch anspruchsvolle Terminologie ironisch verschlüsselt wird, tritt in Mephistos späteren Worten zynisch-direkt zutage:

> Komm nur! von Feuer gehen wir zu Feuer,
> Ich bin der Werber und du bist der Freier. (4070 f.)

Nicht bei der Begegnung mit den *alten Herrn* freilich, die als zeitsatirischer Einschub zunächst doch anschließt in der Druckfassung, sondern erst wenn Faust und Mephisto auf die beiden Hexen treffen, tritt der Sinn dieser rollenbestimmenden Worte in Kraft. Im allgemeinen Sprachgebrauch der Zeit erscheinen *Werber* und *Freier* bei der Brautwerbung, also wenn es um ein Verlöbnis geht und um die Heirat. Aber auch für den Liebhaber ohne ehrenhafte Absicht, den Buhler, Verführer oder Vergewaltiger ist die Bezeichnung *Freier* geläufig[143] und unter dem Einfluß des Rotwelschen meint sie – noch im heutigen Prostituiertenjargon – den Kunden der Dirne.[144]

So halten sie Ausschau im orgiastischen Trubel, der *Werber* Mephisto in der Rolle des Zuhälters, der *Freier* Faust in der des Dirnenkunden, und treffen auf die beiden Hexen, die aus dem wilden Springtanz der ‚Sabbatrunde‘ herausgetreten sind („und packte jedweder an, was er bekam"[135]).

FAUST
Da sitzen zwei, die Alte mit der Jungen;
Die haben schon was Rechts gesprungen!

MEPHISTOPHELES
Das hat nun heute keine Ruh.
Es geht zum neuen Tanz; nun komm! wir greifen zu. (4124 ff.)

---

[143] Eberhardt Guerner Happell beispielsweise berichtet „von einer Jungfrau / welche aus Verzweifelung sich von einem Steinfelsen herunter stürtzte; weil ihre Eltern ihren Freyer / der sie beschlaffen / mit Dornen geisseln lassen." (Grösseste Denkwürdigkeiten der Welt, III., Hamburg 1687, S. 98). Oder Celander (Johann Georg Gressel) beschreibt eine galante Dame: „Eure Lippen und die Wangen / Sind vor alle Freyers frey / Und man kan da ohne Scheu / Den beliebten Kuß erlangen. // Wenn euch einer Schöne nennet / Alsdann steht die schöne Schooß / Diesem falschen Schmeichler bloß / Den ihr sonsten gar nicht kennet." (Verliebte-Galante / Sinn-Vermischte und Grab-Gedichte. Hamburg/München 1716, S. 91). – Entsprechend Goethe: WA I 16, S. 30; 37, S. 15; 49/1, S. 117.
[144] Vgl. Siegmund Andreas Wolf: Wörterbuch des Rotwelschen. Mannheim 1956, S. 105. (Schon Adelungs ‚Versuch eines vollständigen grammatisch-kritischen Wörterbuches‘, 2. Teil, Leipzig 1775, Sp. 289, kennt ‚Freyer‘ „nur in den gemeinen Sprecharten").

Nicht mehr im großen Kreis, nach außen gewendet und also voneinander abgekehrt[145], sondern paarweise tanzen sie jetzt. Und der *Freier* sieht sie an, die *Junge*, die nackte[146]:

> FAUST *mit der Jungen tanzend*
> *Einst hatt' ich einen schönen Traum;*
> *Da sah ich einen Apfelbaum,*
> *Zwei schöne Äpfel glänzten dran,*
> *Sie reizten mich, ich stieg hinan.*
>
> DIE SCHÖNE
> *Der Äpfelchen begehrt ihr sehr*
> *Und schon vom Paradiese her.*
> *Von Freuden fühl' ich mich bewegt,*
> *Daß auch mein Garten solche trägt.* (4128 ff.)

Ihre Wechselrede nimmt die Bildersprache des Hohelieds auf, wo Salomo die Sulamith „meine schöne" nennt (2, 13), wo die Geliebte vom „apfel-baum" und seinen „äpffeln" redet (2, 3 und 2, 5) und der Liebende spricht: „Ich muß auf den palmbaum steigen, und seine zweige ergreiffen. Laß deine brüste seyn, wie trauben am weinstocke" (7, 8). Sexual-symbolischen Sinn gewinnen die Früchte auch hier. Mit den nackten Brüsten der jungen Hexe scheint sich für Faust ein alter Wunschtraum von zwei schönen Äpfeln zu erfüllen – so wie das einst geträumte *Sie reizten mich, ich stieg hinan* im geschlechtlichen Verlangen nach ihr jetzt leibhaftig wirklich wird. Das merkt die *Schöne* ihm an (*Der Äpfelchen begehrt ihr sehr*). Wie später, Hochzeit haltend, Helena die Faustschen Reime, nimmt sie, seinem Verlangen gefügig, Fausts Bilder auf in ihre Antwortrede. Löst sie aber vom Hohelied und bezieht sie auf die Paradieser-zählung; legt mit dieser Regression den Archetypus frei und deutet Fausts Traum als Wiederholungsverlangen nach dem Sündenfall im Garten Eden: *schon vom Paradiese her* begehrt der neue Adam doch die *Äpfel*, die ihr Garten trägt.

Mephisto hat sich die Alte gegriffen (mag sein: die Herrin der ‚Hexen-küche'). Nacheinander kommen die tanzenden Paare zu Wort mit ihren gleichgeformten Wechselreden. Ein choreographisches Zitat ist das: Zerrspiegel jener Szene im ‚Garten', wo (3073 ff., ‚Margarete an Faustens Arm, Marthe mit Mephistopheles') die Wechselgespräche der auf und ab spazierenden Liebespaare in gleicher Weise einander ablösten. Und

---

[145] Praetorius (wie Anm. 52), S. 278: „mit außwerts gekehretem Mund und Ange-sichtern / also daß eines deß andern Angesicht nicht hat sehen können / wie es sonsten in andern gemeinen Täntzen bey den Menschen gebräuchlich ist".
[146] Praetorius (wie Anm. 52), S. 417: „Wie der Hexen etliche / und zwar der Meh-rertheil gar nackend / etliche aber mit Kleidern zu ihrer Versamlung fahren".

der Teufel wiederholt jetzt die Traumerzählung Fausts, transformiert sie ins wüst Obszöne, spricht mit brutaler Direktheit aus, was dessen biblischer Bildersprache doch zugrunde lag.

> MEPHISTOPHELES *mit der Alten*
> *Einst hatt' ich einen wüsten Traum;*
> *Da sah ich einen gespaltnen Baum,*
> *Der hatt' ein ungeheures Loch;*
> *So groß es war, gefiel mir's doch.*

> DIE ALTE
> *Ich biete meinen besten Gruß*
> *Dem Ritter mit dem Pferdefuß!*
> *Halt' Er einen rechten Pfro[p]f bereit,*
> *Wenn Er das große Loch nicht scheut. (4136 ff.[147])*

Dann aber bringt die gedruckte Fassung der Szene den Proktophantasmisten ins Spiel (4144–4175), unterbricht und entschärft der zeitsatirische Exkurs den Ablauf des dramatischen Primärgeschehens, dessen eigentliches, unmittelbares Ziel die Reden der Tanzenden doch ganz unzweifelhaft zu erkennen gaben. „Bißhieher vom Springen", überschreibt Praetorius den zuständigen Abschnitt von des ‚Blockes-Berges Verrichtung'[148], „darauff folget [. . .] das Buhlen". Und in gleicher Weise lassen alle Sabbatberichte das Vorspiel des Hexentanzes in die sexuelle Orgie münden, mit der sich die daran Beteiligten leibhaftig dem Satan zu eigen machen. Um solche Teufelsbuhlschaft geht es auch hier. Unmittelbar bevor Faust und Mephisto auf die beiden Hexen trafen und den Tanz mit ihnen begannen, streifte da im Hexenstrudel eine Frauengestalt an ihnen vorüber.

> FAUST
> *Wer ist denn das?*

> MEPHISTOPHELES
>   *Betrachte sie genau!*
> *Lilith ist das.*

> FAUST
>   *Wer?*

---

[147] In WA I 14, S. 208 mit Auslassungsstrichen; die dabei ausgesparten, hier wieder eingesetzten Wörter der Handschrift erscheinen dort nur im Lesarten-Apparat (S. 280 f.).
[148] Wie Anm. 52, S. 334.

Adams erste Frau.
Nimm dich in Acht vor ihren schönen Haaren,
Vor diesem Schmuck, mit dem sie einzig prangt.
Wenn sie damit den jungen Mann erlangt,
So läßt sie ihn sobald nicht wieder fahren. (4116 ff.)

Diese Legendenfigur aus den rabbinischen Schriften, Kindsmörderin und Dämonengebärerin[149], oft erwähnt in den Schriften zum Hexenwesen, erscheint als der Prototyp des weiblichen Buhlteufels. Eine Signalfigur, die, rasch und wortlos wieder entschwindend, selber gar nicht eingreift in den dramatischen Vorgang, wohl aber bezeichnet, wem Faust sich zugesellt, wenn er jetzt *die Alte mit der Jungen* trifft.

Beim Prozeß gegen eine Waldensergruppe, 1459 im französischen Arras, hat der Dominikaner-Inquisitor Pierre le Broussart aus den unter der Folter abgegebenen Geständnissen der Angeklagten öffentlich berichtet: „après celle hommage faite [. . .], ils prenoient habitation carnelle touts ensemble, et mesme le Diable se mectoit en forme d'homme et de femme; et prenoient habitation, les hommes avecq le diable en forme de femme, et le Diable en forme d'homme avecq les femmes".[150]

Entsprechend heißt es bei Praetorius, daß die zum Hexensabbat Versammelten „nach Verrichtung dieser Ding [nämlich nachdem sie dem Satan geopfert und den Tanz abgehalten] bey den Teuffeln / welche überal mannliche und weibliche Gestalt an sich hatten / schlieffen und Unzucht pflegten."[151] Auf die durch den Kirchenvater Augustin, durch Thomas von Aquin und noch durch den Reformator Luther[152] autorisierte Lehre vom Incubus und Succubus (dem nach seiner Stellung beim Geschlechtsakt so bezeichneten männlichen oder weiblichen Buhlteufel) gründet sich diese Vorstellung. Sie erklärt, wie aus der körperlichen Vereinigung einer Frau mit dem selber nicht zeugungsfähigen Teufel doch Kinder hervorgehen können (Bodin: „die Hyphialtische oder Succubische Geister [also in Frauengestalt erscheinende Buhlteufel] fangen den Saamen von den Menschen auff / und behelffen sich desselbigen gegen

---

[149] Vgl. Soldan-Heppe (wie Anm. 36), S. 154 f.

[150] Mémoires du Jacques du Clercq. In: Collection des Chroniques nationales françaises. Bd. 39, hrsg. von J. A. Buchon, Paris 1826, S. 19 f. („nach dieser Huldigung [. . .] wohnten sie alle zusammen einander fleischlich bei, und selbst der Teufel nahm Mannsgestalt und Frauengestalt an; und sie wohnten einander bei, die Männer mit dem Teufel in Frauengestalt und der Teufel in Mannsgestalt mit den Frauen.').

[151] Wie Anm. 52, S. 289 (unter Berufung auf Bodins ‚Daemonomania', vgl. Anm. 54).

[152] Vgl. Augustin (De civitate Dei, XV, 23): ML 41, 471; Thomas (Summa theologiae I, LI, 3): ML 42, 875 ff.; Luther (Predigt über Gen VI): WA 1. Abt. XIV, S. 185.

den Weibern [mit denen sie dann in Mannsgestalt verkehren] / entweder in Gestalt der Hyphialtischen Auffhucker / oder Incubischen Unterliegerinnen"[153]). Diese Lehre von der Doppelgestalt, welche die Teufel anzunehmen vermögen, ist so gängig in der Ketzer- und Hexenliteratur, daß kaum ein Zweifel daran möglich scheint, wie der in solchen Schriften gründlich belesene Goethe die *Schöne* sich dachte, die Faust hier zum Sabbattanz führt, und was seine geschlechtliche Hingabe an diesen weiblichen Buhlteufel also bedeuten muß. Bei Francisci[154] hat er lesen können, der Satan verleite zu solcher Unzucht, weil „dergleichen Teufels-Bräuterey den abtrünnigen Gottes-Verleugner ihm desto fester verstricke / je tieffer er dadurch in Gottes Zorn gesencket wird. Die böse Geister wissen / aus der Lufft / Erde / und Wasser leicht einen Körper zu bereiten [. . .] / daß sie damit ihren Sclaven / oder Sclavinnen / zu verfluchter Geylheit / und venerischer Lust / dienen können / bald nach männ- bald nach weiblicher Manier. Es wird hievon nicht leicht einiger Zauberer / oder Hexe / unbesudelt bleiben: wiewol auch manche Andre / die seiner Vertrauchlichkeit pflegen / diesem unreinem Geist hierinn / zu einer Kloack / sich bewilligen / oder auch wol selbst antragen."

Erst in Verbindung mit der Bergpredigt des satanischen Gegengottes im Paralipomenon 50 und erst im Licht der alten Sabbatberichte wird auf diese Weise verständlich, daß Fausts Tanz mit der Hexe dem Geheiß des Satans folgt und ihn endgültig dem Reich des Bösen einverleiben wird. Daß Faust, „thäter des worts, und nicht hörer allein", jetzt im Begriff steht, sich (mit Praetorius zu reden) an die „gräuliche Wollust" einer unmenschlich-lieblosen Sexualität zu verlieren, „welche den Bund / so sie [„dergleichen Leute"] in der H. Tauffe mit Gott angefangen / trennet: Welche die Engel verschichtert: den Teuffel herlocket / und die Verführte endlich in das ewige Verderben stürtzet."[155]

Durch die Hexenliteratur vermittelt, tritt hier noch einmal die Spur der großen Ketzerbewegung in Goethes ‚Faust' zutage. Der geschlechtlich besiegelte Satansbund, dessen die Häretiker in den Inquisitionsprozessen beschuldigt wurden, gründet sich auf deren eigene dualistische Theologie, aus der das asketische Katharertum (bogomilischer Lehre folgend) in Wahrheit freilich die gerade entgegengesetzte Folgerung zog: eine radikale Verwerfung jeden, selbst des ehelichen Geschlechtsverkehrs als höchstes Gebot der Weltenthaltung, eben weil er die Auslieferung des Menschen an den satanischen Gegengott schlechthin darstellte.[156]

---

153 Wie Anm. 54, S. 201.
154 Wie Anm. 119, S. 837 f.
155 Wie Anm. 52, S. 63.
156 Vgl. Borst (wie Anm. 39), S. 180 ff.

Deshalb ist falsch, was Heinz Hamm[157] von Faust und der *Schönen* – wie von Mephisto und seiner alten Hexe behauptet: „Der Tanz beider ist nun nichts anderes als ein Beischlaf. Was sie ihrer Erzählung nach ‚einst' träumten, tun sie auch wirklich." Denn damit wäre Fausts Geschick schon besiegelt. Wohl führt der Hexentanz ihn um Haaresbreite an den Rand des Verderbens. Aber im letzten Augenblick doch hält er da inne.

> MEPHISTOPHELES *Zu Faust, der aus dem Tanz getreten ist*
> *Was lässest du das schöne Mädchen fahren,*
> *Das dir zum Tanz so lieblich sang?*
>
> FAUST
> *Ach! mitten im Gesange sprang*
> *Ein rothes Mäuschen ihr aus dem Munde.*
>
> MEPHISTOPHELES
> *Das ist was Rechts! Das nimmt man nicht genau;*
> *Genug die Maus war doch nicht grau.*
> *Wer fragt darnach in einer Schäferstunde?* (4176 ff.)

„Rothe Maus aus dem Munde"[158] – Goethe hat das offenbar Praetorius' ‚Anthropodemvs Plvtonicvs' entnommen. Auf einem thüringischen Gutshof, so wird da berichtet, sei eine Magd beim Obstschälen eingeschlafen in der Gesindestube, und „wie sie ein wenig stille gelegen / siehe / da kreucht ihr zum offnen Maule herauß ein rothes Mäuselein". Sie findet damit den Tod. Es soll auf diesem Hof aber „ein Knecht gewesen seyn / der vorher vielmahln von der Truht [Hexe] gedruckt worden / und kein Frieden vorher haben können / als nach absterben jener Magd."[159]

Was dieser merkwürdige Vorgang in Goethes Hexentanz-Szene meint, ist auch im Rückgriff auf seine Quelle nicht eindeutig auszumachen. Ob er die *Schöne* nurmehr als Hexe bezeichnen oder gar (wie in Praetorius' Bericht) das Ende dieser Succuba anzeigen soll und damit Fausts Rettung vor dem Verderben, das ihm durch sie drohte, mag strittig bleiben. Gewiß aber ist Faust nicht *aus dem Tanz getreten*, w e i l das rote Mäuschen ihr aus dem Munde sprang. Anderes hat sich ereignet, und was der Tänzerin da geschieht, wie jetzt der Tänzer sich verhält, resultiert doch gleichermaßen aus diesem unerhörten Ereignis –

> FAUST
> *Dann sah ich* –

---

[157] Goethes ‚Faust'. Werkgeschichte und Textanalyse. Berlin 1978, S. 111.

[158] So Goethes Arbeitsnotiz im Paralipomenon 29 [vgl. WA I 14, S. 300).

[159] Johannes Praetorius: Anthropodemvs Plvtonicvs. Das ist / Eine Neue Weltbeschreibung Von allerley Wunderbahren Menschen. Magdeburg 1666, S. 43 f. (in Goethes Besitz, vgl. Witkowski, wie Anm. 16, S. 23).

MEPHISTOPHELES
Was?

FAUST
    Mephisto, siehst du dort
Ein blasses schönes Kind allein und ferne stehen?
Sie schiebt sich langsam nur vom Ort,
Sie scheint mit geschloss'nen Füßen zu gehen.
Ich muß bekennen, daß mir däucht,
Daß sie dem guten Gretchen gleicht.

MEPHISTOPHELES
Laß das nur stehn! Dabei wird's niemand wohl.
Es ist ein Zauberbild, ist leblos, ein Idol.
Ihm zu begegnen ist nicht gut;
Vom starren Blick erstarrt des Menschen Blut,
Und er wird fast in Stein verkehrt,
Von der Meduse hast du ja gehört.

FAUST
Fürwahr es sind die Augen einer Todten,
Die eine liebende Hand nicht schloß.
Das ist die Brust, die Gretchen mir geboten,
Das ist der süße Leib, den ich genoß.

MEPHISTOPHELES
Das ist die Zauberei, du leicht verführter Thor!
Denn jedem kommt sie wie sein Liebchen vor.

FAUST
Welch eine Wonne! welch ein Leiden!
Ich kann von diesem Blick nicht scheiden.
Wie sonderbar muß diesen schönen Hals
Ein einzig rothes Schnürchen schmücken,
Nicht breiter als ein Messerrücken!

MEPHISTOPHELES
Ganz recht! ich seh' es ebenfalls.
Sie kann das Haupt auch unter'm Arme tragen;
Denn Perseus hat's ihr abgeschlagen. –
Nur immer diese Lust zum Wahn!
Komm doch das Hügelchen heran,
Hier ist's so lustig wie im Prater;
Und hat man mir's nicht angethan,
So seh' ich wahrlich ein Theater. (4183 ff.)

Tilgt man die letzten hier angeführten Mephisto-Verse der Druckfassung (seine hanebüchene Einladung also ins Walpurgis-Theater, der im kanonisierten Text dann das läppische Dilettantenspiel um ‚Oberons und Titanias goldne Hochzeit' folgt) und begreift man diesen Auftritt Gretchens als das Schlußstück jenes hochdramatischen Szenariums, das mit der Satanshuldigung beginnt, dem altüberlieferten Sabbatritual entsprechend in der Satansmesse und der Bergpredigt des Bösen gipfelt und mit der Orgie des Hexentanzes folgerichtig sich fortsetzt, dann gewinnt die Gretchen-Erscheinung in dieser Walpurgisnacht buchstäblich entscheidende Bedeutung. Als Gegenspielerin des Satans tritt sie auf den Plan. Wahrhaftig im letzten Augenblick reißt sie den ins Reich des Bösen eingetretenen Faust vom Rand des Verderbens zurück.[160]

Von solchen Rettungen weiß auch die Hexenliteratur zu berichten, die Goethe kannte. Henning Groß[161] überliefert, daß ein Mann, der „von einer succuba oder Buhlteuffel inn gestalt eines so schönen Weibes / deßgleichen er sein Lebtage nie gesehen / nun etzliche viel Monden were angefochten / vnnd zum beyschlaffen were angereitzet worden". Der aber hatte auf Rat seines Bischofs „vermöge vnserer Christlichen Religion / mit nüchterm Leben vnnd embsigen Gebete" dieser teuflischen Versuchung und dem ewigen Verderben noch entrinnen können. „Super philocaptationem verò ex maleficio" hat der ‚Malleus maleficarum' als Rettungsmittel dem Behexten empfohlen: „Quotidie autem Angelum sanctum sibi ad custodiam à Deo deputatum inuocet, puta confeßione, sanctorum limina, praecipuè autem beatißimae virginis frequentet, & sine dubio liberabitur."[162]

Gretchen als die Rettende. In einem Umschlag von unerhörter Kühnheit nimmt die ‚Walpurgisnacht'-Szene damit das himmlische Erlösungs-

---

[160] Im Ansatz hat das schon Witkowski so gesehen. Er meinte, daß Gretchens „Erscheinung so, wie sie jetzt auftritt, im Gefüge des Ganzen überhaupt keine klare Bedeutung besitzt. Ursprünglich war sie ja für den Schluß der viel weiter fortzuführenden Scene bestimmt und sollte dort den Höhe- und Wendepunkt bezeichnen; die Fortsetzung wurde aber unterdrückt und andrerseits wollte der Dichter nicht auf die große erschütternde Wirkung verzichten, die das Auftauchen von Gretchens Leidensgestalt vor Fausts Augen mitten in der Bethörung aller seiner Sinne durch die Teilnahme an dem tollen Treiben der Walpurgisnacht hervorbringen mußte. Indem sie ihm erscheint, fühlt er notwendig allen den Spuk um sich her versinken und sein ganzes Fühlen und Denken ist nur ihr zugewandt, er durfte nur nach einem verlangen: Aufklärung über ihr Schicksal, seit sie getrennt waren, zu erhalten." (wie Anm. 16, S. 48.)
[161] ‚Magica' (wie Anm. 91), Bl. 67ʳ.
[162] Wie Anm. 38, S. 420. – Übersetzung (II, S. 216): ‚Bezüglich des Liebeswahnsinnes aber infolge von Behexung' – ‚Täglich rufe er den heiligen Engel an, der ihm zum Schutze von Gott abgeordnet ist; mit reiner Beichte besuche er die Schwellen der Heiligen, besonders aber der glückseligsten Jungfrau, und er wird ohne Zweifel befreit werden.'

spiel am Ende des Dramas voraus (12061 ff.) – Faust, dem Zugriff des Bösen entzogen,

> Der früh Geliebte,
> Nicht mehr Getrübte
> Er kommt zurück.

Gretchens Fürbitte an die Himmelskönigin. Und dann die Worte der Mater gloriosa:

> Komm! hebe dich zu höhern Sphären,
> Wenn er dich ahnet, folgt er nach.

Dort wird die früh Geliebte,

> Die sich einmal nur vergessen,
> Die nicht ahnte daß sie fehle,

als eine der „reuig Zarten", als ‚Una Poenitentium' erscheinen, als ‚Büßerin'. Und dem entspricht ihr Auftritt auch in der Walpurgisnacht.

Nicht Gretchen selber, sondern ihr *Idol* tritt hier vor Augen, ein Phantom, und nicht in der (fiktiven) Realität also ereignet sich dieser Auftritt, sondern in einer *Traum- und Zaubersphäre* – wie das der Goethezeit aus den mit leidenschaftlichem Interesse erörterten Berichten über animalen Magnetismus (Mesmerismus), sympathetische Visionen und somnambule Divination plausibel erscheinen mochte.[163] Die tatsächlich doch weit entfernt im Kerker liegt und ihren Henker erst erwartet, erscheint hier als eine Gegenwärtige und als die schon Gerichtete, trägt an ihrem Leibe schon die Stigmata der furchtbaren Buße, welche die irdischen Richter ihr auferlegen werden, zeigt *die Augen einer Todten, | Die eine liebende Hand nicht schloß*. Und dieses *Zauberbild* des Mädchens, das er liebt, diese ‚Phantasmagorie' der schrecklich Gestraften setzt die satanische Versuchung außer Kraft, löst Faust aus dem Bann der Succuba und bringt ihn rettend zu sich selbst: zieht „das Beste" seines „Innern mit sich fort" (10066).

Als bloße Sinnestäuschung freilich sucht Mephisto die Rettende abzuwehren. Als lebloses *Zauberbild* der Medusa gibt er sie aus, der Perseus einst das Schreckenshaupt abgeschlagen (*Sie kann das Haupt auch unter'm Arme tragen!*) – um so zu erklären, was Faust doch wahrhaftig erblickt:

> *Wie sonderbar muß diesen schönen Hals*
> *Ein einzig rothes Schnürchen schmücken,*
> *Nicht breiter als ein Messerrücken.*

---

[163] Mit den Begriffen der neueren Parapsychologie ließe sich, was hier und in der *Hochgerichtserscheinung'* des 50. Paralipomenons (auf die ich sogleich eingehe) geschieht, als paranormales Spontanphänomen einer präkognitiven Kollektiv-Vision

Aus Franciscis ‚Höllischem Proteus'[164] hat Goethe dies Motiv übernommen. Von einem Mann, der durch Satansbeschwörung einen Schatz zu heben suchte und hingerichtet wurde wegen Hexerei, wird da nämlich berichtet: „das Beste / und der fürnehmste Schatz / welchen ihm der Teufel aufgehebt / und endlich zugeschantzt / ist dieser / daß er ihm / durch die Beschwerungen / eine rote Korallen-Schnur von Blut um den Hals zuwegen gebracht / als den rechten Werth solcher Künste: Denn das gerichtlich ergangene Urtheil hat ihn / solcher Beschwerungen wegen / zum Schwert verdammt." Diese Vorlage hat schon Witkowski ausgemacht.[165] Doch blieb unbemerkt oder wurde nicht bedacht, daß der Blutstreif, der um Gretchens Hals sich zieht, schon durch Goethes Gewährsmann ausdrücklich zum Teufelszeichen erklärt und in unmittelbaren Zusammenhang gebracht wird mit dem Hexenwesen. Das aber ist von ganz erheblicher Bedeutung. Denn andere Indizien weisen in gleiche Richtung: Gretchen selber, die Rettende, scheint zugleich doch viel tiefer verstrickt in den Hexensabbat und Satanskult, als die Oberfläche des kanonisierten Dramentextes (noch) erkennen läßt.

Birgit Stolt[166] hat nachgewiesen, daß Gretchens Verhalten modellgetreu der altkirchlichen Todsündenlehre folgt. Ihre ‚superbia' (in der Erscheinungsform der Eitelkeit) zieht die ‚avaritia' (Habgier), ‚luxuria' (Unkeuschheit) und ‚acedia' (in der Erscheinungsform der Verzweiflung) nach sich. Diese Versündigungen aus dem Lasterkatalog des Mittelalters bilden gleichsam den dogmatischen Hintergrund der Gretchenszenen, in deren Vordergrund der Tod ihrer Mutter, ihres Bruders und Kindes sichtbar werden; sie zeigen, wie sehr das vom Mephisto versuchte und verführte Mädchen dem Bösen verfallen ist. Das wird nun in der ‚Walpurgisnacht' schlagend deutlich, sobald man auch die Paralipomena einbezieht in die Betrachtung.

> *Euch giebt es zwey Dinge*
> *So herrlich und groß*
> *Das glänzende Gold*
> *Und der weibliche Schoos*

heißt es in der Blocksbergpredigt, mit der die Satansmesse ihren Höhepunkt erreicht. Diese beiden zentralen Heilsgüter aber erscheinen auch in den Reden des Mädchens. Dessen eigene Worte korrespondieren mit

---

bestimmen, bei der Gretchen sowohl die Bezugsperson wie den telepathischen Agenten der sensorischen Halluzination darstellt.

[164] Wie Anm. 119, S. 927.
[165] Wie Anm. 16, S. 20.
[166] Gretchen und die Todsünden. Moderna språk monographs. Literature No. 4, Uppsala 1974.

der Sabbatliturgie und bezeugen so auch Gretchens Teilhabe an der dem Satan verfallenen Welt: Mit ihren Versen

Nach Golde drängt,
Am Golde hängt
Doch alles. Ach wir Armen! (2802 ff.)

endet die Szene am ‚Abend'. In der ‚Stube' schließt sich ihr Bekenntnis an

Mein Schoos! Gott! drängt
Sich nach ihm hin.
Ach dürft' ich fassen
Und halten ihn[167].

Schon wenn die Trödelhexe ihre mörderischen Waren anpreist in der Walpurgisnacht, kommt Gretchen dann selber ins Spiel. *Kein Schmuck, der nicht ein liebenswürdig Weib | Verführt* (4107 f.) – ihr s e l b s t hat Faust ja die beiden Schmuckkästchen ins Zimmer gestellt. *Kein Dolch ist hier, von dem nicht Blut geflossen* (4104); *kein Schwert, das nicht [. . .] den Gegenmann durchstoßen* (4108 f.) – i h r e n Bruder hat Faust doch niedergestoßen. *Kein Kelch, aus dem sich nicht, in ganz gesunden Leib, | Verzehrend heißes Gift ergossen* (4105 f.) – i h r e Mutter hat der Schlaftrank getötet. Für den Schaden-zauber, wie die Unholden ihn ausüben, sind das geradezu klassische Fäl-le. Und dafür, daß Hexerei hier tatsächlich im Spiel war, steht eben die Trödelhexe im Blocksbergtreiben ein. Ganz der Lehre des ‚Malleus ma-leficarum' entsprechend, „videlicet quòd ad effectum maleficialem, licet non ad effectum noxialem, semper habet Maleficus cum Daemone con-currere"[168], hatte da allemal auch Mephisto die Hand im Spiel. Der be-schaffte den kostbaren Schmuck, führte dem Faust die mörderische Klinge und hatte das tödliche Gift zur Hand.

Gretchen als Hexe?[169] Stärker noch als die bisher genannten Ver-

---

[167] Urfaust. WA I 39, S. 289, 1098 ff. In der endgültigen Fassung dafür: „Mein Bu-sen drängt / Sich nach ihm hin." 3406 f.

[168] Wie Anm. 38, S. 28. – Übersetzung (I, S. 28): ‚daß nämlich zur Vollbringung von Hexenwerken, wenn auch nicht von bloß schädlichen Taten, ein Hexer immer mit ei-nem Dämon zu tun haben muß.'

[169] In einer von Absurditäten strotzenden ‚Deutung der Walpurgisnacht' hat Wil-helm Resenhöfft (Existenzerhellung des Hexentums in Goethes ‚Faust'. Europäische Hochschulschriften I/24, Bern 1970, S. 57 ff.) tatsächlich Gretchen als Hexe bezeich-net. Diese (wie ich meine zeigen zu können: zutreffende) Feststellung erscheint im Zusammenhang seiner auf eine „intuitiv-nachschöpferische Methode" (S. 60) ge-gründeten Schrift als purer Unfug. Resenhöffts Argumente: 1. Gretchen sei für Faust „nur noch eine ‚Buhle' " (S. 62) [Mißverständnis der Worte „Meine liebe Buhle" (3671) im Sinne der heutigen Negativbedeutung]; „ihre Hingabe erscheint ihm als eine bloße Triebregung" (ebd.) [unbeweisbar] – so „wird sein mephistophelischer Verdacht wie-

dachtsmomente, Anklagepunkte, Urteilsgründe, sollte man denken, fiele in einem Inquisitionsverfahren der Kindesmord ins Gewicht. Schon in den Ketzerprozessen, entschiedener noch bei der Hexenverfolgung gehört die Tötung neugeborener, ungetaufter Kinder zu den ganz zentralen Anschuldigungen und Geständnissen. Der „allerärgste Mord", heißt es bei Bodin, „ist der / [. . .] so an einem unschuldigen Kind geschicht; welcher dem Satan am angenehmsten ist"[170], denn diese Ungetauften waren nach der herrschenden kirchlichen Lehre nicht von der Erbsünde befreit, verfielen deshalb dem Bösen.[171] Auf Geheiß des Verderbers gar das eigene Kind ums Leben zu bringen, erscheint nun vollends als Zeugnis hexenhafter Gottlosigkeit.[172] Bei Henning Groß hat Goethe lesen können: „Der Teuffel treibe vnd bringet die Hexen vnd Zeuberin in eine solche Wahnsinnigkeit / vnd durchteuffeltes Gottloses wesen vnd leben / das sie nicht alleine anderer Leute kleine Kinderlein / Sondern auch jhre eigene Leibßfrüchte dem Fürsten vnd Obersten der Teuffel / durch grewliche vnd erschreckliche execrationes offerirn vnd opffern".[173] Bei Praetorius: daß diese Unholden „alle Christliche ja menschliche Affecten gegen Gott / ihren eigenen Ehgenossen / Kindern / Blut- und andern Freunden und allen Creaturen Gottes verlohren haben" und „der arglistige Feind [sie] beredet / auff daß er hierdurch die Zauberer zu dergleichen Mördern ihres eigenen Geblüts bringe und bewege."[174]

Auch die 24jährige ledige Dienstmagd Susanna Margaretha Brandt, die wegen Kindesmordes am 14. Jan. 1772 in Frankfurt mit dem Schwert

---

der rege, auch sie sei nur eine Hexe, ein Triebwesen." (S. 76).   2. „Valentins Sterbeworte sind nichts anderes als ein Erguß über Gretchen als Hexe" (S. 115) [tatsächlich gelten sie ausschließlich der „Hur' ", der „Metze" Gretchen, vgl. 3725 ff.].   3. Über den Buhlteufel Lilith: „Es kann nur Gretchen sein, die hier dem Dichter und Faust erscheint" (S. 75) [eine auf haltloser Spekulation beruhende Gleichsetzung] – so „könnte man einmal die Frage aufwerfen, warum der Dichter es unterließ, etwa seinen getreuen Eckermann wenigstens mit der kurzen Bemerkung zu erfreuen: Lilith ist Gretchen. Aber er wußte zu gut: eine solche höchst überraschende Eröffnung wäre sogar ihm selbst nicht geglaubt, sondern als unbegreifliche Irreführung aufgefaßt worden, sie hätte nur verwirrend gewirkt." (S. 117)!

[170] Wie Anm. 54, S. 214.

[171] Vgl. Lea (wie Anm. 112), S. 563.

[172] In der um 1475 verfaßten Chronik des Matthias von Kemnat (vgl. Anm. 43, S. 117) wird beispielsweise berichtet, „es sint ettlich frauwen gewesen, als Johanna die man verbrant, die bekant vor mennigklich, das sie ire eigen kint hett gedoit [getötet] vnd gessen in der samelung vnd ettlich die do hetten gedott und gessen ein kint ire[r] dochter."

[173] Wie Anm. 91, Bl. 138[V] (folgt ein Beispiel für die Tötung des eigenen Kindes durch eine Hexe, die ergriffen, ins Gefängnis gelegt und auf dem Scheiterhaufen verbrannt wird).

[174] Wie Anm. 52, S. 93 f. und 302.

gerichtet wurde, hat im Verhör erklärt, es habe der Teufel sie zu ihrer Bluttat „beredet". Der damals als Lizentiat der Rechte aus Straßburg heimgekehrte junge Frankfurter Rechtsanwalt hat diesen Verhandlungen möglicherweise selbst beigewohnt. Teilabschriften der Prozeßprotokolle von der Hand seines Kanzleischreibers Liebholdt fand man später im Goethehaus; die jedenfalls hat er genau gekannt und für die Gretchen-Szenen benutzt.[175]

Frage des Richters im dritten Verhör am 8. Oktober 1771:

„Ob und weme sie etwa ihre Schwangerschaft vertraut habe?

R. [ea = Die Angeklagte] : Keinem Menschen nicht.

Warum sie dann solches verborgen und in das Geheim gehalten habe?

R.: Der Satan habe sie verblendet und ihr gleichsam das Maul zugehalten, daß es ihr nicht möglich gewesen, etwas zu gestehen, da sie doch sowohl von der Frau Bauerin als von ihren Schwestern öfters deshalb zur Rede gesetzt worden.

Ob und wie lang sie des Vorhabens gewesen, das Kind umzubringen?

R.: Sie könne nicht läugnen, daß von der Zeit an, als sie das Leben des Kindes verspühret, der Satan ihr in den Sinn gegeben habe, daß sie in dem grosen Hauß leicht heimlich gebähren, das Kind umbringen, verbergen und vorgeben könne, daß sie ihre Ordinaire [Regel] wieder bekommen".[176]

Anklage wegen Hexerei wurde in Frankfurt aufgrund solcher Geständnisse 1771 nicht mehr erhoben. Der Verteidiger führte das „Eingeben des Satans" eher als mildernden Umstand an.[177] Im 16. oder 17. Jahrhundert aber hätte man in Gretchens Fall, angesichts der Umstände beim Tod ihrer Mutter und ihres Bruders, entsprechend Artikel 44 der ‚Carolina' zweifellos „Von zauberey gnugsam anzeygung" unterstellt und nach einem Geständnis dann, daß der Satan selbst ihr den Kindesmord eingegeben, gemäß Artikel 109 geurteilt: „Item so jemandt den leuten durch zauberey schaden oder nachtheyl zufügt, soll man straffen vom leben

---

[175] Dazu Ernst Beutler: Die Kindsmörderin. In: Essays um Goethe. Leipzig 1941, S. 98 ff.

[176] Zitiert nach den Auszügen aus der im Frankfurter Stadtarchiv erhaltenen Prozeßakte bei Siegfried Birkner: Leben und Sterben der Kindsmörderin Susanna Margaretha Brandt. Frankfurt/M. 1973, S. 50 f. – Gleichlautende Angaben über die Einflüsterungen des Satans und ihre Verblendung durch den Bösen in den Verhören vom 5. August, 8. und 9. Oktober 1771 (Birkner S. 44, 54, 58, 61).

[177] Verteidigungsschrift des Dr. jur. M. Ch. Schaaf vom 23. November 1771: „Die Schmerzen vermehren sich, die Wehen nehmen überhand, Sie nähert sich dem einer Sinnenlosigkeit nicht unähnlichen Zustande einer Gebärerin, verbirgt sich in die Waschküche [. . .] und verübt daselbsten auf Eingeben des Satans die unglückliche That, welche sie bald nach der Hand so sehr bereuet und noch jezt Tag und Nacht beseufzet." (Birkner S. 84)

zum todt, vnnd man soll solche straff mit dem fewer thun."[178] Die Geständnisse der Frankfurter Kindsmörderin, die der junge Goethe 1771/72
hörte oder las, sind das früheste Zeugnis zur Entstehungsgeschichte des
Dramas.[179] Ausgeschlossen scheint es mir nicht, daß der frühe Plan,
Gretchen vor das Hochgericht der Hexenverfolger zu stellen und im
Zusammenhang damit den Hexensabbat, den Satanskult einzubringen
in das Faust-Spiel, hier seinen Ursprung nahm.

Daß der Teufel sie zum Kindesmord beredet habe, wird Gretchen freilich nicht aussprechen. Aber was meint die Eingekerkerte denn, wenn
Faust ihre Ketten löst und sie ihn fragt:

> Wie kommt es, daß du dich vor mir nicht scheust? –
> Und weißt du denn, mein Freund, wen du befreist? (4504 f.)

Die erste dieser Fragen wird wohl mit den folgenden Versen begründet
(„Meine Mutter hab' ich umgebracht, | Mein Kind hab' ich ertränkt. |
War es nicht dir und mir geschenkt? | Dir auch. – " 4507 ff.). Die – durch
Gedankenstrich abgesetzte – zweite Frage aber zielt darüber offenbar
doch hinaus und gilt wohl nicht mehr nur der Kindsmörderin. Hieß das
von Gretchen gemeinte, vom jungen Goethe gedachte Schlüsselwort
hier nicht tatsächlich einmal ,Hexe'?

Was zu vermuten der gedruckte Text einigen Anlaß gibt, versichert in
der Tat der unterdrückte. Das Paralipomenon 50 endet mit der Stichwort-
Skizze einer Gerichtsszene, die den ausgeführten Text eines zweistro-
phischen Chors enthält[180]:

> *Hochgerichtserscheinung.*
>
> *Wo fließet heißes Menschen Blut*
> *Der Dunst ist allem Zauber gut*
> *Die grau und schwarze Brüderschafft*
> *Sie schöpft zu neuen Wercken Krafft*
> *Was deutet auf Blut ist uns genehm,*
> *Was Blut vergießt ist uns bequem.*
> *Um Glut und Blut umkreißt den Reihn*
> *In Glut soll Blut vergossen seyn.*
>
> *Die Dirne winckt es ist schon gut*
> *Der Säufer trinckt es deutet auf Blut*

---

[178] Die Peinliche Gerichtsordnung Kaiser Karls V. von 1532. Zitiert nach der Re-
clam-Ausgabe, 4. Aufl., hrsg. von Arthur Kaufmann, Stuttgart 1975, S. 50 und 76.
[179] Vgl. Beutler (wie Anm. 175), S. 113.
[180] Blatt 9ᵛ–11ᵛ. Vgl. Anm. 100. (Abweichend von der Handschrift hier nur die korrekte Umlautschreibung: *Hände, Rücken, fällt, löscht* für *Hande, Rucken, fallt, loscht*.)

Der Blick der Tranck er feuert an
Der Dolch ist blanck es ist gethan.
Ein Blut Quell rieselt nie allein
Es laufen andre Bächlein drein
Sie wälzen sich von Ort zu Ort
Es reisst der Strom die Ströme fort.

Gedräng

Sie ersteigen einen Baum

G

Reden des Volkes
Auf glühndem Boden
Nackt das Idol
Die Hände auf dem Rücken
Bedeckt nicht das Gesicht u nicht die Scham
Gesang
Der Kopf fällt ab
Das Blut springt u löscht das Feuer
Nacht.
Rauschen
Geschwäz von Kielkröpfen
Dadurch Faust erfährt

–

Faust Meph.

‚Hochgericht' meint im Sprachgebrauch der Zeit (gleichbedeutend mit
dem ‚hochnotpeinlichen Halsgericht' oder ‚Blutgericht') einerseits die
Institution einer Gerichtsbarkeit über die mit Todes- oder Verstümme-
lungsstrafen belegten Kapitalverbrechen; andererseits dann eine Lokali-
tät, wo diese Gerichtsbarkeit ausgeübt wird, die Anlage, wo am Galgen,
auf dem Richtblock, Scheiterhaufen oder Rad ihre Urteile vollstreckt
werden können.[181] ‚Hochgericht' bezeichnet aber auch den öffentlichen

---

[181] Vgl. Johann Georg Krünitz: Oekonomische Encyklopädie, oder allgemeines System der Staats- Stadt- Haus- u. Landwirtschaft. 24. Teil, Berlin 1781, S. 63 f. und:
Handwörterbuch zur deutschen Rechtsgeschichte. Hrsg. von Adalbert Erler u. Ekke-
hard Kaufmann. Bd. 2, Berlin 1978, Sp. 172 ff. – Zu den technischen Details der Anlage: Universal-Lexicon oder vollständiges encyclopädisches Wörterbuch. Hrsg. von
Heinrich August Pierer. Bd. 8, Altenburg 1835, S. 25. – Für ‚Hochgericht' als Gerichts-
stätte ist auch die Bezeichnung ‚Rabenstein' geläufig. Vgl. Campe: Wörterbuch der
Deutschen Sprache. 2. Theil, Braunschweig 1808, S. 750. (So dann in der Kurzszene
‚Nacht', die als Rest- oder Ersatzstück der ursprünglich geplanten *Hochgerichtserschei-*
nung in die Druckfassung eingeht (4399 ff.) – Faust: „Was weben die dort um den Ra-

Akt eines formalisierten Schauprozesses. Bei diesem ‚endlichen Rechtstag' (der im Fall eines Geständnisses auf das nicht öffentliche, die Folter
verwendende inquisitorische Vorverfahren folgte) wurden am Richt-
platz selbst Anklage, Geständnis und Urteil noch einmal vorgetragen,
wurde der Stab gebrochen, der Delinquent dem Nachrichter (Henker)
überantwortet und vor der Menge, beim Absingen von Sterbechorälen
das Urteil vollstreckt.[182]

Eben diesen Vorgang skizzieren Goethes Stichworte für die gespen-
stische Vision der *Hochgerichtserscheinung*: *Gedräng*, Faust und Mephisto
ersteigen einen Baum, Reden des Volkes, dann der *Gesang* und *Der Kopf fällt
ab*. Gretchens ‚endlicher Rechtstag' wird da vorbedeutet. Selbst wenn
man das freistehende *G* (in der Zeile vor *Reden des Volkes*) anders als auf
Gretchen beziehen wollte: sie ohne Zweifel ist gemeint, wenn es vom
Idol (wie 4190!) da heißt, *Das Blut springt u löscht das Feuer.*[183]

Strafrechtlich zuständig war die Hochgerichtsbarkeit nun auch für
Ketzer, Zauberer und Hexen[184], und tatsächlich hat Goethe durch eines
der Stichworte seines Entwurfs die *Hochgerichtserscheinung* eindeutig mit
dem Hexentreiben verbunden. Wenn über der Richtstätte *Nacht* herein-
gebrochen ist, heißt es nämlich:

> *Geschwäz von Kielkröpfen*
> *Dadurch Faust erfährt*
>
> –
>
> *Faust Meph.*

---

benstein?" Mephistopheles: „Weiß nicht was sie kochen und schaffen." F.: „Schweben
auf, schweben ab, neigen sich, beugen sich." M.: „Eine Hexenzunft." F.: „Sie streuen
und weihen." M.: „Vorbei! Vorbei!")

[182] Vgl. Handwörterbuch zur deutschen Rechtsgeschichte (wie Anm. 181), Sp. 380,
oder (fast wörtlich daraus abgeschrieben) Wolfgang Schild: Geschichte des Straf-
rechts und Strafverfahrens. In: Strafjustiz in alter Zeit. Hrsg. von Christoph Hinckel-
dey. Rothenburg o.d.T. 1980, S. 95. – Konkretes Beispiel: ‚Der Statt Regenspurg Peinliche Gerichtsordnung'. Bei Gerd Kleinheyer: Zur Rechtsgestalt von Akkusationspro-
zeß und peinlicher Frage im frühen 17. Jahrhundert. Opladen 1971, S. 56–62.

[183] Angeregt möglicherweise durch Johann Matthäus Meyfart: „Endlich gerathen
vngerechte Regenten in das Land Sodoma vnd Gegend Gomorrha / suchen das Blut /
damit den Scheiterhauffen zu leschen." (Christliche Erinnerung / An Gewaltige Regenten / vnd Gewissenhaffte Praedicanten / wie das abschewliche Laster der Hexerey
mit Ernst außzurotten / aber in Verfolgung desselbigen auff Cantzeln vnd in Gerichts-
heusern sehr bescheidentlich zu handeln sey. Erfurt 1635, S. 72. – Von Goethe
benutzt. Vgl. Witkowski, wie Anm. 16, S. 29; Keudell, wie Anm. 35, Nr.119 und 250.)
– Eine weit in die Geschichte der Hexenliteratur ausgreifende Studie von Erich Trunz
zu ‚Johann Matthäus Meyfarts Schrift gegen die Hexenprozesse' (Teil einer geplanten
Monographie über M.) ist an etwas abgelegenem Ort erschienen: Gymnasium Casi-
mirianum Coburg 1605–1980. Bericht über das Schuljahr 1979/80 (Coburg 1980), S.
I–XXIV.

[184] Vgl. Handwörterbuch zur deutschen Rechtsgeschichte (wie Anm. 181), Sp. 174.

Diese letzte Zeile im Paralipomenon 50 ist schon von Petsch einleuchtend auf den in Prosa gefaßten wilden Wortwechsel bezogen worden, der im gedruckten Text als gesonderte Szene ,Trüber Tag. Feld' auf den ,Walpurgisnachtstraum' folgt.[185] Daß Gretchen wahrhaftig als „Missethäterin im Kerker zu entsetzlichen Qualen eingesperrt" ist, *erfährt* also Faust am Ende der Walpurgisnacht. Von *Kielkröpfen* wird ihm das zugeschwatzt. Und diese Monstren eben verbinden die *Hochgerichtserscheinung* mit dem Hexenwesen. Solche mißgestalteten „Teuffels-Kinder" nämlich, von denen in Goethes Quellen häufig und ausführlich die Rede ist[186], stellte man sich nicht nur als untergeschobene Wechselbälge vor, sondern auch als monströse Ausgeburten des Geschlechtsverkehrs, wie ihn die Teufel am Ende des Sabbatfestes mit den Hexen trieben. Praetorius: „Es sind aber Kiel-K[r]öpffe solche Kinder / die der Teuffel selbst in der Hexen Leibe formiret / und sie solche läst gebehren".[187]

Daß das in dieser Weise mit dem Auftritt des Satans und dem Hexentreiben der ,*Walpurgisnacht*' verbundene Hochgericht über Gretchen wirklich das Ende eines Hexenprozesses darstellen sollte, bezeugt nun das einzig ausgeführte Textstück in Goethes Entwurf:

> *Wo fließet heißes Menschen Blut*
> *Der Dunst ist allem Zauber gut*
> *Die grau und schwarze Brüderschafft*
> *Sie schöpft zu neuen Wercken Krafft.*

Gretchens Blut fließt in dieser Schreckensvision. Und der Chor derer, die ihrer Hinrichtung hier beiwohnen, aus ihr Kraft schöpfen *zu neuen Wercken*, nennt sich die *grau und schwarze Brüderschafft*. Das aber ist der lang gebräuchliche, volkstümlich geläufige Name für die Mönche des Franziskaner- und Dominikaner-Ordens, denen die Inquisition oblag. Diese Hexenverfolger hat der Faust-Dichter „unter dem Gesinde" des Bösen

---

[185] Robert Petsch: Die Walpurgisnacht in Goethes Faust. In: Gehalt und Form. Dortmund 1925, S. 380: „Ganz am Schluß der Skizze steht: ,Faust. Meph.' Ich sehe darin einen Hinweis auf den unmittelbaren Anschluß der Szene ,Trüber Tag, Feld', die im Fragment nicht gedruckt war und in der dem Dichter vorliegenden und Anschluß erheischenden Fassung des ,Urfaust' nur die Überschrift führte: ,Faust. Mephistopheles'."

[186] Vgl. etwa Francisci (wie Anm. 119), S. 938–982, und Praetorius (wie Anm. 159), S. 415–495.

[187] Wie Anm. 159, S. 439. – Carpzov oder Francisci bzw. Praetorius exzerpierend, hat Goethe im Paralipomenon 27 notiert: „Bezahlung der Inquisitions Kosten in Criminal Fällen wenn der Inquisite schuldig, unvermögend und kein Ankläger da ist. Juncker der Böse Feind Weisse Würmer, schwartze Köpffe" [die aufgrund der exzerpierten Berichte eine geständige Hexe nach ihrem Beischlaf mit dem Teufel zur Welt gebracht hat] (vgl. WA I 14, S. 296 ff.). Hier also verbindet er selbst diese *Kielkröpfe* mit einem Hexenprozeß.

agieren lassen, hat er dem Reich des Satans zugeordnet. Heute dunkel-
braun gekleidet, trugen die Franziskaner (ausgenommen die 1517 von
den Observanten abgetrennten, ‚schwarze Franziskaner' genannten
Konventualen) im Mittelalter nämlich einen grauen Habit, wurden deshalb als ‚graue Mönche', ‚graue Brüder' oder ‚Graubrüder' bezeichnet.
Über weißem Habit, Skapulier und kleiner Kapuze trugen die Dominikaner dagegen beim Ausgehn schwarze Kutten und Kapuzen: so sah man
sie und nannte sie also die ‚schwarzen Brüder'.[188] Neben den ‚grauen
Brüdern' des Franziskanerordens hat vor allem diese ‚schwarze Brüderschaft' des heiligen Dominicus der päpstlichen Inquisition gedient. Sie
stellte die Theoretiker und Praktiker der Ketzerbekämpfung und Hexenverfolgung.[189] Und das war allgemein bekannt. Goethe selbst hat 1794

[188] Für die Franziskaner vgl. Lexikon für Theologie und Kirche. Bd. 4, 2. Aufl. Frei-
burg/Brsg. 1960, Sp. 273, und Max Heimbucher: Die Orden und Kongregationen der
katholischen Kirche. Bd. 2, 2. Aufl. Paderborn 1907, S. 350. – In den Lexika der Goethezeit heißt es bei Adelung (Versuch eines vollständigen grammatisch-kritischen
Wörterbuches. 2. Teil, Leipzig 1775, Sp. 782) und fast wörtlich ebenso bei Campe
(Wörterbuch der Deutschen Sprache. 2. Theil, Braunschweig 1808, S. 445): „Die
grauen Mönche, die Franciscaner, weil sie grau gekleidet gehen, deren Orden daher
zuweilen auch der graue Orden, und ihre Klöster graue Klöster genannt werden."
Für die Dominikaner vgl. Ferdinand v. Biedenfeld: Ursprung, Aufleben, Größe, Herr-
schaft, Verfall und jetzige Zustände sämmtlicher Mönchs- und Klosterfrauen-Orden
im Orient und Occident. Bd. 1, Weimar 1837, S. 113, oder E. Schmid: Die Mönch-,
Nonnen- und geistliche Ritterorden und ihre verschiedenen Ordensregeln und
Schicksalen. Augsburg 1839, S. 148, und Alfred Schmidt: Dominikaner. In: Reallexi-
kon zur deutschen Kunstgeschichte. Bd. IV, Stuttgart 1958, Sp. 129.
Zum ersten Mal ist dieser Sachverhalt in einer beiläufigen und folgenlos gebliebenen
Kommentarnotiz schon von H. Düntzer bemerkt worden (Goethe's Faust. Erster und
zweiter Theil. Zum erstenmal vollständig erläutert. 1. Theil, Leipzig 1850, S. 370,
Anm. 2): „Goethe deutet auf die Mönchsorden hin, von denen die Franziskaner und
Dominikaner bei der Inquisition am thätigsten und blutgierigsten waren. Die Franzis-
kaner trugen graue Kutten, wogegen die Dominikaner, wie die Karthäuser, weiße
Kleidung mit schwarzem Mantel hatten. Unter der ‚schwarzen Brüderschaft' (richtiger
Bruderschaft) sind hier ohne Zweifel die Teufel zu verstehn" – was nun im wörtlichen
Sinn ohne Zweifel unrichtig ist.
Später ist Witkowski (wie Anm. 16, S. 30) in der von Goethe benutzten Schrift des
Henning Groß (wie Anm. 91, Bl. 53ʳ) auf eine Gespenstergeschichte gestoßen, die mit
dem Hexenwesen zwar nichts zu tun hat, wohl aber von Mönchen in weißem und
schwarzem Habit berichtet. Daraus zitierend, hat er angemerkt: „Für Par. 50, Z. 151
[Die grau und schwarze Brüderschafft] wäre Bl. 53a heranzuziehen, wo es heißt, daß die
Teufel als Mönche erschienen, ‚welche eines theils weis, zum theil gar schwartz angethan vnd bekleidet waren' " – nur daß Groß diese Mönche durchaus nicht als Teufel
ausgibt.
Mit solchen Beobachtungen haben die Positivisten freilich nicht das Mindeste anfan-
gen können. Weder Düntzer noch Witkowski (der S. 63 von einem „Chor der Hexen"
spricht) zogen daraus Schlüsse oder begriffen Zusammenhänge.
[189] Nach entsprechenden Mandaten Gregors IX. an einzelne Konvente des Predi-

den Zensor Pater Mamachi (Magister sacri palatii in Rom) als „des Ketzer Gerichtes Strengen Assessor" und „des hohen Dom[inicus] Zögling" bezeichnet[190] und hat natürlich auch in der hier angeführten, von ihm eingesehenen Literatur über die Rolle der „Dominicanen vnd Franciscanen" lesen können[191]. Eine ganze Reihe verstreuter Gelegenheitsäußerungen zeigt, wie die blutigen Werke dieser Hexenverfolger ihm nachgingen. 1807 hält er im Tagebuch als Inhalt eines Gesprächs mit dem Oberhofprediger Reinhard ausdrücklich fest: „Geschichte der Hexenprozesse u. s. w."[192] 1827 erklärt er zum „Teufels- und Hexenwesen", daß es „nur in düstern ängstlichen Zeitläufen aus verworrener Einbildungskraft sich entwickeln und in der Hefe menschlicher Natur seine Nahrung finden konnte".[193] 1829 noch schreibt er an Zelter, daß „im dunkelsten Zeitalter man Hexen, Teufel und ihre Werke so sicher glaubte, daß man sogar mit den gräßlichsten Peinen gegen sie vorschritt", und fügt hinzu: „Hier hab' ich immer den großen König Matthias von Ungarn bewundert, welcher, bey hoher Strafe, verbot von Hexen zu reden, weil es keine gäbe."[194] Noch zu seinen Lebzeiten redete man doch durchaus im Ernst davon. Noch in Goethes Geburtsjahr ist in Würzburg die Nonne Maria Renata Singer verbrannt worden, noch in seinem 26. Lebensjahr hat man in Kempten die Dienstmagd Anna Maria Schwägel enthauptet – als Hexen, die eingestandenermaßen dem Bösen sich verschrieben, am Hexensabbat teilgenommen und mit dem Teufel Unzucht getrieben hatten.[195] Diese schrecklichen Ereignisse in ihren „Ursachen und Folgen dichterisch zu gewältigen"[196], hat er ein einziges Mal versucht; sagte auch später zu Eckermann (16. 2. 1826): „Das Teufels- und Hexenwesen machte ich nur einmal; ich war froh, mein nordisches Erbteil verzehrt zu haben, und wandte mich zu den Tischen der Griechen." Das war, als er Faust auf den Blocksberggipfel führte, zur Satanshuldigung, zu Messe, Predigt, Tanz und Orgie, und mit der *Hochgerichtserscheinung* Gretchen in

---

gerordens hat die dem bischöflichen Ketzergericht konkurrierende Dominikaner-Inquisition seit 1231/32 sich ausgebreitet; ihre Kompetenz als Zentralinstanz der Häretikerbekämpfung wurde 1311 unter Clemens V. auf dem Konzil von Vienne festgelegt. Dazu Ludwig Förg: Die Ketzerverfolgung in Deutschland unter Gregor IX. Berlin 1932, S. 57–70.

[190] Entwurf für die dritte ‚Horen'-Epistel. WA I 5/2, S. 372.

[191] So beispielsweise bei Meyfart, wie Anm. 183, 3. Seite der Vorrede („Ich lebe auch der Zuversicht / es werde kein Ordensmann [. . .] darin sich ergern / daß bißweilen Dominicanen vnd Franciscanen benahmet seyn".

[192] WA III 3, S. 230.

[193] Mythologie, Hexerey, Feerey. In WA I 41/2, S. 233.

[194] WA IV 46, S. 349.

[195] Vgl. Soldan-Heppe (wie Anm. 36), Bd. 2 (1969), S. 284 ff. und 314 ff. Auch Kurt Baschwitz: Hexen und Hexenprozesse. München 1963, S. 454 ff. und 462 f.

[196] WA II 11, S. 61 (über die französische Revolution).

die Hände der satanischen Hexenverfolger gab – „Als Missethäterin im Kerker zu entsetzlichen Qualen eingesperrt das holde unselige Geschöpf! [. . .] Jammer! Jammer! von keiner Menschenseele zu fassen, daß mehr als ein Geschöpf in die Tiefe dieses Elendes versank, daß nicht das erste genug that für die Schuld aller übrigen in seiner windenden Todesnoth vor den Augen des ewig Verzeihenden!"[197]

Der Coburger lutherische Theologe Meyfart hat in seiner (von Goethe aus der Jenaer Bibliothek entliehenen) Schrift gegen die Hexenprozesse die „entsetzlichen Qualen" dieser Geschöpfe aufzubewahren gesucht für alle Zeit. „Ich habe gesehen", schreibt er, „welcher massen sie den festen Leib des Menschen zertrümmern / die Glieder von einander treiben / die Augen aus dem Heupte zwingen / die Füsse von den Schinbeinen reissen / die Gelencke aus den Spannadern bewegen / die Schulterscheuben aus der Schauffel heben / die tieffe Adern auffblehen / die hohen Adern an etlichen Orten einsencken / bald in die Höhe zerren / bald auff den Boden stürtzen / bald in den Circul weltzen / bald das ober in das vnter / bald das vnter in das ober wenden.   Ich habe gesehen / wie der Hencker mit Peitzschen geschlagen / mit Ruthen gestrichen / mit Schrauben gequetschet / mit Gewichten beschweret / mit Nägeln gestochen / mit Stricken vmbzogen / mit Schwefel gebrennet / mit Oel begossen / mit Fackeln gesenget!"

Wenn Gretchens geisterhaftes Abbild erscheint in der wüsten *Traum- und Zaubersphäre* der Walpurgisnacht, gezeichnet schon von den furchtbaren *Wercken* der *grau und schwarzen Brüderschafft*, erkennt der von ihr Gerettete:

Das ist die Brust, die Gretchen mir geboten,
Das ist der süße Leib, den ich genoß. (4197 f.)

Mag sein, daß da die ungeheuren Sätze nachklingen, die uns der Augenzeuge Meyfart hinterlassen hat: „O liebe Christen! Ich habe gesehen / welcher massen die Hencker vnnd Peiniger den kostbahren Leib des Menschen so geringlich achten. Welcher massen die Hencker vnnd Peiniger den wunderschönen Leib des Menschen / anwelchen sich auch die Engel belüstigen / so schandhafftig verstellen / daß es auch vielleicht die Teuffel verdreust / weil sie spüren / es seyen Menschen / die in der vornehmen Kunst den hellischen Geistern vberlegen."[198]

Die Dirne winckt es ist schon gut
Der Säufer trinckt es deutet auf Blut
Der Blick der Tranck er feuert an
Der Dolch ist blanck es ist gethan.

[197] ‚Trüber Tag. Feld'. WA I 14, S. 225 und 226.
[198] Wie Anm. 183, S. 137.

In diesen Versen deutet der Mönchs-Chor Vorgänge an, die sich mit den Trödelhexenversen vom *Dolch* und *Kelch* (4104 ff.) wohl noch halbwegs vereinbaren ließen, aber nicht mehr mit den in der Kerkerszene (später?) ausgeführten Einzelzügen der Gretchengeschichte. Spuren einer früheren Konzeption mögen da erkennbar werden. Sei es, daß sich *Dirne* und *Säufer, Blick, Tranck* und *Dolch* ursprünglich auf Gretchen selber beziehen, sei es, daß sie auf irgendwelche Begleitereignisse oder Parallelvorgänge anspielen sollten: Gretchen vor dem Hochgericht erscheint nicht als Einzelfall. Ihre Richter selbst verbinden ihn mit dem großen Blutstrom der Hexenprozesse:

Ein Blut Quell rieselt nie allein –

Das hat man gewußt in den „düstern ängstlichen Zeitläufen", und die damals Widerstand wagten, haben es auch geschrieben: „je mehr man jhr vmbbringet / je mehr jhrer werden. Daß dem also sey / gibt die Erfahrung".[199] In der Verfahrensform der Inquisitionsprozesse hatte das seinen Grund. Aus sehr genauer Kenntnis solcher Praxis hat der Jesuitenpater Friedrich von Spee es erklärt: „So nun eine auß Vnleidsamkeit der Marter / fälschlich vber sich bekennet / so gehet das Elend erst an / sintemahl hie ist ins Gemein / kein Mittel sich loß zu würcken / sondern die Gaja[200] muß andere / ob sie schon von jhnen nichts böses weiß / anzeigen [. . .] / werden dann diese auch gefoltert / so müssen sie wieder andere Besagen / vnd die aber andere / vnd ist also hier kein Ende oder auffhören. Vnnd kompts auff solche Manier so weit / daß die Richter entweder den Process fallen lassen / vnd jhre Kunst begeben / oder aber die jhrige / ja sich selbst / vnnd alle Leuth verbrennen müssen / dann da fehlets nicht / die falsche Besagungen werden sie endlich alle mit einander treffen / vnnd werden sie auch; wans nur zum foltern mit jhnen kompt / alle schuldig machen."[201] Gleiches konnte Goethe bei Meyfart lesen: „Wenn der Gerichtslauff oder Proceß in Hexereysachen einmal angefangen / pfleget er niemals still zu stehen / sondern eylet geschwinde von Personen zu Personen / von Geschlechten zu Geschlechten / von Dörffern zu Dörffern / von Städten zu Städten. Monatlich / wochentlich / täglich / stündlich / wird die Zahl der angegebenen Truten [Hexen] vermehret. [. . .] wenn der Anfang gemacht / vnd zwo vnschüldige Personen einkommen / müssen vnzehlbare nachfolgen / vnnd wofern die Obrigkeit des Würgens vnd Brennens nicht müde / wird zuletzt gantze Geschlechter vnd Länder folgen."[202] Diese Kettenreaktionen aber hatten ihren Ursprung in der satanischen Sabbatfeier: hier und nur hier mußte die An-

---

[199] Godelmann (wie Anm. 62), Liber III, E^r.
[200] Formular-Bezeichnung für die Angeklagte.
[201] Wie Anm. 50, S. 312. [202] Wie Anm. 183, S. 68 und 119.

geklagte doch andere Hexen gesehen haben, die zu ,besagen' sie nun gezwungen wurde.

Im 13. Jahrhundert einsetzend, im späten 16. und 17. Jahrhundert gipfelnd, erfaßte die Hexenverfolgung vor allem Frankreich und Italien, Spanien mit den amerikanischen und Portugal mit den ostindischen Kolonien, England, Schottland und Nordamerika, Deutschland und die Schweiz und griff nach Dänemark und Schweden ebenso wie nach Ungarn und Polen aus.[203] Und was bis ins 18. Jahrhundert hinein dort geschah, vollzog sich nicht etwa in abgelegenen oder abgesperrten Bezirken; in schreckenerregender Öffentlichkeit exekutierte die weltliche Obrigkeit die Todesurteile des geistlichen Gerichts, wurde in den protestantischen wie in den katholischen Ländern „auffgeknüpffet / verbrennet / geviertheilet / gestrichen / geköpffet / erseuffet / geschmeuchet / gerädert / gespiesset oder mit Spott vnd Schmach auff ein ander Art hingeraffet".[204] Zuverlässige Angaben über die Gesamtzahl der Opfer erlauben die Quellen nicht, zumal wohl der größte Teil der Hexenprozeßakten vernichtet worden ist. Angesichts einer hinter den späteren Verhältnissen weit zurückbleibenden Bevölkerungsdichte reichen die Schätzungen doch von mehreren Hunderttausend bis zu einigen Millionen.[205] Diese Tatbestände seines, unseres „nordischen Erbtheils" liegen den letzten ausgeführten Versen in Goethes Faust-Paralipomenon 50 zugrunde. Mit dem Hochgericht über Gretchen verbunden, haben sie das ungeheure Schlußbild im Blutchor der Inquisitoren hervorgebracht:

Ein Blut Quell rieselt nie allein
Es laufen andre Bächlein drein
Sie wälzen sich von Ort zu Ort
Es reisst der Strom die Ströme fort.

Als Erich Schmidt 1887 in der Weimarer Ausgabe von Goethes Werken zum ersten Mal alle Paralipomena zum ,Faust I' veröffentlichte, begannen die Philologen, sich für die Entstehungsgeschichte der Walpurgisnacht-Szene zu interessieren. Sie versuchten zu bestimmen, wie sich die ausgeschiedenen Stücke und nicht ausgearbeiteten Entwurfsnotizen zueinander verhielten, in welchem Verhältnis sie zum gedruckten Text

---

[203] Vgl. insbesondere die ausführlich zitierenden Zusammenstellungen der Berichte über die deutschen und außerdeutschen Hexenprozesse (mit Quellenangaben) bei Soldan-Heppe (wie Anm. 36), Bd. 1, Kap. 12, 13, 19; Bd. 2, Kap. 20–22, 26.

[204] Meyfart (wie Anm. 183), S. 104 f. – Frei von Hexenverfolgungen blieb nur der Bereich der griechisch-orthodoxen Kirche.

[205] Vgl. Wanda von Baeyer-Katte: Die historischen Hexenprozesse. Der verbürokratisierte Massenwahn. In: Massenwahn in Geschichte und Gegenwart. Hrsg. von Wilhelm Bitter. Stuttgart 1965, S. 222, und Herbert Haag: Teufelsglaube. Tübingen 1974, S. 441 f. Auch die Angaben bei Schormann (wie Anm. 58a) S. 71.

der ‚*Walpurgisnacht*' und des ‚Walpurgisnachtstraums' standen, welche von der Druckfassung abweichenden Pläne des Verfassers sich auf diese Weise ausmachen und wie sie sich datieren ließen. Einige dieser Versuche sind so beiläufig und belanglos oder derart unzureichend begründet und spekulativ, daß es nicht mehr lohnt, sie zur Kenntnis zu nehmen.[206] Ich beschränke mich deshalb darauf, sehr knapp die älteren Thesen von Witkowski und Morris, etwas ausführlicher die neueren von Scheibe vorzustellen, und empfehle dem an entstehungsgeschichtlichen Details uninteressierten Leser, seine Lektüre erst auf Seite 200 (2. Absatz) fortzusetzen, wo ich Schlüsse ziehe aus dem jetzt Folgenden.

Witkowski (1894) beschreibt „Goethes erste Intention" zunächst in der Abfolge: „Aufstieg zum Gipfel, anfangs Mephistopheles und Faust allein emporklimmend, dann in den Zug der Hexen hineingeratend und von ihm mit nach oben gerissen, das eigentliche Fest mit Tanz, Dilettantentheater und Anbetung des Höllenfürsten, und endlich die Thalfahrt", die mit der Hochgerichtserscheinung und dem Geschwätz der Kielkröpfe endet.[207] Das Paralipomenon 50 also wird hier, angeschlossen an das Intermezzo, als einfache Fortsetzung des gedruckten Textes ausgegeben.[208] Damit konkurriert aber eine zweite, ausführlichere Darstellung des ursprünglichen Plans, die sich auf das Paralipomenon 31/48 gründet: „Die Einleitung sollte anders als jetzt [in der Druckfassung] gefaßt werden. Nicht die Wanderung, sondern eine Schilderung der zeitgenössischen Gesellschaft, die sich zur Feier der Walpurgisnacht auf dem Brocken versammelt, eröffnet die Handlung"; Mephisto „geht zwischen den Gruppen umher, Faust führend und seinen Witz an ihren Schwächen übend. Das Intermezzo läßt dann den Hagel der Satire, dessen Körner zuvor schon einzelne Erscheinungen trafen, in dichten Schlossen herabprasseln. Faust und Mephistopheles verlassen nach der Beendigung des Zwischenspiels, das sie mit angesehen haben, die um den Gipfel lagernden Hexen und steigen auf einsamen Wegen höher empor. Hier sollte vielleicht die Bergeswanderung eingeschoben werden, die jetzt am Anfang der Walpurgisnacht steht"; die Satanspredigt, dann die Huldigungsszene, zuletzt das Hochgericht schließen sich an. (S. 57–64)

---

[206] Etwa Ernst Hermann: Die Walpurgisnacht in Sage und Dichtung. In: Sammlung von Vorträgen gehalten im Mannheimer Altertumsverein II 1888, S. 95 ff. – Otto Harnack: Beiträge zur Chronologie der Faustparalipomena. In: Vierteljahrsschrift für Litteraturgeschichte. Bd. 4, 1891, S. 169 ff. – Erich Schmidt: Einleitung zum 13. Bd. der Stuttgarter Jubiläums-Ausgabe von Goethes Sämtlichen Werken, hier S. XXV ff. – Robert Petsch, wie Anm. 185. – Josef Derbolav: Die erste Faustkonzeption Goethes und die Paralipomena. Masch.-Diss. Wien 1934, S. 132–153.

[207] Wie Anm. 16, S. 37.

[208] Womit sich nicht verträgt, daß Witkowski zufolge nach Vers 4208 ein „Abbruch" des ursprünglich Geplanten konstatiert wird (S. 57).

Diese beiden miteinander unverträglichen Rekonstruktionsversuche aber hat Witkowski weder aufeinander bezogen noch eigentlich begründet.

Morris (1899) liefert noch einmal eine rekonstruierende Nacherzählung der Paralipomena 48 und 50, unterstellt dann (wie Witkowski in seiner ersten Planskizze) einen ursprünglich intendierten „unmittelbaren Anschluß der Satansscene an die eigentliche Walpurgisnacht" und erklärt, daß später „zwischen sie und die Satansscene sich das Intermezzo einschiebt"[209]. Da als „eigentliche Walpurgisnacht" wiederum der ganze später gedruckte Text verstanden wird, ergibt sich die Abfolge: Bergwanderung, Ankunft der Hexenschwärme, Rundgang unterhalb des Gipfels, Hexentanz, Gretchenerscheinung, [„Oberons und Titanias goldne Hochzeit'], Bergpredigt, Huldigung bzw. Audienzen, Abzug der Hexen, Abgang Fausts und Mephistos, Hochgerichtserscheinung. Von Witkowskis erster Planskizze unterscheidet sich Morris' „Wiederaufbau" (S. 687) nur durch eine ausdrückliche Erklärung zur „Genesis der Walpurgisnacht": „Goethes ursprünglicher und in Italien schon nachweisbarer Plan geht einfach dahin, Faust auf den Blocksberg zu führen und ihn die tolle Orgie als ein Abenteuer durchmachen zu lassen [nachweisbar ist für 1788 freilich allein die Niederschrift der Szene ‚Hexenküche']. Zu Ende 1797 entschließt er sich, Oberons und Titanias Hochzeit als Intermezzo in die Walpurgisnacht aufzunehmen. Im August 1799 liest er Miltons verlorenes Paradies [vgl. Anm. 85] und [. . .] entwirft die mit dem Intermezzo im Grunde unverträgliche Satansscene" (S. 715). – „Obwohl also Paralipomenon 48 in seinen Anfangsworten ‚Nach dem Intermezz Einsamkeit Öde' den beinahe hoffnungslosen Versuch macht, Intermezzo und Satansscene zu verbinden und zwei verschiedenartige satirische Darstellungen des deutschen Geisteslebens aufeinander folgen zu lassen, so scheint Goethe doch während der Ausbildung der Walpurgisnacht wieder vom Intermezzo abgesehen und auf den unmittelbaren Anschluß der Satansscene hingearbeitet zu haben. Leider kam es dazu nicht. Man sieht hier deutlich, wie das Intermezzo als ein fremdartiger Keil in den gewaltigen Walpurgisnachtsplan eindringend ihn zerstört und seine natürliche Ausbildung verhindert hat." (S. 706) Dieses Hin und Her sprunghaft wechselnder Konzeptionen aber (nur Intermezzo / Intermezzo und Satansszene / nur Satansszene / nur Intermezzo) kann Morris weder auf entstehungsgeschichtliche Zeugnisse stützen noch in anderer Hinsicht glaubwürdig machen.

Scheibe (1965) hat dann zum erstenmal versucht, die Entstehungsgeschichte der ‚Walpurgisnacht' aufgrund von Indizien zu klären, welche den Handschriften der Paralipomena 31/48 und 50 und dem Manuskript

---

[209] Wie Anm. 32, S. 705.

des endgültigen Textes[210] zu entnehmen sind. Diese sehr detaillierten Untersuchungen umfassen 55 Druckseiten. Sie kritisch zu erörtern, würde bei angemessen gründlicher Argumentation wohl den gleichen Umfang erfordern. Ich beschränke mich deshalb darauf, die Ergebnisse zu resümieren und einige Einwände gegen das Verfahren vorzubringen.

Im entstehungsgeschichtlichen Prozeß glaubt Scheibe drei einander ablösende Arbeitspläne ausmachen zu können. Auf „wahrscheinlich Ende 1797" datiert er dabei eine erste Konzeption, nach der „die Walpurgisnachtsszene ursprünglich sogleich mit ihrem Höhepunkt, dem Auftreten Satans auf dem Gipfel des Brockens, beginnen sollte. [. . .] Die Wanderung Fausts und Mephistos zum Brocken scheint damals noch nicht geplant gewesen zu sein. Auf die Reden Satans folgte mindestens eine Audienz des Satans, dann treten die Hexen und auch Faust und Mephisto die Heimreise an; beide kommen schließlich an eine Stelle, an der ein Blutchor gesungen wird und an der Faust vermutlich von Gretchens Schicksal erfahren sollte. Wie und wo damals ‚Oberons und Titanias goldne Hochzeit' eingefügt werden sollte, bleibt unklar". (S. 47) Diese Rekonstruktion ist freilich auf bloße Vermutungen gegründet. Was erstens Scheibes Datierung betrifft, so hatte Goethe im Juni 1797 ein (nicht erhaltenes) in 30 Abschnitte gegliedertes Schema der gesamten ‚Faust'-Handlung verfaßt[211], war daran gegangen, sein Material entsprechend zu ordnen und hatte dabei (mit den Abschnitts-Nummern 17 und 17ª·) auch das Paralipomenon 50 einbezogen. Scheibe unterstellt, Goethes Schreiber habe zu diesem Zweck vom Sommer 1797 an das alte Manuskript kopiert, und da das Paralipomenon 50 doch in Goethes eigener Schrift vorliegt, erklärt er, es könnten auch dessen früheste Teile „nicht aus älterer Zeit stammen, denn wenn sie damals schon vorgelegen hätten, wären sie sicher vom Schreiber Geist, der die Abschrift herstellte, in die Handschrift eingetragen worden." (S. 35) Wirklich gesichert ist nur, daß Goethe sich im Juni 1797 entschloß, das 1790 gedruckte ‚Faust'-Fragment (das die ‚Walpurgisnacht' noch nicht enthielt) zu kombinieren „mit dem was schon fertig oder erfunden ist", und daß im Mai 1798 das alte Manuskript dafür „abgeschrieben" war.[212] Diese Angaben aber erlauben keineswegs den Schluß, es könnte das Paralipomenon 50 (vollständig oder teilweise) nicht schon vor dem Sommer 1797 entstanden oder konzipiert worden sein. Als „ursprünglich" werden dann zweitens allein die ausgeführten Textstücke im Paralipomenon 50 angesetzt: die Satansrede, die Verse der vom Blocksberg Abziehenden und der Blut-

---

[210] Erhalten nur für die Verse 3835–4208, Beschreibung bei Scheibe (wie Anm. 93), S. 12ff.

[211] Tagebuch 23. 6. 1797. WA III 2, S. 74.

[212] Briefe an Schiller, 22. 6. 1797 (WA IV 12, S. 167) und 5. 5. 1798 (WA IV 13, S. 136).

chor (dunkelbraune Tinte), außerdem die Satanshuldigung (hellbraune Tinte), nicht aber die übrigen stichworthaften Teile (Bleistift). Hieß es bei Scheibe zunächst, es sei „diese Abfolge allein nach dem Bild der Handschrift nicht sicher zu bestimmen" (S. 32), wird sie doch wenig später schon als „der vorläufige Befund" dargestellt: „ursprünglicher Bestandteil der Handschrift sind vermutlich die mit dunkelbrauner Tinte geschriebenen Partien, zu denen später die mit hellbrauner Tinte geschriebene Satansaudienz hinzutrat. Vor oder nach dieser letzten mit Tinte geschriebenen Ergänzung (vermutlich danach) wurde die Szene durch Zwischenüberschriften in einzelne Unterabteilungen gegliedert. Danach, vielleicht auch gleichzeitig, traten noch weitere Bleistifteintragungen hinzu." (S. 33) Auf derart unsicherem Fundament beruht nun die dritte Voraussetzung für Scheibes Rekonstruktion. Sie unterstellt nämlich, daß das gesamte Schema-Paralipomenon 31/48 Ende 1797 noch nicht vorlag, was zuvor doch wiederum nur als Annahme ausgewiesen wurde: „Für die Entstehung [des Paralipomenons 50] nach Paralipomenon 31/48 könnte sprechen, daß [. . .]. Da wir jedoch festgestellt haben, daß [. . .], dürfte es wahrscheinlicher sein, daß Paralipomenon 50 bereits in der überlieferten Gestalt vorlag, als Paralipomenon 31/48 entstand." (S. 42) Als vierte Prämisse schließlich fungiert die Annahme, daß auch alles in der Druckfassung der Walpurgisnacht-Szene Enthaltene Ende 1797 noch nicht konzipiert war – wofür freilich nichts anderes geltend gemacht werden kann als die vorangegangene Festellung, es „deutete nichts darauf hin, daß diese [nur Vers 3835–4208 umfassende ‚Walpurgisnacht' –] Handschrift oder zumindest größere Teile davon vor dem Jahre 1800 entstanden sind." (S. 23) Was damit über die ‚Entstehung' gesagt ist, gilt in Wahrheit allein für die (einzige erhaltene) Niederschrift dieser Verse, keineswegs jedoch für die Konzeption der Szene (sowenig wie dadurch ausgeschlossen wäre, daß es als Vorlage auch frühere Handschriften gab, die nicht erhalten blieben). Beides aber wird hier wie häufig auf unzulässige Weise gleichgesetzt (S. 19 etwa: „die Verse [4021–4095] können also sowohl im November 1800 wie im Februar 1801 geschrieben sein. Wahrscheinlicher scheint es jedoch, daß diese Partie erst 1801 entstanden ist.").

Eine veränderte Konzeption glaubt Scheibe dann für die Zeitspanne Herbst 1800 – Frühjahr 1801 ausmachen zu können. Danach „sah der 1801, also beim Abbruch der Arbeit am ‚Faust', noch geltende Plan der Szene folgendermaßen aus: auf eine Szene ‚Aufmunterung zur Walpurgisnacht' [. . .] folgte die eigentliche Walpurgisnachtsszene, wie sie uns heute vorliegt, mit der Wanderung Fausts und Mephistos, dem Herannahen der Hexenschwärme, dem Gespräch mit den vier alten Herren [. . .] und dem Gespräch mit der Trödelhexe. Danach geraten Faust und Mephisto in einen Menschenstrudel, der sie nach oben zieht. Es folgte wohl, nach dem Plan der Szene, die Aufführung des ‚Intermezzos', und endlich schloß sich auf dem Gipfel des Brockens die Satansszene an. Nach dem Versinken der Erscheinung Satans fliegen die Hexen nach Hause, und auch Faust und Mephisto reiten vom Blocksberg hinweg. Beide geraten durch Zufall zu einer Hochgerichtserscheinung, wo Faust Gretchens Schicksal erfährt und daraufhin Mephisto Vorhaltungen über die ‚abgeschmackten Zerstreuungen' macht, in denen er ihn ‚gewiegt' habe. Faust will nunmehr alles daransetzen, um Gretchen zu retten." (S. 48) Diese zweite Entwicklungsstufe hätte also den Text der gedruckten Fassung bis Vers 4117, den ‚Walpurgisnachtstraum' sowie die Paralipomena 31/48 und 50 umfaßt (letzteres inzwischen durch Bleistift-Stichworte zu einem Schema ergänzt). Für die Paralipomena steht aber erstens nur ein sehr schwaches Negativargument zur Verfügung: „Da wir keine Zeugnisse und keinerlei Indizien fanden, die beweisen, daß diese beiden Paralipomena im April 1801 nicht mehr gültig waren, sah der [. . .] Plan der Szene folgendermaßen aus [. . .]" (S. 48). Zweitens wird vorausgesetzt, daß überhaupt jetzt erst die im Schema-Paralipomenon 31/48 festgehaltene Konzeption entwickelt wurde, und eben diese Datierung erscheint, wie oben angemerkt, zumindest zweifelhaft. Scheibe muß drittens unterstellen, daß sich der bereits 1797 eingeplante ‚Walpurgisnachtstraum' vor der Druckfassung noch immer erheblich unterschied, was ungesichert ist und wenig wahrscheinlich (S. 49: „Wenn der ‚Walpurgisnachtstraum' jedoch an dieser Stelle steht, dann konnte die Satansszene [Nach dem Intermezz!] nicht mehr angeschlossen werden; denn der ‚Walpurgisnachtstraum' endet im dämmernden Morgen, danach ist die Mitternachtserscheinung Satans nicht mehr möglich. Als die Szene in dieser Form [der nach Scheibe erst 1806 entstandenen Druckfassung] geschaffen wurde, war der Plan der Paralipomena 50 und 31/48 nicht mehr gültig."). Es wird viertens vorausgesetzt, daß die Druckfassungs-Verse 4118–4222 (Liliths Auftritt, Hexentanz, Gretchenerscheinung) noch immer nicht konzipiert waren: „Wir haben weiter festgestellt, daß das Paralipomenon 31/48 erst 1801 entstanden sein kann [vorher, S. 42, freilich nur: daß die Entstehung vor dem Paralipomenon 50 „wahrscheinlicher sein" dürfte]; ist das aber der Fall, dann kann der heutige Schlußteil der ‚Walpurgisnacht' noch nicht 1801 [. . .] vorgelegen haben." (S. 49) Auch diese Folgerung, die zugleich auf eine nicht erwiesene Unvereinbarkeit des Paralipomenons 31/48 mit dem Schlußteil der Druckfassung sich gründet, ist keineswegs zwingend. Entscheidend für Scheibes Begründungsversuche wird schließlich fünftens seine Berufung auf einen für ca. 18 Verse ausreichenden Freiraum nach Vers 4117 auf Blatt 9ᵛ der Druckfassungshandschrift, die auf Blatt 10ʳ erst mit der Lilitherscheinung fortgesetzt wird: dieses Spatium sei „auch später nicht getilgt worden, weder, wie bei den Blättern 3 und 4 unserer Handschrift

[die freilich, anders als die Blätter 9/10, völlig unbeschrieben waren],
durch Zusammenkleben, noch, wie in anderen Handschriften, durch
Streichen des leeren Raumes [angeführt nur der kaum vergleichbare Fall
der ‚Achilleis'-Handschrift H² – vgl. WA I 50, S. 430 u. 431]: das Spatium
hat also [!] bis zuletzt seine Geltung behalten." (S. 20) 1801, schließt
Scheibe, habe Goethe eben hier die Satansszene einfügen wollen, und
dieser Plan wäre bis 1806 in Geltung geblieben. Für etwa 18 Verse läßt
das Spatium Raum; wie die nach Scheibes eigenen Thesen bereits vorliegenden Satans-Partien (allein die Messe: 87 Zeilen, die fragmentarische
Huldigung: 31 Zeilen) da hätten untergebracht werden sollen, bleibt un-
erfindlich. Fragwürdig auch, weshalb denn Fausts Verlangen *Doch droben
möcht' ich lieber sein!* nach Vers 4040 von Mephisto abgewehrt wird (wirklich überzeugend hätte die Satansszene sich doch nur hier anschließen
lassen – vgl. oben Seite 121 f.) und der zuvor verweigerte Aufstieg zum
Gipfel nach Vers 4117 nun ohne weitere Begründung sollte zugelassen
werden. Trifft Scheibes Datierungsvorschlag für Mephistos Abwiegelungs-
verse 4041 ff. zu (1800 oder 1801), dann sollte man doch eher vermuten, daß die Satansszene damals schon aufgegeben wurde.

Im März/April 1806 stellte Goethe für die Erstausgabe des ‚Faust I' die
Druckvorlage her. Man hat bisher angenommen, daß es sich dabei im
wesentlichen um eine nur noch redaktionelle Arbeit handelte. Scheibe
aber legt (erst) in diese Zeitspanne die dritte, endgültige Konzeption der
‚*Walpurgisnacht*'-Szene. Nicht ausgeführt waren damals die früher geplante *Aufmunterung* zur Walpurgisnacht (Paralipomenon 31) und der (im
Paralipomenon 50) skizzierte Schlußteil der Satansszene mit dem Hochgericht über Gretchen. Darauf, meint Scheibe, habe Goethe nun „unter
Zeitdruck" (S. 52) verzichtet: Er sparte die gesamte Satansszene jetzt aus,
brauchte daraufhin nur noch „zu der vorhandenen Szene die Beziehung
auf Gretchen hinzuzufügen, und außerdem mußte die Sinnlichkeit des
Hexensabbaths, die ursprünglich in den Satansszenen breit dargestellt
werden sollte, im ausgeführten Teil der Szene aber kaum noch eine Rolle
spielte, wenigstens angedeutet werden. So bricht die Bewegung nach
oben, mit der der ‚alte' Teil der Walpurgisnachtsszene schloß, und worauf der ‚Walpurgisnachtstraum' und die Satansszene folgen sollten,
plötzlich ab, es erscheint Lilith, Faust und Mephisto tanzen mit den beiden Hexen (beides könnten alte Motive sein, die sich an dieser Stelle bequem anboten und benutzt wurden) und dann taucht die Erscheinung
Gretchens auf, eine Variation des im Paralipomenon 50 skizzierten ursprünglichen Planes. Damit war auch hier die Verbindung zur umgebenden Handlung geknüpft, die Szene war motiviert und motivierte selbst.
Allerdings wollte Goethe den ‚Walpurgisnachtstraum', einen der ältesten Bestandteile der Szene und seit längerer Zeit fast abgeschlossen,
nicht opfern; deshalb fügte er ihn an die Gretchenerscheinung an."

(S. 51) Wie sich die Konstruktion dieser dritten Entwicklungsstufe der Szene folgerichtig aus Scheibes Thesen über die vorangehenden Konzeptionen ergibt, so betrifft die Konsequenz der zuvor notierten Einwände sinngemäß auch diese letzte Stufe.

Scheibe hat erklärt, „daß alle Spekulationen über die verschiedenen Planänderungen während der Entstehung der Szene, über politische, religiöse, moralische und sonstige Bedenken Goethes, derentwegen er die ursprünglich geplante Szene nicht ausgeführt hat, müßig bleiben, ehe nicht die Entstehungsgeschichte eindeutig geklärt ist. Gerade bei der ‚Walpurgisnacht' zeigt es sich, daß sich die Szene gradlinig und konsequent entwickelt hat, daß der eindeutige Plan bis 1801 im wesentlichen unverändert geblieben ist, daß Goethe ihn erst unter Terminschwierigkeiten, unter Zeitdruck, auf das unbedingt Nötige verkürzte." (S. 52) Nichts von alledem hat er wirklich nachweisen können. Daß er „die Entstehungsgeschichte eindeutig geklärt" habe, läßt sich keineswegs behaupten. Vielmehr erweisen sich seine auf die Handschriften-Indizien gegründeten Thesen zur Genese der ‚Walpurgisnacht' bei genauerem Zusehen häufig als ebenso spekulativ wie alle früheren Versuche. Sie beruhen in der Regel auf Mutmaßungen von unterschiedlicher Überzeugungskraft, die ihrerseits dann Voraussetzungen bilden für weitere Annahmen, welche schließlich als anscheinend zuverlässige (in Wahrheit weitgehend haltlose) Endergebnisse dargestellt werden. Scheibes diffizile Detailbeobachtungen erlauben häufig nurmehr die Feststellung, wann bestimmte Partien der jeweils einzigen überlieferten Niederschrift vermutlich aufgezeichnet wurden, keineswegs jedoch zureichend sichere Schlüsse auf den Zeitpunkt, zu dem sie frühstens entstanden sein könnten oder gar konzipiert worden sind.

Was die einigermaßen sorglosen älteren Bemühungen von Witkowski, Morris und anderen noch nicht absehen ließen, hat Scheibes angestrengter Versuch erwiesen: die Entstehungsgeschichte der ‚Walpurgisnacht'-Szene wird nie mehr „eindeutig geklärt" werden können (es sei denn, daß man neue Funde machte). Zuverlässige Datierungshinweise geben zwar die Eintragungen in der endgültigen Handschrift der Szene: ‚5. Nov. 1800' nach Vers 3911, ‚9. Februar 1801' nach Vers 3935.[213] Das sind offenbar Niederschriftdatierungen. Ihnen entsprechen die Hinweise, welche einer zweiten sicheren Quelle zu entnehmen sind: den Ausleihbüchern der Weimarer Bibliothek.[214] Danach hat Goethe einiges an Literatur zum Hexenwesen, Sabbat und Satanskult (Meyfart, Goldschmid) schon Ende 1797/98, das meiste aber erst vom Februar bis Juni

---

[213] Vgl. Scheibe (wie Anm. 93), S. 14 und 16.
[214] Vgl. Anm. 35.

1801 entliehen (Francisci, Bekker, Groß, Remigius, Bodinus).[215] Daß er diese oder verwandte Schriften aber nicht schon viel früher gelesen hat und einiges davon 1801 nur noch einmal zur Hand nehmen wollte, wird durch die Angaben der Ausleihbücher ebensowenig ausgeschlossen wie die Möglichkeit weit älterer Pläne und Niederschriften durch Scheibes Datierung der überlieferten Handschriften auf die Jahre 1797 oder 1801. Beides ist vielmehr in gleicher Weise wahrscheinlich. Am 5. Mai 1798 schrieb Goethe an Schiller über die wiederaufgenommene Arbeit am ‚Faust': „Einige tragische Scenen waren in Prosa geschrieben, sie sind durch ihre Natürlichkeit und Stärke, in Verhältniß gegen das andere, ganz unerträglich. Ich suche sie deswegen gegenwärtig in Reime zu bringen, da denn die Idee wie durch einen Flor durchscheint, die unmittelbare Wirkung des ungeheuern Stoffes aber gedämpft wird."[216] Daß er da allein die Kerker-Szene gemeint haben sollte, ist wenig überzeugend.[217] Man kann keineswegs ausschließen, daß 1798 ein alter Prosa-Entwurf auch zum Hexensabbat und Satanskult vorlag, der nicht erhalten blieb – zumal doch als gesichert gelten darf, daß das ‚Faust'-Manuskript, welches Goethe in den Jahren 1774/75 vorlas (von Frankfurt mitgebracht nach Weimar), eine Reihe von Szenen enthielt, die wir auch durch den ‚Urfaust' nicht mehr kennen, und der Zuhörer Wieland bemerkt hat, daß „die interessantesten Wollustscenen [. . .] unterdrückt worden sind."[218] Aber wann (nach dem Frankfurter Kindsmordprozeß von 1771/72) solche Walpurgisnacht-Pläne entstanden und wie sie im einzelnen ausgesehen haben, liegt und bleibt wohl im Dunkel.

Gegen die hier vorgestellten Bemühungen um eine Rekonstruktion der geplanten Szene auf dem Brockengipfel anhand der Paralipomena 31/48 und 50 sperren sich an zwei wichtigen Punkten auch die Texttrümmer selbst, die im „Walpurgissack" steckten. Witkowski und Morris wie Scheibe haben die Huldigungsszene der Satansmesse nachgeordnet, den Hexentanz hingegen von ihr abgesetzt[219]. Ginge man einfach von

---

[215] Ganz gewiß bleiben diese Angaben lückenhaft, auch wenn man sie aufgrund von Tagebuchnotizen und Exzerpten ein wenig ergänzen kann (vgl. Witkowski, wie Anm. 16, S. 18 ff.); von Praetorius' ‚Anthropodemvs Plvtonicvs' beispielsweise besaß Goethe selbst ein Exemplar; seine ‚Blockes-Berges Verrichtung' hat er ganz sicher benutzt, aber genannt wird diese wichtige Quelle doch nirgendwo.

[216] WA IV 13, S. 137.

[217] Von den übrigen Prosa-Stücken im ‚Urfaust' kann ‚Auerbachs Keller' weder als tragische Szene noch als ungeheurer Stoff gelten, und die Szene ‚Trüber Tag. Feld' verblieb jedenfalls in Prosa.

[218] Ernst Grumach in: Beiträge zur Goetheforschung. Berlin 1959, S. 268–275, hier S. 272 und 270.

[219] Morris stellt ihn der Satanspredigt voran; Scheibe meint, Goethe habe anfangs nur die Satansmesse ohne Fausts Tanz mit der Hexe geplant (gleiches läßt sich jeden-

der Abfolge der Goetheschen Schemata-Notizen und ihrem Wortlaut aus, wäre dagegen kaum etwas einzuwenden. Im Paralipomenon 50 erscheint die Satansmesse vor der Huldigung. Und weder im Paralipomenon 48 noch 50 fällt das Stichwort ‚Sabbatrunde', wird mit der Satansrede ausdrücklich auch der Hexentanz verbunden.

Ganz anders aber, wenn man ermißt, wie weit die Bruchstücke des alten Goetheschen Walpurgisnachtplanes über sich selbst hinausreichen; wenn man die mit dieser Einsicht unverträgliche Beschränkung auf eine immanente Analyse aufgibt und den großen historischen Kontext also einbezieht in die Betrachtung. Denn der den Ketzern und Hexen zugeschriebene Satanskult und das von ihnen überlieferte Sabbatritual strukturieren auch den dramatischen Prozeß, den die unterdrückten „Gedichte" zur Walpurgisnacht bruchstückweise markieren. Auf die hier zur Rede stehende Frage bezogen: der dogmatische Gehalt der ‚Synagoga Satanae' ist so zwingend an die ritualisierte Abfolge von Satanshuldigung, Satansmesse dann und Predigt, Sabbatrunde schließlich (also Hexentanz) und sexueller Orgie gebunden, tritt aus ihr so überzeugend in Erscheinung, daß wir auch die Trümmerstücke der alten Walpurgisnacht-Szene erst zu begreifen imstande sind, wenn wir sie zusammen mit den ihnen zugehörigen Teilen der autorisierten Druckfassung in dieser Folge erfassen – so geordnet, heißt das, wie ich sie hier vorgeführt und (dadurch) verständlich zu machen versucht habe.

Auch in den Goethe nachweislich bekannten Schriften zum Hexenwesen war diese Abfolge vorprogrammiert. Die ohnedies unzuverlässigen genetischen Informationen aber, die man den Handschriften abgewinnen oder aus anderen Quellen beziehen kann, scheinen mir mit dem (sinngemäß geradezu selbstverständlichen) Vorsatz, auch im dramatischen Prozeß eine solche Folge einzuhalten, keineswegs so unverträglich, als daß man ihretwegen die hier eröffnete Einsicht in die Bedeutung des Walpurgisnachtsplans aufgeben dürfte.

Hinsichtlich der Position von Huldigungsszene und Satansmesse verlangt ein Verträglichkeitsnachweis, daß ich noch einmal auf die Handschriften blicke. Da zeigt sich: das Paralipomenon 50 (welches erstens die Satansmesse, zweitens die Huldigungsszene und drittens dann die Hochgerichtserscheinung mit dem Chor der Inquisitoren enthält) wurde keineswegs lückenlos und in einem Zuge niedergeschrieben – und nur in diesem Fall wäre es wirklich zwingend, ihre Textabfolge als endgültig autorisiert zu verstehen. Eher erscheint dies 16 Blätter umfassende Manuskript als eine Art Sammelhandschrift, die zu verschiedenen Zeiten, an verschiedenen freigebliebenen Stellen unterschiedliche Eintragun-

---

falls aus Witkowskis zweiter Skizze schließen), 1806 dann allein den Hexentanz ohne die Satansrede.

gen (einzelne Textstücke, Zwischenüberschriften, Notizen zu unausgeführten Partien) aufgenommen hat. Von der voranstehenden Satansmesse (Blatt 3^r–5^r) ist das an späterer Stelle erscheinende Fragment der Huldigungsszene (Blatt 7^r–7^v) hier nicht nur durch erheblichen Zwischenraum abgesetzt (Blatt 5^v und 6^v unbeschrieben, Blatt 6^r nur mit der Bleistift-Überschrift *Einzelne Audienzen. Ceremonien Mstr.*), sondern auch durch verschiedene Schreibmaterialien (Satansmesse dunkelbraune, Huldigungsszene hellbraune Tinte), die jedenfalls unterschiedliche Niederschriftszeiten bezeugen.

Es kommt hinzu, daß das Paralipomenon 50 zwei positionsbestimmende Numerierungen zeigt (*ad 17* und *ad 17^a*), welche sich zweifellos auf das große Schema beziehen, nach dem Goethe 1797 seine Materialien zum ‚Faust‘ ordnete.[220] Scheibe meint, es müsse damals „die Walpurgisnachtsszene die Nummer 17 erhalten haben, der als Nummer 17^a· [. . .] die Hochgerichtserscheinung angeschlossen war" (S. 34). Hätte Goethe aber tatsächlich diese „Walpurgisnachtsszene" (also alles, was im Paralipomenon 50 vor der Hochgerichtserscheinung steht, und zwar in der dortigen Reihenfolge) als „die Nummer 17" in das neu geordnete Faust-Manuskript aufnehmen wollen, so müßte sein *ad 17* selbstverständlich auf der ersten Seite der Handschrift erscheinen oder allenfalls auf Blatt 3^r, also über der Satansmesse, mit der die Satansszene angeblich doch einsetzen sollte. Während das *ad 17^a·* tatsächlich zu Beginn des Inquisitoren-Chors beim Hochgericht erscheint (Blatt 10^r), steht aber *ad 17* erst auf dem Blatt 7^r (oben rechts) – mit dem die Huldigungsszene einsetzt. Diesen höchst auffälligen Tatbestand hat Scheibe nicht einmal erörtert (geschweige denn mit seinen Thesen in Einklang bringen können). Danach scheint es sehr wohl möglich, daß die Huldigungsszene, unerachtet ihrer (wie immer zustande gekommenen) Stellung in dieser Sammelhandschrift, von vornherein doch für einen Platz v o r der Satansmesse gedacht war und die positionsbestimmende Notiz *ad 17* diesem Vorsatz Rechnung trug.[221]

Die von mir vorgeschlagene Abfolge Satansmesse (und Bergpredigt)

---

[220] Vgl. oben S. 192. Dazu Scheibe (wie Anm. 93), S. 33 f.

[221] Unverträglich mit dieser Positionsthese scheint lediglich, daß im Schema-Paralipomenon 48 die Zeilen *Präsentationen.* | *Beleihungen* hinter der Angabe *Satans Rede pp* stehen. Will man sich nicht mit der Annahme aus der Klemme ziehen, daß hier wider besseres Wissen einfach eine fehlerhafte oder unbedachte Angabe vorliege, wäre allenfalls zu bedenken, ob nicht diese Stichworte (trotz ihrer Nähe zur *Audienzen*-Notiz und dem *beleih ich dich* im Paralipomenon 50) die in den Versfetzen der Paralipomena 39, 40, 41, 42?, 43, 47 angedeuteten satirischen Vorstellungen karikierter Zeitgenossen meinen, die mit dem ‚Homagium‘ der Huldigungsszene eigentlich gar nichts zu tun haben, von ihr also doch zu unterscheiden wären (und nicht ausgeführt wurden, weil sie hier durchaus fehl am Platze waren).

– Hexentanz (und Gretchenerscheinung) dann wäre mit dem Wortlaut der Paralipomena vereinbar, wenn man in der Schema-Zeile *Satans Rede pp* des Paralipomenons 48 das *pp* auf den überlieferungsgerecht und sinngemäß der Rede folgenden Hexentanz beziehen und für das Paralipomenon 50 unterstellen wollte, daß an die in dieser Sammelhandschrift untergebrachte Satansmesse (der dort drei zunächst völlig unbeschriebene Seiten folgen, dann die ohnehin für eine andere Position vorgesehene Huldigung) die bereits konzipierte, anderswo vielleicht schon aufgezeichnete, hier aber nicht mehr ausdrücklich angeführte ‚Sabbatrunde' des Hexentanzes sich hätte anschließen sollen. Datierungsprobleme jedenfalls stünden dieser Hypothese nicht im Wege – hat doch selbst Scheibe, der die Entstehung dieses Schlußstücks der Druckfassung erst 9 Jahre nach der angenommenen Konzeption der eigentlichen Satansszene ansetzt, unvermittelt eingeräumt: 1806 bricht dort, wo ursprünglich die Satansszene folgen sollte, „die Bewegung nach oben [. . .] plötzlich ab, es erscheint Lilith, Faust und Mephisto tanzen mit den beiden Hexen (beides könnten alte Motive sein, die sich an dieser Stelle bequem anboten und benutzt wurden [!]) und dann taucht die Erscheinung Gretchens auf, eine Variation des im Paralipomenon 50 skizzierten ursprünglichen [!] Planes." (S. 51)

Aufgrund der entstehungsgeschichtlichen Indizien, die eine zweifelsfreie Rekonstruktion des ursprünglich Konzipierten nicht mehr ermöglichen und in jedem Fall zu Hypothesen nötigen, läßt sich die hier vorgeschlagene Abfolge der Szenenteile als tatsächlich geplante weder bündig nachweisen noch zwingend abweisen. Aber wenn sie in genetischer Hinsicht auch ungesichert, also bestreitbar bleibt, scheint sie doch tauglich als Instrument der Verständnisbemühung. Sie allein bringt die ausgeschiedenen Bruchstücke der ‚*Walpurgisnacht*'-Szene und ihre für den Druck zugelassenen Passagen in ein Sinngefüge ein, das dem in der Ketzer- und Hexenliteratur vorgezeichneten Schema des Sabbat-Rituals entspricht: zeigt den auf dem Blocksberggipfel thronenden Satan, nachdem er mit dem Homagialkuß die huldigende Unterwerfung der Sabbatgemeinde entgegengenommen hat, in der nachfolgenden Ketzermesse als den Herrn der widergöttlichen Welt; erweist Fausts Tanz mit der Hexe im unmittelbaren Anschluß an die Indoktrinationen dieser satanischen Bergpredigt als Realisierung dessen, was dort anbefohlen und verheißen wurde; läßt Gretchen, die in die Satanswelt verstrickte, beim Hochgericht des Hexenprozesses schrecklich büßende Kindsmörderin, als die Rettende erscheinen, die Faust in diesem Augenblick der tödlichen Gefahr davor bewahrt, leibhaftig dem Bösen anheimzufallen.

Anzunehmen, wie Scheibe, daß Goethe eine solche Konzeption zerstörte, die Satansmesse und das Hochgericht unterdrückte und die ‚*Wal*-

purgisnacht'-Szene damit „auf das unbedingt Nötige verkürzte", weil er 1806 (bei der Fertigstellung des 1808 im Druck erscheinenden ‚Faust I') „unter Terminschwierigkeiten, unter Zeitdruck" geriet[222], scheint mir solange unstatthaft, als sich für einen derart tief in die Substanz seines Werkes eingreifenden Verzicht überzeugendere Gründe geltend machen lassen.

Vier aus dem Drama selber abgeleitete (interne) Begründungen sind in den bisherigen Erklärungsversuchen vorgebracht worden. Von der Leitfigur des Stückes her hat man dramaturgisch argumentiert, es habe Goethe die Satansszene ausgeschlossen, „weil Faust [dort] wiederum aus dem Mittelpunkt der Handlung herausgedrückt worden" (Beutler[223]), also „wieder nur Zuschauer" gewesen wäre (Trunz[224]). – Würde das gelten, so hätten beispielsweise auch die Schüler-Szene oder ‚Auerbachs Keller' ausgeschieden werden müssen und ganz gewiß der ‚Walpurgisnachtstraum'. Aber wie entschieden die Satansszene in Wahrheit auf diesen anscheinend unbeteiligten Zuschauer zielt, zeigt Fausts der Bergpredigt folgender Tanz mit der Hexe.

Vom Mephisto her hat man den Verzicht auf die Satansszene dann damit begründen wollen, daß es ein taktischer Fehler gewesen wäre, wenn er Fausts *Doch droben möcht' ich lieber sein!* seine Zustimmung gegeben hätte. Der wissensdurstige Gelehrte, heißt es da, fühle sich „nicht eigentlich zum Satan, sondern zur Befriedigung seines Dranges, die Geheimnisse der Natur zu erschauen, getrieben [. . .], worauf Mephistopheles, der geschworene Feind jeder wahren, eindringenden menschlichen Erkenntniß, nur ausweichend antworten kann" (Düntzer[225]); „diese rätsellösende Tätigkeit, dieses Nachdenken über die Geheimnisse des Bösen, das den Faust in sein eigenes Inneres zurückführt, will Mephistopheles um jeden Preis verhüten" (Fischer[226]). Auch die umgekehrte Folge aber mußte herhalten als Verzichtserklärung: Was die Satansmesse darstelle, sei eine „Dogmatisierung der Sinnlichkeit, die schließlich doch

---

[222] Wie Anm. 93, S. 52. – Diese These wird keineswegs überzeugungskräftiger durch Scheibes höchst unglaubwürdige Zusatzvermutung, Goethe habe 1808 mit dem ‚Faust I' nur ein Fragment veröffentlicht und sich „weiterhin die Möglichkeit offen [gelassen], die Walpurgisnachtsszene in der ursprünglich geplanten Weise zu gestalten; dafür spricht nicht nur das Spatium in der Handschrift [vgl. oben S. 194 f.], das die unorganische Anfügung des Schlußteils vom übrigen trennt, sondern auch die Aufbewahrung der Handschriften mit Walpurgisnachtsfetzen." (S. 54)

[223] Goethe: Faust und Urfaust. Erläutert von Ernst Beutler. 2. Aufl. Leipzig 1940, S. 557.

[224] Goethes Werke (Hamburger Ausgabe). Bd. 3, 10. Aufl. München 1976, S. 527.

[225] Wie Anm. 188, S. 342 f.

[226] Kuno Fischer: Goethes Faust. Bd. 3, Die Erklärung des Goetheschen Faust nach der Reihenfolge seiner Szenen. 1 Teil. 4. Aufl. Heidelberg [1912], S. 321.

immer matt wirken muß" (Petsch[227]); „Wir wissen, daß das Goethesche
Böse bei aller Breite keinen irgend belangreichen Gipfel hat, und Mephisto weiß es auch. Er weiß, daß am Teufel nicht viel dran ist [. . .]. So erklärt sich die geradezu ängstliche Betriebsamkeit, mit der er Faust vom
Gipfel fernhalten will" (Frankenberger[228]); „Er fürchtet nicht ohne
Grund, beim Nachdenken könnten Skrupel und Zweifel in Faust erwachen" (Rickert[229]); daß droben der Satan „die bloße nackte und sterile
Gier nach Mammon und nach Schoß zum Ziel und Sinn des Menschen-
lebens macht", dürfe Faust „auf keinen Fall erfahren, weil es seinen tiefsten Abscheu wecken, seinen Stolz aufrufen, ihren Bund gefährden
müßte" (Daur[230]); „it certainly would be against Mephisto's own inter-
ests to reveal to such a man in such a mood the nature of evil, the mystery
of iniquity. To do so would put Faust forever beyond his reach" (Jantz[231]);
da Faust keineswegs „an moralischer Kraft verloren" habe, könne „Mephisto von einer Brockenbesteigung Fausts nichts für seine Zwecke er-
hoffen" (Requadt[232]). – Alles, was diese Interpreten den Mephisto be-
fürchten lassen, erweist sich auf dem Brockengipfel und beim Hexentanz als durchaus unbegründet (und überdies unterstellen sie, auf solche
Weise argumentierend, daß Goethe für den Druck des ‚Faust' dem Teufel ein Imprimatur zugestanden hätte).

Ein dritter Erklärungsversuch begründet den Verzicht auf die Satansszene dann aus der „Oekonomie des Stückes": Es mußte die ‚Walpurgisnacht' „bei aller ihrer Bedeutsamkeit, doch im richtigen Verhältnis zu den
Dimensionen des übrigen Gedichts bleiben; sie durfte nicht [. . .] zu einer selbständigen Darstellung auswachsen, die ihren Zweck in sich selber trug" (Baumgart[233]); „die Walpurgisnacht ist keine Episode für sich:
sie ist eine Scene innerhalb einer selbständigen Episode, der Gretchentragödie. Ihr Heranwachsen zur Selbständigkeit ist ein künstlerischer
Fehler, weil hierdurch Motive mithereingezogen werden, die für die
Haupthandlung keinerlei Bedeutung haben" (Valentin[234]); „es liegt hier
der aufschlußreiche Fall vor, daß der Dichter [. . .] die einzelne Szene im
Aufbau schwächt um des Ganzen willen" (Frankenberger[235]); „erschla-

[227] Wie Anm. 185, S. 381.

[228] Wie Anm. 10, S. 72.

[229] Heinrich Rickert: Goethes Faust, die dramatische Einheit der Dichtung. Tübingen 1932, S. 269.

[230] Albert Daur: Faust und der Teufel. Heidelberg 1950, S. 114.

[231] Harold Jantz: The function of the ‚Walpurgis Night's Dream' in the Faustdrama.
In: Monatshefte für deutschen Unterricht 44, 1952, S. 404 f.

[232] Wie Anm. 11, S. 297.

[233] Wie Anm. 8, S. 237 f.

[234] Veit Valentin: Goethes erste Walpurgisnacht und ihre Paralipomena. In:
Euphorion 2, 1895, S. 106.

[235] Wie Anm. 10, S. 76.

gen durfte sie das Ganze nicht: eine künstlerische Verhältnisforderung gebot Maßhalten" (Maurer[236]). – Daß der ursprüngliche Walpurgisnachts-Plan an sprachlicher Kraft, gedanklicher Kühnheit und dramatischer Energie die autorisierte Druckfassung weit überragte, ist freilich unbestreitbar. Von einer Verselbständigung dieser Szene aber, mit der die hier zitierten Kritiker den Goetheschen Verzicht erklären wollten, kann gar nicht die Rede sein; die vorliegende Untersuchung hat ja im Gegenteil erwiesen, wie eng und mit welch überzeugender Konsequenz die unterdrückte Szenenführung sich der Gelehrtentragödie und Gretchentragödie verbindet. Daß dabei die umgebenden Partien des ‚Faust'-Dramas vom ‚Prolog im Himmel' bis zur Wahnsinnsszene im ‚Kerker', den Satanskult des Hexensabbats nicht zu kontrebalancieren vermöchten, ist ein so offensichtlich bestreitbares subjektives Empfindungsurteil, daß es außer Betracht bleiben kann.

Der letzte und interessanteste drameninterne Erklärungsversuch konkretisiert diese zweifelhafte These, indem er die unterdrückte Satansszene als unverträglich mit dem ‚Prolog' darstellt: „Die vorhandenen Paralipomena zeigen, daß die geplante Szene durch Wucht und farbige Bewegtheit das Ganze des ersten Teils der Dichtung von innen her gesprengt hätte; sie wäre zum absoluten Mittel- und Höhepunkt dieses Teils geworden, eine Art Gegenstück zum ‚Prolog im Himmel' " (Hippe[237]); „Der Prolog im Himmel [bezogen auf die Satansszene] hätte, als damit unvereinbar, fallen oder wenigstens ganz umgestaltet werden müssen" (Morris[238]); „Dem Widerspruch zwischen einer großartigen Aufgipfelung des Satanischen und Goethes eigenstem Begriff vom Wesen des Bösen ist die Gipfelszene zum Opfer gefallen", Goethe gelangte „zu der Einsicht, daß ein thronender Satan nicht in den Faust gehöre" (Frankenberger[239]); „Für Goethe ist ja der Teufel nicht wie für ältere christliche Glaubenslehre (Miltons z. B.), eine ‚eigenständige' objektive Macht, das Radikal-Böse Kants, sondern die tausendgestaltige, dem Naturgeschehen eingebaute Kraft der Zerstörung, die doch immer bloß dem Leben die Bahn frei machen muß" (Maurer[240]); „um der Einheit seines Werkes willen und nach der Voraussetzung, daß in Mephisto Gottes

---

[236] Wie Anm. 23, S. 144.

[237] Robert Hippe: Der ‚Walpurgisnachtstraum' in Goethes ‚Faust'. In: Goethe. Neue Folge des Jahrbuchs der Goethe-Gesellschaft 28, 1966, S. 68.

[238] Wie Anm. 32, S. 715.

[239] Wie Anm. 10, S. 77.

[240] Wie Anm. 23, S. 145. – Ebenso Hippe (wie Anm. 237, S. 68 f.): „Für Goethe war ja das Böse – und damit auch Mephisto als sein Sinnbild – nicht das Radikal-Böse im Sinne Kants, keine eigenständige, autonome Macht, sondern als Kraft der Zerstörung unabtrennbarer Bestandteil der göttlichen Urschöpfung und damit gleichsam aufgehoben in Gott."

Werkzeug wirkt und daß danach der Gegensatz Gott-Satan für den ‚Faust' unmöglich ist, mag Goethe die so großartig geplante Huldigungsszene aufgegeben haben" (Daur[241]); „Der Auftritt des Satans hätte sich schwer mit den Voraussetzungen des ‚Prologs im Himmel' vereinigen lassen. Und schon die ersten Schwierigkeiten genügten offenbar, um Goethe den Aufenthalt in diesen wüsten, nächtlichen Räumen zu verleiden" (Staiger[242]). – Wie alle hier vorgeführten Bemühungen, Goethes Verzicht auf die Satansszene und das Inquisitionsgericht zu erklären, ist auch dieser letzte Begründungsvorschlag zugleich ein Versuch, die durch den Druck autorisierte Fassung des ‚Faust'-Dramas zu rechtfertigen gegenüber dem ursprünglichen Plan. Auch er verdankt sich offenbar dem Vorurteil, daß das Endgültige allemal den Vorzug verdiene vor dem Aufgegebenen, und vermag das unter Berufung auf den im ‚Prolog' zur Sprache kommenden Ideengehalt des Dramas in diesem Fall doch ebensowenig zu erweisen wie die anderen Fürsprecher der kanonisierten Fassung mit ihren dramaturgischen, intentionalen oder kompositorischen Argumenten. Es wird sich zeigen, daß der Auftritt des Satans in der ‚Walpurgisnacht'-Szene keineswegs unvereinbar gewesen wäre mit dem ‚Prolog im Himmel', daß vielmehr beide Szenen durch ihren entschiedenen Gegensatz zueinander einen hochdramatischen Widerspruch gebildet hätten.[243] Daraus aber resultiert eine Spannung, die für das ganze Drama von Bedeutung ist: Mit dem ‚Prolog im Himmel' konfrontiert, geben die Paralipomena 48 und 50 Einblick in eine Grundkonzeption des ‚Faust', welche mit der Unterdrückung eben dieser Satansszenen nahezu unkenntlich wurde.

Gottes Machtvollkommenheit unterworfen, erscheint Mephisto im ‚Prolog' zwar „unter dem Gesinde" des Herrn (274). Mit dem himmlischen Programm für das Spiel „auf der Erde" (315) wird hier zugleich die

---

[241] Wie Anm. 230, S. 415.

[242] Emil Staiger: Goethe. Bd. 2, Zürich/Freiburg i. Br. 1956, S. 358.

[243] So ansatzweise schon Jakob Minor (Goethes Faust. Entstehungsgeschichte und Erklärung. Bd. 2, 1. Teil, Stuttgart 1901, S. 279) über die geplante Satansszene: „im fertigen Faust wäre sie natürlich auch als Gegenpol zu der Verherrlichung des Herrn durch die Engel im Prolog herausgetreten." – Otto Pniower (Artikel ‚Walpurgisnacht'. In: Goethe-Handbuch. Hrsg. von Julius Zeitler. Bd. 3, Stuttgart 1918, S. 521): „Indem aber so die Gestaltung von Satans höllischem Reich, die im Gegensatz zu der im ‚Prolog im Himmel' geschilderten Herrlichkeit des Herren gedacht war, fortfiel, war der ganzen Szene das Herz ausgebrochen, ihr der Mittelpunkt genommen." – Heinz Hamm (wie Anm. 157, S. 123): „Der Plan von 1801 lief darauf hinaus, dem Auftritt des Herrn im ‚Prolog im Himmel' auf gleicher Ranghöhe einen Auftritt des ‚Herrn' des ‚Bösen' entgegenzustellen. Das ‚Böse' sollte die Möglichkeit haben, sich in gleicher Weise zu exponieren wie das ‚Gute'."

Rolle des Teufels bestimmt: am Faust, den in die Irre zu führen, der Herr ihm erlaubt, wird widerwillig auch Mephisto sich als Instrument des göttlichen Heilsplans bewähren –

> Des Menschen Thätigkeit kann allzuleicht erschlaffen,
> Er liebt sich bald die unbedingte Ruh;
> Drum geb' ich gern ihm den Gesellen zu,
> Der reizt und wirkt und muß, als Teufel, schaffen. (340 ff.)[244]

Das gleiche Folioblatt aber, auf dem (von der Hand des Schreibers Geist, mit Goetheschen Korrekturen) diese Rollenbestimmung Mephistos sich findet, enthält mit anderen Bruchstücken zur ,Walpurgisnacht' auch jenes 49. Paralipomenon, in dem der pervertierte Advent Satans als des häretischen Gegengottes verkündet wird (vgl. oben S. 151).[245] Der um 1800 entstandene ,Prolog im Himmel' und die mit ihm vermeintlich nicht zu vereinbarende Satansszene erscheinen aufgrund der verfügbaren entstehungsgeschichtlichen Daten eher als kontrapunktisch aufeinander bezogen denn als einander ablösende, weil miteinander unverträgliche Konzeptionen. Mephistos Zuordnung zum „Gesinde" gehört ja offensichtlich zur Selbstdarstellung des Herrn im ,Prolog'. Schon im autorisierten Text, in der zweiten ,Studierzimmer'-Szene nämlich, wird demgegenüber ganz ausdrücklich der Autonomieanspruch des Bösen zur Geltung gebracht. Nicht mehr als Erfüllungsgehilfe des Göttlich-Guten, sondern als Parteigänger dieses bösen Prinzips gibt da Mephisto selber sich aus: als

> Theil des Theils, der Anfangs alles war,
> Ein Theil der Finsterniß, die sich das Licht gebar,
> Das stolze Licht, das nun der Mutter Nacht
> Den alten Rang, den Raum ihr streitig macht (1349 ff.).

Dem entspricht der oben beschriebene Auftritt des Bösen in der Walpurgisnacht als des souveränen Gegenspielers Gottes, die Darstellung des Satanskultes und Hexensabbats auf dem Blocksberggipfel als einer häretischen Kontrafaktur des christlich-kirchlichen Kultus: dieser gnostisch-manichäistische Entwurf eines symmetrischen Dualismus, welcher das Gute und das Böse (Gott und die Hyle) als selbständig einander gegenüberstehende und einander widerstreitende Prinzipien zu begreifen suchte (vgl. oben Seite 143 ff.).

Auf die Herkunft dieser die Satansszene begründenden dogmatischen Vorstellungen aus der dualistischen Theologie der großen Ketzerbewegung hat Goethe selbst am Ende des 8. Buches von ,Dichtung und

---

[244] Interpunktion von 343 nach den einleuchtenden Vorschlägen von Grumach (wie Anm. 218), S. 276 f.

[245] WA I 14, S. 255.

Wahrheit' verwiesen.[246] „Einen großen Einfluß", heißt es da, habe er erfahren „von einem wichtigen Buche, das mir [wohl um 1769] in die Hände gerieth, es war Arnolds Kirchen- und Ketzer-Geschichte." Die aus dem Studium der dort wiedergegebenen „verschiedenen Meinungen" gebildete, neuplatonisch-pansophisch gefärbte Kosmogonie des jungen Goethe hat man längst als eine wesentliche Verständnishilfe auch für die ‚Faust'-Dichtung verstanden.[247] Ihr zentraler Gedanke ist der in ‚Dichtung und Wahrheit' dargestellte Luzifer-Mythos: Die der christlichen Trinitätslehre entsprechenden drei Erscheinungsformen einer Gottheit, welche sich „von Ewigkeit her selbst producirt", erschufen danach „ein Viertes, das aber schon in sich einen Widerspruch hegte, indem es, wie sie, unbedingt und doch zugleich in ihnen enthalten und durch sie begränzt sein sollte. Dieses war nun Lucifer, welchem von nun an die ganze Schöpfungskraft übertragen war, und von dem alles übrige Sein ausgehen sollte [. . .] alles das, was wir unter der Gestalt der Materie gewahr werden, was wir uns als schwer, fest und finster vorstellen". In dogmatischer Hinsicht vertritt diese Kosmogonie den gemäßigten Dualismus des älteren, bogomilisch bestimmten Katharertums, welcher den Teufel zwar als den Schöpfer der Materie und Herrn dieser Welt, aber doch als Untertan Gottes verstand. Ausdrücklich heißt es ja in ‚Dichtung und Wahrheit', daß Luzifer („unbedingt" wie die Gottheit selbst, und doch in ihr „enthalten und durch sie begränzt") seinen göttlichen Ursprung „vergaß" und „ihn in sich selbst zu finden" glaubte. Es liegt nahe, diesen souveränitätsbeschränkenden Vorbehalt auch für die Satans-Konzeption im ‚Faust' als gültig zu denken – entgegen der Selbstbehauptung Mephistos (als „Theil des Theils, der Anfangs alles war") und dem, was mit der Huldigungsszene und der satanischen Messe auf dem Blocksberg (*Aufs Angesicht nieder | Verehret den Herrn*) dann überwältigend in die Erscheinung tritt.

Wie in Goethes Kosmogonie dieser vom Luzifer vergessene, bestrittene Ursprung des Bösen aus der Gottheit zur Folge hat, daß „die Erlösung nicht allein von Ewigkeit her beschlossen, sondern als ewig nothwendig gedacht wird", so würde ein gemäßigter Dualismus als metaphysische Vorgabe des ‚Faust'-Spiels die gleiche Konsequenz mit sich führen.[248] In kompositorischer Hinsicht nimmt die Erscheinung des Herrn a l s ‚Pro-

---

[246] Vgl. WA I 27, S. 217 ff. Danach die folgenden Zitate.

[247] Vgl. etwa Benno von Wiese: Die deutsche Tragödie von Lessing bis Hebbel. Bd. 1, Hamburg 1948, S. 149 ff.

[248] Eine Studie von Hans Bayer (Goethes ‚Faust'. Religiös-ethische Quellen und Sinndeutung. In: Jahrbuch des Freien Deutschen Hochstifts 1978, hier S. 205 ff.) hat neuerdings festgestellt, es lehne der Faust-Dichter sich offensichtlich „an die manichäische Vorstellung eines gemäßigten Dualismus an." (S. 209) Schließt aber, wie Bayer zeigt, die „synkretistische Grundstruktur des gesamten Werks" (S. 215) bereits

log' eine entschieden andersartige Position ein als die Selbstdarstellung des Satans in der ‚*Walpurgisnacht*'-Szene. Diese asymmetrische Anlage widerspricht offensichtlich dem symmetrischen Dualismus, bildet in der Formsprache der dramatischen Struktur vielmehr einen gemäßigten Dualismus ab. Ausgesprochen aber wird eine solche dogmatische Vorentscheidung nicht. Und so gewinnt (gewönne) das Spiel durch den der Erscheinung des Herrn kontradiktorischen Auftritt des häretischen Gegengottes, durch den gewaltigen Gegenentwurf, den diese Satansszenen zum ‚Prolog im Himmel' bilden, eine dialogische Spannung, die der zum Monolog des e i n e n „Herrn" isolierte ‚Prolog' mit seiner nunmehr unbestrittenen Erlösungszusage aufgeben mußte. Wahrhaftig zwischen Gott und Gegengott gestellt, den einander widerstreitenden Urprinzipien des Guten und Bösen ausgeliefert, irrte dieser Faust durch die Welt. Noch die auf den Toten bezogenen Verse der ‚vollendeteren Engel' beschreiben ja seine Zwienatur im strengen Sinn der dualistischen Ketzer-Anthropologie, welche die materiellen Elemente als Satanswerk und nur die geistigen als göttliches Teil begriff (so daß den Katharern die ‚Auferstehung des Fleisches' als widersinnig-verwerfliche Lehre erscheinen mußte[249]):

> Uns bleibt ein Erdenrest
> Zu tragen peinlich,
> Und wär' er von Asbest[250]
> Er ist nicht reinlich.
> Wenn starke Geisteskraft
> Die Elemente
> An sich herangerafft,
> Kein Engel trennte
> Geeinte Zwienatur
> Der innigen Beiden,
> Die ewige Liebe nur
> Vermag's zu scheiden. (11954 ff.)

Ob unter solcher Bedingung das göttlich-gute oder das satanisch-böse Prinzip obsiegte (dogmatisch formuliert: ob dem Faustschen Erdetreiben ein gemäßigter oder ein radikaler symmetrischer Dualismus metaphysisch vorgegeben war), bliebe offen bis ans Ende dieses großen Weltspiels.

Zu eben der Zeit, in der Goethe mit der ursprünglichen Konzeption

---

in ihrer kanonisierten Fassung dualistische Vorstellungen ein, so hätte sie deren Verstärkung durch die Satans-Paralipomena gewiß doch widerspruchslos ermöglicht.

[249] Vgl. Borst (wie Anm. 39), S. 172.
[250] Nämlich unverbrennbar, also unvergänglich.

der ‚Walpurgisnacht'-Szene beschäftigt war, geht – etwa von 1794 bis 1806 – die Arbeit an seinem dramatischen Hauptwerk Hand in Hand mit der am naturwissenschaftlichen Hauptgeschäft[251], stehen dabei im Zentrum seiner Überlegungen der Polaritätsbegriff und das Dualismusprinzip.[252] Im ‚Göttinger Schema' zur Farbenlehre notiert er 1801: „Farbenerscheinung überhaupt unter das Prinzip der Dualität, subsumiert."[253] 1799 schon, konkreter gefaßt: „Die Farbenlehre unterwirft sich dualistischen Gesetzen: Erst im Gegensatz der Quelle +L −L".[254] Dabei steht die Chiffre +L (= Lux) für das Licht, −L (= nicht Lux) für die Finsternis. Im 1810 erschienenen ‚Entwurf einer Farbenlehre'[255] hat dieser Grundgedanke einer dem Prinzip der Dualität subsumierten Farbenerscheinung dann in die berühmte Formulierung gefunden: „Wir sehen auf der einen Seite das Licht, das Helle, auf der andern die Finsternis, das Dunkle, wir bringen die Trübe zwischen beide, und aus diesen Gegensätzen, mit Hülfe gedachter Vermittlung, entwickeln sich, gleichfalls in einem Gegensatz, die Farben, deuten aber alsbald, durch einen Wechselbezug, unmittelbar auf ein Gemeinsames wieder zurück." Und diese Erscheinung nennt Goethe an Ort und Stelle ein „Urphänomen" – dessen den isolierten Fall übergreifender Geltungs- und Aufschlußkraft er sich alsbald in gleichnishaften Verwendungen versichert. 1800: „Unser Geist scheint auch zwei Seiten zu haben, die ohne einander nicht bestehen können. Licht und Finsterniß, Gutes und Böses, Hohes und Tiefes, Edles und Niedriges und noch so viel' andere Gegensätze scheinen, nur in veränderten Portionen, die Ingredienzien der menschlichen Natur zu sein, und wie kann ich einem Mahler verdenken, wenn er einen Engel weiß, licht und schön gemahlt hat, daß ihm einfällt einen Teufel schwarz, finster und häßlich zu mahlen?"[256] 1807: „Chromatische Betrachtung und Gleichnisse. Lieben und Hassen, Hoffen und Fürchten sind auch nur differente Zustände unsres trüben Inneren, durch welches der Geist entweder nach der Licht- oder Schattenseite hinsieht."[257] 1808: „Licht, wie es

---

[251] Vgl. Die Schriften zur Naturwissenschaft. Leopoldina-Ausgabe (abgekürzt: LA) II/4, S. 233 ff. – Hinweise bei Günther Müller: Kleine Goethebiographie. Bonn 1947, S. 161.
[252] Vgl. LA II/3, S. XXXIV–XLIII. – Angeregt wird das offenbar durch die Auseinandersetzung mit den naturphilosophischen Spekulationen Schellings, der im Anschluß an Goethe im Winter 1802/03 formuliert: „Das Licht kann als Licht nur in der Entgegensetzung mit dem Nicht-Licht, und demnach nur als Farbe erscheinen." Philosophie der Kunst. Werke 5, S. 509.
[253] LA I/3, S. 338.
[254] LA I/3, S. 354.
[255] Didaktischer Teil, Physische Farben, § 175. – LA I/4, S. 71.
[256] WA I 18, S. 282.
[257] WA III 3, S. 213 f.

mit der Finsterniß die Farbe wirkt, ist ein schönes Symbol der Seele, welche mit der Materie den Körper bildend belebt."[258] 1823: „Unsere Zustände schreiben wir bald Gott, bald dem Teufel zu, und fehlen ein- wie das anderemal: in uns selbst liegt das Räthsel, die wir Ausgeburt zweier Welten sind. Mit der Farbe geht's eben so; bald sucht man sie im Lichte, bald draußen im [finsteren[259]] Weltall, und kann sie gerade da nicht finden, wo sie zu Hause ist."[260]

Eben diesem Sprach- und Denkmuster der dualistischen Formel, die Goethes ‚Farbenlehre' bestimmt, entspricht der Plan einer ‚Faust'-Dichtung, deren dogmatische Tiefenstruktur vom ‚Prolog im Himmel' einerseits und den unterdrückten Satansszenen andererseits zur Erscheinung gebracht worden wäre. Raphaels Sonnengesang eröffnet den ‚Prolog' – *Gipfel Nacht* heißt die Szenenüberschrift zur Satansmesse auf dem Brokken, über dem die *unvollkommne Scheibe* des Mondes steht (die *leuchtet schlecht*, 3851 ff.). Die im „Herrn" des Himmels (Gott) und dem *Herrn* des höllischen Gegenreiches (Hyle) personifizierten, einander widerstreitenden Urprinzipien des Guten und Bösen hat schon die alte dualistische Ketzerlehre, die dem Hexensabbat zugrunde liegt, in den polaren Gegensätzen von Licht und Finsternis erfaßt.[261] Dem folgt Mephistos Selbstdarstellung als ein „Theil der Finsterniß" und seine dem göttlichen Primatsanspruch opponierende Kosmogonie, nach der die „Finsterniß" es doch gewesen, „die sich das Licht gebar" (1350). Wie schon das gnostisch-manichäische Dogma die Erscheinung des Menschen als eine Vermischung dieser Urprinzipien deutete, so schienen Goethe „Licht und Finsterniß, Gutes und Böses, Hohes und Tiefes, Edles und Niedriges [...] die Ingredienzien der menschlichen Natur zu sein"[256]: Zwischen „das Licht, das Helle" und „die Finsternis, das Dunkle" stellte er in seinem naturwissenschaftlichen wie in seinem dichterischen Hauptwerk „die Trübe"[255], in der das Weltspiel der Farben sich entwickelt, das Erdetreiben sich vollzieht. Erst in der ‚Bergschluchten'-Szene, wenn Faust als der „Nicht mehr Getrübte" (12074) erscheint, wenn seine Entelechie „in die Klarheit" (309) geführt wird, indem die Cirruswolke, in der sie ihr letztes materielles Substrat gefunden hat, sich auflöst im wolkenlosen blauen Himmelszelt der ‚höheren Atmosphäre'[262], wird die der uralthäretischen Askeselehre entsprechende Scheidung dieser „Ingredien-

---

[258] Goethes Gespräche. Hrsg. von Woldemar v. Biedermann. Bd. 2, Leipzig 1889, S. 230.

[259] Vgl. WA II 5/2, S. 372: „die Finsterniß des Universums"; WA II 12, S. 226: „das Finstere des Weltalls".

[260] WA II 11, S. 146. – Ich verdanke diese Belege der Hamburger Arbeitsstelle für das Goethe-Wörterbuch.

[261] Vgl. Polotskys Manichäismus-Artikel (wie Anm. 79), Sp. 246, 249–256, 261 f.

[262] WA I 15, S. 330 ff. – Vgl. Albrecht Schöne: Über Goethes Wolkenlehre. In: Der

zien der menschlichen Natur" vollzogen: fällt die Entscheidung zwischen dem Licht und der Finsternis, deren Polarität Goethe als die kardinale Strukturformel seines Dramas zur Erscheinung brachte, indem er den im ‚Prolog' erscheinenden „Herrn" des Himmels in den geplanten Satansszenen konfrontierte mit dem *Herrn* der Walpurgisnacht.

Läßt sich nun Goethes Verzicht auf seinen ursprünglichen Plan nicht (werkästhetisch) dadurch begreiflich machen, daß die Satansszenen und das Hochgericht – auf welche Weise auch immer – unvereinbar erscheinen mit dem dramatischen Kontext, und will man sich angesichts der weitreichenden, tief in die Substanz des Dramas eingreifenden Bedeutung dieses Verzichts nicht (wie Scheibe) mit der entstehungsgeschichtlichen Begründung zufrieden geben, daß der Autor „unter Zeitdruck" geriet, bleibt – wenn nicht als einziger, so doch als dominierender Beweggrund für diesen folgenreichen Entschluß das wirkungsästhetische Argument. Goethe, heißt das, mußte sich offenbar genötigt fühlen zu einer Selbstzensur, welche die ‚soziale Kontrolle' der Leser oder Zuschauer antizipiert[263] (indem sie die ‚Planungsstrategie' des Autors hinsichtlich der Akzeptabilitätsfrage abstimmt auf die vorkalkulierte ‚Erwartungsnorm' des zeitgenössischen Publikums).

Mit welchem Nachdruck die vom Verfasser imaginierten Leser auf solche Weise hier ihre Mitbestimmung ausübten über das literarische Werk, mag der heutige Betrachter leicht unterschätzen, wenn er die Walpurgisnachts-Paralipomena auf die gewandelten Konventionen und Normen, Glaubenssätze und Werturteile seiner eigenen Zeit bezieht. Hermann meinte 1888, „die ungeheure Schwierigkeit, diesen großartigsten Teufelsspuk mit seiner mehr als cynischen Unfläterei poetisch zu gestalten, schreckte ihn immer wieder von der Ausführung zurück. [. . .] Dem Dichter erlahmte die Hand, als er die Greuel des Hexensabbats auf dem Gipfel des Blocksbergs schildern wollte und er begnügte sich damit, Faust in einzelne abgesonderte Kreise eintreten zu lassen."[264] Die Paralipomena-Texte aber legen die Vermutung nahe, daß er weniger doch vor der Darstellung der „cynischen Unfläterei" zurückschreckte als vor ihrer Veröffentlichung und eben deshalb diese Szenen nicht mehr abgeschlossen hat. Nicht dem Dichter, sondern dem Redaktor „erlahmte die Hand".

Berliner Germanistentag. Vorträge und Berichte. Hrsg. von Karl Heinz Borck und Rudolf Henns. Heidelberg 1970, hier S. 35 ff.

[263] Dazu Albrecht Schöne: Soziale Kontrolle als Regulativ der Textverfassung. Über Goethes ersten Brief an Ysenburg von Buri. In: Wissen aus Erfahrungen. Werkbegriff und Interpretation heute. Festschrift für Herman Meyer. Hrsg. von Alexander von Bormann. Tübingen 1976, insbesondere S. 237 ff.

[264] Wie Anm. 28, S. 109.

Ein vergleichbarer Fall im gedruckten Text der ‚*Walpurgisnacht*' spricht für diese Vermutung. Im Hexenchor (3961: *Es f-t die Hexe, es st-t der Bock*) und beim Tanzgespräch Mephistos mit der alten Hexe (4136 ff., vollständig oben S. 170) setzen die ‚Faust'-Ausgaben bis auf den heutigen Tag Auslassungsstriche ein und folgen damit den Drucken, die Goethe zu Lebzeiten autorisierte. Diese ausgelassenen Wörter aber (*farzt* [furzt] / *stinckt* und *ungeheures Loch* / *groß* / *rechten Pfro*[p]*f* / *das große Loch*) sind nichts anderes als Mini-Paralipomena. Denn die Handschrift der ‚*Walpurgisnacht*'-Szene enthält solche ‚Anstandsstriche' nicht: anstandslos wird da gesprochen, wie der Teufel und alte Hexen halt reden.[265] Das Ausgelassene zu ergänzen, war in diesem Fall nicht schwer, der gemeinte Wortlaut einigermaßen eindeutig. Aber indem er für den Druck Anstandsstriche setzte oder zuließ, trug der Autor dem Umstande Rechnung, daß seinem Publikum dergleichen unaussprechlich schien. Und hatte recht damit. Im Erscheinungsjahr des ‚Faust I' wurde in der ‚Zeitung für die elegante Welt' ohne Namensnennung über ein Salongespräch berichtet, das für die zeitgenössischen Urteile höchst bezeichnend scheint und in dem für die gedruckten Anstandsstriche sogar ein praktikables Vortragsverfahren angeregt wurde: „es währte nicht lange, so kamen sie auch aufs Besondre und namentlich auf die beiden Stellen S. 263 u. 273, die der freundliche Leser, dem daran gelegen ist, selbst nachsehen wolle. ‚Nein, (lispelte tief Athem holend, eine zarte Jüdin, die poetische Esther genannt, die schon vorher das große Wort geführt hatte,) ich gestehe, die beiden Stellen kamen mir unerwartet. Wenn ich bedenke, wie sorgfältig er aus dem neuen Werther alle die Kraftausdrükke, die in dem alten so gewaltig choquirten, ausgemerzt hat! Ist es denn nicht klar, daß er eben dadurch den Stab über diese – wie soll ich sagen, gebrochen hat?' ‚Sehr richtig, nahm ein Schauspieler, ein Tragikus, das Wort, man kann ihm die Stellen nicht pardonniren. Ueberlegen Sie nur, in welche Verlegenheit unser einer kommen muß. Ich denke hier nicht an die Bühne. Das Stück kann höchstens unkastrirt, in Weimar [gemeint wohl: unkastrirt höchstens in Weimar], als Experiment, gegeben werden. Aber wenn man nun gebeten wird, es in einer Gesellschaft vorzulesen! Wie da?' " Darauf, nach einer „zierlichen Verbeugung", freisinnig der Berichterstatter selbst: „‚Was Sie betrifft, mein Herr Tragikus [. . .] hat denn Göthe nicht wohl bedächtig durch eilf sichtbare Striche angezeigt, daß Sie nicht lesen, sondern husten sollen. Höchstens gibt er Ihnen durch die Anfangs- und Endbuchstaben S. 263 die Erlaubniß, die dort angedeuteten Wörter zu lispeln.' "[266]

---

[265] Vgl. WA I 14, S. 280f.

[266] ‚Ehrenrettung einiger Stellen in Göthens Faust', Zeitung für die elegante Welt, Leipzig 1808, Sp. 877f.

Schon die mit Auslassungsstrichen gedruckte oder hustend und lispelnd vorgetragene Druckfassung der ,Walpurgisnacht'-Szene hat leidenschaftliche Entrüstung hervorgerufen unter den Zeitgenossen. Wieland, wahrhaftig doch allem Prüderieverdacht entrückt, schrieb zu den „Novitäten der letzten Buchhändlermesse" 1808 dem Freiherrn von Retzer: „Ich bin begierig zu wissen, welche Sensation dieses excentrische Geniewerk zu Wien macht, und besonders wie Ihnen die Wallburgis-Nacht auf dem Blocksberge gefallen wird, worin unser Musaget [Musen-Anführer] mit dem berühmten Höllen-Breugel an diabolischer Schöpfungskraft, und mit Aristophanes an pöbelhafter Unflätherey um den Preis zu ringen scheint. [. . .] Bey allem dem befürchte ich, unser Freund G. hat sich selbst durch dieses Wagestück mehr geschadet, als ihm sein ärgster Feind jemals schaden könnte, und sein Verleger wird der einzige seyn, der sich wohl dabey befinden wird."[267] Selbst die Anstandsstriche schützten nicht vor solcher Reaktion. „Nun endlich die Obszönitäten! Ich erinnere an gewisse Gedankenstriche beim Tanz mit den nackten Hexen", erklärte 1875 Friedrich Theodor Vischer; wenn Faust tatsächlich betreibe, „was hier ekelhaft angedeutet wird, so ist er ein Schwein geworden, an dem nichts mehr zu retten ist."[268] Das tatsächlich vernehmbare Echo schon auf die gedruckte Fassung legt die rezeptionsgeschichtliche Spekulation einer Hochrechnung auf das zu erwartende Urteil des Publikums über die ursprünglich geplante Szene nahe. Diese unterdrückten Passagen vollends mußten dem 19. Jahrhundert schlechterdings unerträglich erscheinen. Und der offensichtliche Tatbestand, daß eine solche „Unflätherey" hier doch als Wort und Werk des satanischen Verderbers dargestellt wird, konnte da wenig verschlagen. Mit Nachdruck billigten denn auch die Fachleute den Verzicht auf diese unzumutbare Provokation. Vischer, 1881: „der Gestank dieser Szene ist so stark, daß Goethe nie ernstlich meinen konnte, sie sei für das Gedicht verwendbar."[269] Bielschowsky, 1904: „die ganze Szene ist mit so ,frevelhafter Verwegenheit' ausgeführt, ist so gemein – Goethe wetteifert hier mit Aristophanes in Obscönitäten – , daß er mit Recht Bedenken trug, sie in den Text aufzunehmen."[270]

Selbst in den gelehrten Abhandlungen ließ man rücksichtslos den Anstand walten, paraphrasierte die Satanstexte ins Unverfängliche (Seyd

[267] Auswahl denkwürdiger Briefe an C. M. Wieland. Hrsg. von Ludwig Wieland. Bd. 2, Wien 1815, S. 81 f.

[268] Goethes Faust. Neue Beiträge zur Kritik des Gedichts, 1875. In: Goethes Faust. 2. Aufl. Stuttgart/Berlin 1920, S. 75 f.

[269] Zur Verteidigung meiner Schrift ,Goethes Faust', 1881. In: Göthes Faust. 2. Aufl. Stuttgart/Berlin 1920, S. 403.

[270] Albert Bielschowsky: Goethe. Sein Leben und seine Werke. Bd. 2, München 1904, S. 617.

reinlich bey Tage | *Und säuisch bey Nacht* – Düntzer, 1850: der Satan „empfiehlt, bei Tage reinlich zu sein, aber bei Nacht sich nicht vor Schmutz zu fürchten"![271]), und wo im kleingedruckten Lesartenapparat wissenschaftlicher Ausgaben ein Abdruck der Paralipomena erfolgte, entschärfte man sie wenigstens durch extensiven Gebrauch der Anstandsstriche.[272] Ganze Verse wurden getilgt in den frühen Ausgaben[273], und selbst in der Weimarer Ausgabe, deren 143 Bände doch wirklich kein Konfirmationsgeschenk abgaben, hielt Erich Schmidt 1887 solche Auslassungen noch für unvermeidlich, schon bei den *Hosen* – was die Sache gewiß nicht viel besser macht („Denn willst du wissen was der Teufel meynt, | So greife nur dem Nachbar in die –")[274].

Gleiches zeigt die Bühnengeschichte der ,*Walpurgisnacht'*. In technischer Hinsicht eine der schwierigsten Szenen für die ,Faust'-Inszenierung, hat man sie häufig ganz gestrichen. Aber wo sie in die Aufführungen des 19. Jahrhunderts überhaupt einbezogen wurde[275], gingen deren Kürzungsstriche weit über die Anstandsstriche der Leseausgaben hinaus. Und wenn man mitunter auch ergänzend zurückgriff auf die Paralipomena, beschränkte sich das doch auf die erste Strophe des Hochgerichts-Chores[276] oder allenfalls und ausnahmsweise auf eine bis zur Unkenntlichkeit entschärfte Kurzfassung der Satansszene[277].

[271] Wie Anm. 188, S. 369. – Hermann, 1888 (wie Anm. 28, S. 119 u. 120) meint die Satansrede „teilweise wieder in einer nur durch Gedankenstriche anzudeutenden Weise" schildern zu können und zitiert als einzige Stelle entsprechend: „Seid reinlich bei Tage -----, so habt ihrs auf Erden Am weitsten gebracht." – Wilhelm Gwinner, 1892 (Goethes Faustidee. Frankfurt/M., S. 452): „Die Anrede des ,Ceremonienmeisters' ist, als allzu schmutzig, nur in Gedankenstrichen zu lesen."

[272] Eine bemerkenswerte Ausnahme macht Witkowski, der 1894 im Anhang seiner Studie zur ,Walpurgisnacht' (vgl. Anm. 16) diese Paralipomena zum ersten Mal ohne jede Auslassung mitgeteilt hat. – Ungekürzte Wiedergaben dann später im Anhang oder Lesartenverzeichnis der ,Faust'-Ausgaben von Witkowski (1906 u. ö.), Hecker (Welt-Goethe Bd. 12, 1937 u. Insel-Ausgabe 1941), Beutler (Gedenk-Ausgabe Bd. 5, 1950) und Erler (Berliner Ausgabe Bd. 8, 1965).

[273] Vgl. Goethe's poetische und prosaische Werke. Bd. 1, Stuttgart/Tübingen 1836, S. 179 f. – Goethes sämmtliche Werke. Bd. 34, Stuttgart/Tübingen 1840, S. 321 ff. – Goethes nachgelassene Werke, Bd. 17 (Vollständige Ausgabe letzter Hand. Bd. 57), Stuttgart/Tübingen 1842, S. 257 ff. – Goethe's Werke. Bd. 12, Berlin (Hempel) 1870, S. 157 ff.

[274] WA I 14, S. 308.

[275] Zuerst 1829 in Dresden, eingerichtet durch Ludwig Tieck (vgl. Wilhelm Creizenach: Die Bühnengeschichte des Goethe'schen Faust. Frankfurt/M. 1881, S. 35).

[276] 1876 in Weimar (vgl. Otto Devrient: Goethe's Faust. Für die Aufführung als Mysterium in zwei Tagewerken eingerichtet. 2. Aufl. Karlsruhe 1881) oder 1888 und 1891 in München (vgl. Hans Horn: Die Geschichte der Münchener Faustaufführungen. Diss. München 1928, S. 26 u. 28).

[277] 1908 in München (vgl. Georg Fuchs: Das Münchener Künstlertheater. 1908, S. 62 und Horn, wie Anm. 276, S. 40).

Als Goethe 1806 den ersten Teil des ‚Faust' druckfertig machte und im Hexenchor und Tanzgespräch die Auslassungsstriche setzte, ging Professor Riemer ihm zur Hand. Tagebuch 21. März: „Faust angefangen durchzugehen mit Riemer.", 3. April: „Walpurgisnacht mit R.", 4. April: „Walpurgisnacht mit R. geendigt"[278]. Dieser Gehilfe war gewiß ein weitblickender Anwalt des Zeitgeschmacks, ein vorsorglicher Akzeptabilitätskontrolleur und also, wo nötig, ein entschiedener Fürsprecher jener Selbstzensur, welcher damals die durch Anstandsstriche nicht ersetzbare Satans- und Hochgerichtsszene und das auf sie gegründete dualistische Grundkonzept des Dramas endgültig zum Opfer fiel. Denn daß es in der Tat seine Leser waren, die hier ihre Mitbestimmung übten, versichert am Ende das Falk-Gespräch, von dem ich ausgegangen bin: Goethes Hoffnung, „daß die Deutschen mich so ein funfzig oder hundert Jahre hintereinander recht gründlich verwünschten und aller Orten und Enden mir nichts als Übels nachsagten", die er doch auf die sekretierten Paralipomena bezog, und seine Voraussage dann: „Vollends, wenn mein Walpurgissack nach meinem Tode sich einmal eröffnen [sollte . . .] das, denke ich doch, vergeben sie mir sobald nicht!"[279]

150 Jahre sind vergangen seit seinem Tod. In einem Gespräch mit Eckermann nannte der alte Goethe „die Zeit ein wunderlich Ding. Sie ist ein Tyrann, der seine Launen hat, und der zu dem, was einer sagt und tut, in jedem Jahrhundert ein ander Gesicht macht. Was den alten Griechen zu sagen erlaubt war, will uns zu sagen nicht mehr anstehen, und was Shakespeares kräftigen Mitmenschen durchaus anmutete [zusagte], kann der Engländer von 1820 nicht mehr ertragen, so daß in der neuesten Zeit ein Family-Shakespeare ein gefühltes Bedürfnis wird." (25. 2. 1824) Mit der sich wandelnden Geschichte der moralischen Vorstellungen und der aus ihnen abgeleiteten sprachlichen Normen, des literarischen Geschmacks und des künstlerischen Werturteils haben wir die Gedichte aus Goethes „infernalischem Schlauch" inzwischen wohl eingeholt, vermögen sie auszuhalten. Daraus, denke ich doch, müßten die künftigen ‚Faust'-Herausgeber Konsequenzen ziehen. Die dem Lesepublikum des 19. Jahrhunderts angemessenen Anstandsstriche der Druckfassung (im Hexenchor und Tanzgespräch) hätten sie zu ersetzen durch jene Paralipomena-Wörter, welche die Handschrift uns überliefert hat. Zumindest die ausgeführten Texte des 50. Paralipomenons aber sollten sie, ungekürzt, anhangsweise jetzt in allen ‚Faust'-Ausgaben drucken.

Jedem Versuch zwar, die autorisierte Fassung der ‚Walpurgisnacht'-Szene durch eine Rekonstruktion zu ersetzen, welche die Bruchstücke

---

[278] WA III 3, S. 122 f.
[279] Wie Anm. 1.

der Huldigungsszene, der Satansmesse mit der Blocksbergpredigt und des Hochgerichts mit dem Inquisitoren-Chor einbezöge in den kanonisierten Text, stehen so unüberwindliche Schwierigkeiten entgegen, daß er, in wesentlichen Punkten auf bloße Vermutung gegründet, ernstlich nicht in Betracht kommen kann. Aber das Kontaminationsverbot, das die Herstellung eines vom Autor nicht gebilligten, in dieser Form auch gar nicht intendierten Mischtextes durch Einbeziehung von Bestandteilen anderer Versionen des gleichen Werkes schlechterdings untersagt, ist ein Grundgesetz nur der Editionsphilologen. Für die Bühnenbearbeitung dramatischer Werke hingegen, für die Herstellung von Spieltexten, von Rollenbüchern kann ihm, wie mit Recht die Praxis zeigt, unbedingte Geltung keineswegs zugesprochen werden. Auch fürs Theater also wäre hier etwas zu tun.

Mit dem Vorschlag für eine Bühnenfassung der ‚*Walpurgisnacht*‘-Szene beschließe ich deshalb diese Studie. Nicht als Zielpunkt der vorangegangenen Beobachtungen und Überlegungen, wohl aber durch sie begründet und auf sie bezogen, mag sie am Ende auch dem wohlinformierten Leser im szenischen Zusammenhang noch einmal vor Augen führen, was hier im einzelnen bedacht worden ist. Vom Eliminierungsrecht des Bühnenbearbeiters mache ich dabei entschiedenen Gebrauch, streiche nicht allein (wie schon 1812 der von Goethe gebilligte Weimarer Aufführungsplan[280]) das Intermezzo des ‚Walpurgisnachtstraums‘, sondern ebenso die zeitsatirischen Einsprengsel der ‚*Walpurgisnacht*‘-Szene selbst; kontaminiere die verwendbaren Teile der Paralipomena mit dem autorisierten Text der Druckfassung, straffe dabei aus Proportionsgründen die Hexenpartien beim Anflug auf den Blocksberg und nehme im Interesse des sprachlichen oder szenischen Zusammenhangs interne Umstellungen vor; setze schematisierende Stichworte der Entwürfe als Regieanweisungen ein und erläutere, wo sie fehlen, die aus dem Sprechtext nicht zulänglich bestimmbaren Vorgänge durch eigne Regiebemerkungen [mit eckigen Klammern kenntlich gemacht]; schreibe den Text nach heutiger Orthographie und gebe am Ende ein Stellenverzeichnis, das die Herkunft der einzelnen Verse, ihre ursprüngliche Position und alle Streichungen kenntlich macht.

Freilich wird die Bühnenfassung, die auf solche Weise zustande gekommen ist, in der Praxis des Theaters eher noch größere Realisierungsprobleme aufwerfen als schon die kanonisierte Druckfassung dieser Szene. Hinter der ‚Klassischen Walpurgisnacht‘ oder den ‚Bergschluchten‘ im zweiten Teil des ‚Faust‘ steht sie darin gewiß nicht zurück. In der Horizontalen wie in der Vertikalen verlangt sie nach weiteren Räumen, als die Bühne hergibt; nach freier ausgreifenden Bewegungsabläufen

---

[280] Vgl. WA I 14, S. 315 ff.

und Bildersequenzen, als die Theatertechnik zuläßt. Die gewaltigen Bildphantasien zur Erscheinung zu bringen, die ungeheuren und unvermindert aktuellen Bedeutungsenergien freizusetzen, die in diesen Texten beschlossen sind, wäre das Medium des Films in mancher Hinsicht wohl geeigneter.[281] Aber den angemessensten Spielplatz dafür mag doch der Leser errichten, dessen souveränes Vorstellungsvermögen, dessen produktive Imaginationskraft über der Lektüre nicht gegängelt und behindert wird durch die optischen und akustischen Eindrücke, wie sie Bühne, Leinwand oder Bildschirm nach Maßgabe ihrer allemal begrenzten Möglichkeiten uns vorgeben. Ihm am ehesten mag die Wahrheit dessen einleuchten, was Goethe im Gespräch mit Falk gesagt hat über die Gedichte im „Walpurgissack": „Es brennt da unten ein unverlöschliches Fegefeuer, was, wenn es um sich greift, weder Freund noch Feind verschont. Ich wenigstens will Niemand rathen, ihm allzunahe zu kommen. Ich fürchte mich selbst davor!"

---

[281] Ich habe bei der ‚Arbeitsgemeinschaft der Rundfunkanstalten Deutschlands' (ARD) vorgeschlagen, auf der Grundlage des im folgenden abgedruckten Textes durch einen Regisseur, mit einer Choreographin, einem Komponisten, Kameraleuten und Darstellern von Weltrang im Harzgebirge einen ‚Walpurgisnacht'-Film zu drehen, mit dem die Deutschen vor ihren Fernsehapparaten am Abend des 150. Goetheschen Todestages noch einmal der Prankenschlag ihres größten Dichters träfe (– „daß die Deutschen mich so ein funfzig oder hundert Jahre hintereinander recht gründlich verwünschten und aller Orten und Enden mir nichts als Übels nachsagten; das sollte mich außer Maßen ergetzen"). Man hat diese Anregung nicht aufgenommen, fühlte sich diesem zwar „bestechenden Vorschlag gleichwohl nicht gewachsen" – womit die Rezeptionsgeschichte der ‚Walpurgisnacht' vom 19. Jahrhundert bruchlos ins 20. sich fortzusetzen scheint.

WALPURGISNACHT

Harzgebirg. Gegend von Schierke und Elend.
Faust. Mephistopheles.

MEPHISTOPHELES.
Verlangst du nicht nach einem Besenstiele?
2   Ich wünschte mir den allerderbsten Bock.
Auf diesem Weg sind wir noch weit vom Ziele.

FAUST.
4   So lang' ich mich noch frisch auf meinen Beinen fühle,
Genügt mir dieser Knotenstock.
6   Was hilft's, daß man den Weg verkürzt! –
Im Labyrinth der Täler hinzuschleichen,
8   Dann diesen Felsen zu ersteigen,
Von dem der Quell sich ewig sprudelnd stürzt,
10 Das ist die Lust, die solche Pfade würzt!
Der Frühling webt schon in den Birken,
12 Und selbst die Fichte fühlt ihn schon;
Sollt' er nicht auch auf unsre Glieder wirken?

MEPHISTOPHELES.
14 Fürwahr, ich spüre nichts davon!
Mir ist es winterlich im Leibe;
16 Ich wünschte Schnee und Frost auf meiner Bahn.
Wie traurig steigt die unvollkommne Scheibe
18 Des roten Monds mit später Glut heran,
Und leuchtet schlecht, daß man bei jedem Schritte
20 Vor einen Baum, vor einen Felsen rennt!
Erlaub', daß ich ein Irrlicht bitte!
22 Dort seh' ich eins, das eben lustig brennt.
He da! mein Freund! Darf ich dich zu uns fodern?
24 Was willst du so vergebens lodern?
Sei doch so gut und leucht' uns da hinauf!

IRRLICHT.
26 Aus Ehrfurcht, hoff' ich, soll es mir gelingen,
Mein leichtes Naturell zu zwingen;
28 Nur zickzack geht gewöhnlich unser Lauf.

MEPHISTOPHELES.
Ei! Ei! Er denkt's den Menschen nachzuahmen.
30 Geh' Er nur grad', in's Teufels Namen!
Sonst blas' ich Ihm sein Flackerleben aus.

32 Ich merke wohl, Ihr seid der Herr vom Haus,
Und will mich gern nach Euch bequemen.
34 Allein bedenkt! der Berg ist heute zaubertoll,
Und wenn ein Irrlicht Euch die Wege weisen soll,
36 So müßt Ihr's so genau nicht nehmen.

FAUST. MEPHISTOPHELES, IRRLICHT im Wechselgesang.

[FAUST.]
In die Traum- und Zaubersphäre
38 Sind wir, scheint es, eingegangen.
[FAUST. MEPHISTOPHELES.]
Führ' uns gut und mach' dir Ehre,
40 Daß wir vorwärts bald gelangen
In den weiten, öden Räumen!
[IRRLICHT.]
42 Seh' die Bäume hinter Bäumen,
Wie sie schnell vorüberrücken,
44 Und die Klippen, die sich bücken,
Und die langen Felsennasen,
46 Wie sie schnarchen, wie sie blasen!
[FAUST.]
Durch die Steine, durch den Rasen
48 Eilet Bach und Bächlein nieder.
Hör' ich Rauschen? hör' ich Lieder?
50 Hör' ich holde Liebesklage,
Stimmen jener Himmelstage?
52 Was wir hoffen, was wir lieben!
Und das Echo, wie die Sage
54 Alter Zeiten, hallet wider.
[IRRLICHT.]
Uhu! Schuhu! tönt es näher,
56 Kauz und Kiebitz und der Häher,
Sind sie alle wach geblieben?
[FAUST.]
58 Sind das Molche durchs Gesträuche?
Lange Beine, dicke Bäuche!
60 Und die Wurzeln, wie die Schlangen,
Winden sich aus Fels und Sande,
62 Strecken wunderliche Bande,
Uns zu schrecken, uns zu fangen;

[MEPHISTOPHELES.]

64 Aus belebten derben Masern
Strecken sie Polypenfasern
66 Nach dem Wandrer. Und die Mäuse
Tausendfärbig, scharenweise,
68 Durch das Moos und durch die Heide!
Und die Funkenwürmer fliegen
70 Mit gedrängten Schwärmezügen
Zum verwirrenden Geleite.

[FAUST.]

72 Aber sag' mir, ob wir stehen,
Oder ob wir weitergehen?

[FAUST. MEPHISTOPHELES.]

74 Alles, alles scheint zu drehen,
Fels und Bäume, die Gesichter
76 Schneiden, und die irren Lichter,
Die sich mehren, die sich blähen.

MEPHISTOPHELES.

78 Fasse wacker meinen Zipfel!
Hier ist so ein Mittelgipfel,
80 Wo man mit Erstaunen sieht,
Wie im Berg der Mammon glüht.

FAUST.

82 Wie seltsam glimmert durch die Gründe
Ein morgenrötlich trüber Schein!
84 Und selbst bis in die tiefen Schlünde
Des Abgrunds wittert er hinein.
86 Da steigt ein Dampf, dort ziehen Schwaden,
Hier leuchtet Glut aus Dunst und Flor,
88 Dann schleicht sie wie ein zarter Faden,
Dann bricht sie wie ein Quell hervor.
90 Hier schlingt sie eine ganze Strecke
Mit hundert Adern sich durchs Tal,
92 Und hier in der gedrängten Ecke
Vereinzelt sie sich auf einmal.
94 Da sprühen Funken in der Nähe,
Wie ausgestreuter goldner Sand.
96 Doch schau! in ihrer ganzen Höhe
Entzündet sich die Felsenwand.

98 Erleuchtet nicht zu diesem Feste
   Herr Mammon prächtig den Palast?
100 Ein Glück, daß du's gesehen hast;
   Ich spüre schon die ungestümen Gäste.

FAUST.

102 Wie rast die Windsbraut durch die Luft!
   Mit welchen Schlägen trifft sie meinen Nacken!

MEPHISTOPHELES.

104 Du mußt des Felsens alte Rippen packen,
   Sonst stürzt sie dich hinab in dieser Schlünde Gruft.
106 Ein Nebel verdichtet die Nacht.
   Höre, wie's durch die Wälder kracht!
108 Aufgescheucht fliegen die Eulen.
   Hör', es splittern die Säulen
110 Ewig grüner Paläste.
   Girren und Brechen der Äste!
112 Der Stämme mächtiges Dröhnen!
   Der Wurzeln Knarren und Gähnen!
114 Im fürchterlich verworrenen Falle
   Übereinander krachen sie alle
116 Und durch die übertrümmerten Klüfte
   Zischen und heulen die Lüfte.
118 Hörst du Stimmen in der Höhe?
   In der Ferne, in der Nähe?
120 Ja, den ganzen Berg entlang
   Strömt ein wütender Zaubergesang!

HEXEN IM CHOR.

122 Die Hexen zu dem Brocken ziehn,
   Die Stoppel ist gelb, die Saat ist grün.
124 Dort sammelt sich der große Hauf,
   Herr Urian sitzt oben auf.
126 So geht es über Stein und Stock,
   Es furzt die Hexe, es stinkt der Bock.

STIMME.

128 Die alte Baubo kommt allein,
   Sie reitet auf einem Mutterschwein.

CHOR.

130 So Ehre denn, wem Ehre gebührt!
   Frau Baubo vor! und angeführt!

132 Ein tüchtig Schwein und Mutter drauf,
     Da folgt der ganze Hexenhauf.

HEXEN. CHOR.

134 Der Weg ist breit, der Weg ist lang,
     Was ist das für ein toller Drang?
136 Die Gabel sticht, der Besen kratzt,
     Das Kind erstickt, die Mutter platzt.

HEXENMEISTER. HALBES CHOR.

138 Wir schleichen wie die Schneck' im Haus,
     Die Weiber alle sind voraus.
140 Denn, geht es zu des Bösen Haus,
     Das Weib hat tausend Schritt voraus.

ANDRE HÄLFTE.

142 Wir nehmen das nicht so genau,
     Mit tausend Schritten macht's die Frau;
144 Doch, wie sie auch sich eilen kann,
     Mit einem Sprunge macht's der Mann.

BEIDE CHÖRE.

146 Es trägt der Besen, trägt der Stock,
     Die Gabel trägt, es trägt der Bock;
148 Wer heute sich nicht heben kann,
     Ist ewig ein verlorner Mann.

CHOR DER HEXEN.

150 Die Salbe gibt den Hexen Mut,
     Ein Lumpen ist zum Segel gut,
152 Ein gutes Schiff ist jeder Trog;
     Der flieget nie, der heut nicht flog.

MEPHISTOPHELES.

154 Das drängt und stößt, das rutscht und klappert!
     Das zischt und quirlt, das zieht und plappert!
156 Das leuchtet, sprüht und stinkt und brennt!
     Ein wahres Hexenelement!
158 Nur fest an mir! sonst sind wir gleich getrennt.
     Wo bist du?

FAUST in der Ferne.
     Hier!

MEPHISTOPHELES.

Was! dort schon hingerissen?

160   Da werd' ich Hausrecht brauchen müssen.
Platz! Junker Voland kommt. Platz! süßer Pöbel, Platz!
162   Hier, Doktor, fasse mich! und nun, in Einem Satz,
Laß uns aus dem Gedräng' entweichen;
164   Es ist zu toll, sogar für meinesgleichen.
Dort neben leuchtet was mit ganz besondrem Schein,
166   Es zieht mich was nach jenen Sträuchen.
Komm, komm! wir schlupfen da hinein.

FAUST.

168   Doch droben möcht' ich lieber sein!
Schon seh' ich Glut und Wirbelrauch.
170   Dort strömt die Menge zu dem Bösen;
Da muß sich manches Rätsel lösen.

MEPHISTOPHELES.

172   Der ganze Strudel strebt nach oben;
Du glaubst zu schieben und du wirst geschoben.

TRÖDELHEXE.

174   Ihr Herren, geht nicht so vorbei!
Laßt die Gelegenheit nicht fahren!
176   Aufmerksam blickt nach meinen Waren,
Es steht dahier gar mancherlei.
178   Und doch ist nichts in meinem Laden,
Dem keiner auf der Erde gleicht,
180   Das nicht einmal zum tücht'gen Schaden
Der Menschen und der Welt gereicht.
182   Kein Dolch ist hier, von dem nicht Blut geflossen,
Kein Kelch, aus dem sich nicht, in ganz gesunden Leib,
184   Verzehrend heißes Gift ergossen,
Kein Schmuck, der nicht ein liebenswürdig Weib
186   Verführt, kein Schwert, das nicht den Bund gebrochen,
Nicht etwa hinterrücks den Gegenmann durchstochen.

MEPHISTOPHELES.

188   Frau Muhme! Sie versteht mir schlecht die Zeiten.
Getan geschehn! Geschehn getan!
190   Verleg' Sie sich auf Neuigkeiten!
Nur Neuigkeiten ziehn uns an.

FAUST.

192   Willst du dich nun, um uns hier einzuführen,
Als Zaubrer oder Teufel produzieren?

Gipfel.

[STIMME IM STRUDEL.]

194 Siehst du, er kommt den Berg hinauf!
Von weitem steht des Volkes Hauf.

[ALLE.]

196 Es segnen staunend sich die Frommen.
Gewiß, er wird als Sieger kommen!

Trompetenstöße. Blitze, Donner von oben.
Feuersäulen. Rauch, Qualm.
Fels, der daraus hervorragt. Ist der Satan.
Großes Volk umher.

[KNIENDER.]

198   . . . und kann ich, wie ich bat,
Mich unumschränkt in diesem Reiche schauen,
200 So küß' ich, bin ich gleich von Haus aus Demokrat,
Dir doch, Tyrann, voll Dankbarkeit die Klauen.

[Mephisto als] ZEREMONIENMEISTER.

202 Die Klauen! das ist für einmal!
Du wirst dich weiter noch entschließen müssen.

[KNIENDER.]

204 Was fordert denn das Ritual?

ZEREMONIENMEISTER.

Beliebt dem Herrn, den hintern Teil zu küssen!

[KNIENDER.]

206 Darüber bin ich unverworr'n,
Ich küsse hinten oder vorn.

[Satan wendet sich.]

208 Scheint oben deine Nase doch
Durch alle Welten vorzudringen,
210 So seh' ich unten hier ein Loch,
Das Universum zu verschlingen.
212 Was duftet aus dem kolossalen Mund
So wohl kann's nicht im Paradiese riechen,
214 Und dieser wohlgebaute Schlund
Erregt den Wunsch hineinzukriechen.

[Atemlose Stille. Dann frenetischer Aufschrei der Menge.]

216 Was soll ich mehr!

SATAN [richtet sich auf, wendet sich um].
Vasall, du bist erprobt!
Hierdurch beleih' ich dich mit Millionen Seelen!
218 Und wer des Teufels Arsch so gut wie du gelobt,
Dem soll es nie an Schmeichelphrasen fehlen.

Gipfel   Nacht
Massen, Gruppen
[Der Satan auf dem Thron.]

SATAN.
220 Die Böcke zur Rechten,
Die Ziegen zur Linken!
222 Die Ziegen, sie riechen,
Die Böcke, sie stinken.
224 Und wenn auch die Böcke
Noch stinkiger wären,
226 So kann doch die Ziege
Des Bocks nicht entbehren.

CHOR.
228 Aufs Angesicht nieder!
Verehret den Herrn!
230 Er lehret die Völker
Und lehret sie gern.
232 Vernehmet die Worte:
Er zeigt euch die Spur
234 Des ewigen Lebens
Der tiefsten Natur.

SATAN rechts gewendet.
236 Euch gibt es zwei Dinge,
So herrlich und groß:
238 Das glänzende Gold
Und der weibliche Schoß.
240 Das eine verschaffet,
Das andre verschlingt –
242 Drum glücklich, wer beide
Zusammen erringt!

EINE STIMME.
244 Was sagte der Herr denn? –
Entfernt von dem Orte,
246 Vernahm ich nicht deutlich
Die köstlichen Worte.

248 Mir bleibet noch dunkel
Die herrliche Spur,
250 Nicht seh' ich das Leben
Der tiefen Natur.

SATAN links gewendet.
252 Für euch sind zwei Dinge
Von köstlichem Glanz:
254 Das leuchtende Gold
Und ein glänzender Schwanz –
256 Drum wißt euch, ihr Weiber,
Am Gold zu ergötzen
258 Und mehr als das Gold
Noch die Schwänze zu schätzen!

CHOR.
260 Aufs Angesicht nieder
Am heiligen Ort!
262 O glücklich, wer nah steht
Und höret das Wort!

EINE STIMME.
264 Ich stehe von ferne
Und stutze die Ohren.
266 Doch hab' ich schon manches
Der Worte verloren.
268 Wer sagt es mir deutlich?
Wer zeigt mir die Spur
270 Des ewigen Lebens,
Der tiefsten Natur?

MEPHISTOPHELES zu einem jungen Mädchen [halblaut].
272 Was weinst du, art'ger kleiner Schatz?
Die Tränen sind hier nicht am Platz.
274 Du wirst in dem Gedräng wohl gar zu arg gestoßen?

MÄDCHEN.
Ach nein! der Herr dort spricht so gar kurios
276 Von Gold und Schwanz, von Gold und Schoß,
Und alles freut sich, wie es scheint.
278 Doch das versteh'n wohl nur die Großen?

MEPHISTOPHELES.
Nein, liebes Kind, nur nicht geweint!
280 Denn willst du wissen, was der Teufel meint,
So greife nur dem Nachbar in die Hosen!

SATAN gradaus.

282 Ihr Mägdlein, ihr stehet
Hier grad' in der Mitten.
284 Ich seh', ihr kommt alle
Auf Besen geritten.
286 Seid reinlich bei Tage
Und säuisch bei Nacht!
288 So habt ihr's auf Erden
Am weit'sten gebracht.

[Orgiastisches Getümmel. Die Menge formiert sich zum Ringtanz, der übergeht in die Sexualorgie.]

FAUST.

290 Daß ich mich nur nicht selbst vergesse!
Heiß' ich mir das doch eine Messe!

MEPHISTOPHELES.

292 Komm her! wir setzen uns zu Tisch,
Wen möchte solche Narrheit rühren!
294 Die Welt geht auseinander wie ein fauler Fisch,
Wir wollen sie nicht balsamieren!

296 Da seh' ich junge Hexchen nackt und bloß,
Und alte, die sich klug verhüllen.
298 Seid freundlich, nur um meinetwillen;
Die Müh' ist klein, der Spaß ist groß.
300 Es ist doch lange hergebracht,
Daß in der großen Welt man kleine Welten macht.
302 Komm nur! von Feuer gehen wir zu Feuer,
Ich bin der Werber, und du bist der Freier.

FAUST.

304 Wer ist denn das?

MEPHISTOPHELES.

Betrachte sie genau!
Lilith ist das.

FAUST.

Wer?

MEPHISTOPHELES.

Adams erste Frau.
306 Nimm dich in acht vor ihren schönen Haaren,
Vor diesem Schmuck, mit dem sie einzig prangt.
308 Wenn sie damit den jungen Mann erlangt,
So läßt sie ihn so bald nicht wieder fahren.

FAUST.

310 Da sitzen zwei, die Alte mit der Jungen;
Die haben schon was Rechts gesprungen!

MEPHISTOPHELES.

312 Das hat nun heute keine Ruh.
Es geht zum neuen Tanz; nun komm! wir greifen zu.

FAUST mit der Jungen tanzend.

314 Einst hatt' ich einen schönen Traum:
Da sah ich einen Apfelbaum,
316 Zwei schöne Äpfel glänzten dran,
Sie reizten mich, ich stieg hinan.

DIE SCHÖNE.

318 Der Äpfelchen begehrt ihr sehr,
Und schon vom Paradiese her.
320 Von Freuden fühl' ich mich bewegt,
Daß auch mein Garten solche trägt.

MEPHISTOPHELES mit der Alten.

322 Einst hatt' ich einen wüsten Traum:
Da sah ich einen gespaltnen Baum
324 Der hatt' ein ungeheures Loch;
So groß es war, gefiel mir's doch.

DIE ALTE.

326 Ich biete meinen besten Gruß
Dem Ritter mit dem Pferdefuß!
328 Halt' Er einen rechten Pfropf bereit,
Wenn Er das große Loch nicht scheut.

[Summender Singsang der Schönen, ihr lasziver Tanz mit Faust
nähert sich dem Geschlechtsakt – da macht er sich frei.]

MEPHISTOPHELES zu Faust, der aus dem Tanz getreten ist.

330 Was lässest du das schöne Mädchen fahren,
Das dir zum Tanz so lieblich sang?

FAUST.

332 Ach! mitten im Gesange sprang
Ein rotes Mäuschen ihr aus dem Munde.

MEPHISTOPHELES.

334 Das ist was Rechts! das nimmt man nicht genau;
Genug, die Maus war doch nicht grau.
336 Wer fragt danach in einer Schäferstunde?

FAUST.
Dann sah ich –

[In der Ferne wird die Erscheinung Gretchens erkennbar.]
Nackt. Die Hände auf dem Rücken.
Bedeckt nicht das Gesicht und nicht die Scham.

MEPHISTOPHELES.
Was?

FAUST.
Mephisto, siehst du dort
338 Ein blasses, schönes Kind allein und ferne stehen?
Sie schiebt sich langsam nur vom Ort,
340 Sie scheint mit geschloßnen Füßen zu gehen.
Ich muß bekennen, daß mir deucht,
342 Daß sie dem guten Gretchen gleicht.

MEPHISTOPHELES.
Laß das nur stehn! dabei wird's niemand wohl.
344 Es ist ein Zauberbild, ist leblos, ein Idol.
Ihm zu begegnen, ist nicht gut;
346 Vom starren Blick erstarrt des Menschen Blut,
Und er wird fast in Stein verkehrt,
348 Von der Meduse hast du ja gehört.

FAUST.
Fürwahr, es sind die Augen einer Toten,
350 Die eine liebende Hand nicht schloß.
Das ist die Brust, die Gretchen mir geboten,
352 Das ist der süße Leib, den ich genoß.

MEPHISTOPHELES.
Das ist die Zauberei, du leicht verführter Tor!
354 Denn jedem kommt sie wie sein Liebchen vor.

FAUST.
Welch eine Wonne! welch ein Leiden!
356 Ich kann von diesem Blick nicht scheiden.
Wie sonderbar muß diesen schönen Hals
358 Ein einzig rotes Schnürchen schmücken,
Nicht breiter als ein Messerrücken!

Hochgerichtserscheinung.

[Im Hintergrund die Richter, Henker, Henkersknechte. Gruppe von Franziska-
nern in grauem Habit und Dominikanern mit schwarzen Kutten und Kapuzen.
Gretchen nähert sich ihnen. Volksmenge. Hexenschwärme umziehen den
Richtblock.]

FAUST.

360 Was weben die dort um den Rabenstein?

MEPHISTOPHELES.

Weiß nicht, was sie kochen und schaffen.

FAUST.

362 Schweben auf, schweben ab, neigen sich, beugen sich.

MEPHISTOPHELES.

Eine Hexenzunft.

FAUST.

364 Sie streuen und weihen.

Gedräng. Reden des Volkes.
[Gretchen kniet vor dem Richtblock.]

Gesang [der Volksmenge, gedämpft].

[‚Media vita
In morte sumus:
Quem quaerimus adiutorem
Nisi te, domine,
Qui pro peccatis nostris
Iuste irasceris.
Sancte Deus,
Sancte fortis,
Sancte et misercors salvator:
Amarae morti ne tradas nos.‘]

[SPRECHCHOR DER FRANZISKANER- UND
DOMINIKANER-INQUISITOREN.]

Wo fließet heißes Menschenblut,

366 Der Dunst ist allem Zauber gut.

Die grau' und schwarze Brüderschaft,

368 Sie schöpft zu neuen Werken Kraft!

Was deutet auf Blut, ist uns genehm,

370 Was Blut vergießt, ist uns bequem.

Um Glut und Blut umkreist den Reihn,

372 In Glut soll Blut vergossen sein!

Der Kopf fällt ab.
Das Blut springt und löscht das Feuer.

Ein Blutquell rieselt nie allein,
374   Es laufen andre Bächlein drein,
Sie wälzen sich von Ort zu Ort,
376   Es reißt der Strom die Ströme fort!

Mitternacht.
Versinken der Erscheinung.
Unordentliches Auseinanderströmen
Brechen und Stürmen.

[Morgendämmerung. Es folgt die Szene ‚Trüber Tag. Feld.']

Stellenverzeichnis

Vers 1–133 = Druckfassung (Df.) 3835–3967 / 134–145 = Df. 3974–3985 / 146–149 = Df. 4000–4003 / 150–153 = Df. 4008–4011 / 154–167 = Df. 4016–4029 / 168–171 = Df. 4037–4040 / 172–173 = Df. 4116–4117 / 174–191 = Df. 4096–4113 / 192–193 = Df. 4060–4061 / 194–197 = Paralipomenon 49 / 198–219 aus Paralipomenon 50 (= WA-Zeilenzählung 87–112) / 220–289 aus Paralipomenon 50 (= WA-Zeilenzählung 4–83) / 290–291 = Df. 4114–4115 / 292–205 = Zahme Xenien V (WA I 3, S. 325): die beiden letzten, später so ergänzten Verse = Paralipomenon 62 / 296–299 = Df. 4046–4049 / 300–301 = Df. 4044–4045 / 302–303 = Df. 4070–4071 / 304–329 = Df. 4118–4143 / 330–359 = Df. 4176–4205 / 360–364 = Df. 4399–4403 (‚Nacht. Offen Feld'); danach, als Vorschlag für den ‚Gesang', der vom 13.–16. Jahrhundert weit verbreitete mittelalterliche Tropus / 365–376 aus Paralipomenon 50 (= WA-Zeilenzählung 149–156 und 161–164).

Bühnenrechte beim Autor!

Werke von Albrecht Schöne
im Verlag C. H. Beck

Das Zeitalter des Barock
Herausgegeben von *Albrecht Schöne*
2., verbesserte und erweiterte Auflage. 1968. XXXII, 1251 Seiten. Leinen
(Die Deutsche Literatur · Texte und Zeugnisse, Band III)

Stadt – Schule – Universität – Buchwesen
und die deutsche Literatur im 17. Jahrhundert

Vorlagen und Diskussionen eines Barock-Symposions
der Deutschen Forschungsgemeinschaft 1974 in Wolfenbüttel
Herausgegeben von *Albrecht Schöne*
1976. XXI, 681 Seiten mit 4 Textabbildungen und
3 Tafelabbildungen. Leinen

Albrecht Schöne
Kürbishütte und Königsberg
Modellversuch einer sozialgeschichtlichen Entzifferung poetischer Texte
Am Beispiel Simon Dach. 1975. Neuauflage in Vorbereitung

Albrecht Schöne
Emblematik und Drama im Zeitalter des Barock
Dritte Auflage in Vorbereitung

Albrecht Schöne
Literatur im audiovisuellen Medium
Sieben Fernsehdrehbücher
1974. 165 Seiten mit 40 Abbildungen im Text. Paperback
(Edition Beck)

Albrecht Schöne
Aufklärung aus dem Geist der Experimentalphysik:
Lichtenberg'sche Konjunktive
In Vorbereitung für Herbst 1982

Untersuchungen zum Werk Goethes und zur Wirkungsgeschichte

Dorothea Lohmeyer
Faust und die Welt
Der zweite Teil der Dichtung
Eine Anleitung zum Lesen des Textes
1975. 427 Seiten (Edition Beck)

Wolfdietrich Rasch
Goethes ‚Iphigenie auf Tauris‘ als Drama der Autonomie
1979. 205 Seiten (Edition Beck)

Karl Robert Mandelkow
Goethe in Deutschland
Rezeptionsgeschichte eines Klassikers
Band I: 1773–1918. 350 Seiten. Leinen

Goethe im Urteil seiner Kritiker
Dokumente zur Wirkungsgeschichte Goethes in Deutschland
Herausgegeben, eingeleitet und kommentiert von *Karl Robert Mandelkow*
Teil I: 1773–1832. 1975. LXXVI, 606 Seiten. Leinen
Teil II: 1832–1870. 1977. LXIX, 579 Seiten. Leinen
Teil III: 1870–1918. 1979. LXVII, 575 Seiten. Leinen
(Band V der Reihe ‚Wirkung der Literatur‘)

Verlag C. H. Beck München